Christiane Gohl
Freizeitpferde selber schulen

Christiane Gohl

Freizeitpferde
selber schulen

Jungpferde erziehen,
ausbilden und anreiten

KOSMOS

Bildnachweis

Die meisten der 174 Farbfotos wurden speziell für dieses Buch aufgenommen von Lothar Lenz; ausgenommen S. 12, 27, 52, 54, 64, 66, 72, 77, 81 u/li, 80/81, 82, 83, 86, 88, 93 o, 112, 116 o/li, 116, 118, 134, 150, 151, 156, 159, 162, 163, 173, 174, 181, 182 (Archiv Gohl), S. 179, 184 (Klara Decker), S. 42 (Cornelia Göricke), S. 30 o/re (Edgar Schöpal) und S. 6, 202 Klaus-Jürgen Guni.
Die Zeichnungen stammen von Cornelia Göricke (S. 107), Cornelia Koller (199 - 202), und Jeanne Kloepfer.

Impressum

Umschlaggestaltung von eStudio Calamar, unter Verwendung von Farbaufnahmen von Lothar Lenz.

Bibliografische Information der Deutschen Bibliothek
Die Deutsche Bibliothek verzeichnet diese Publikation in der Deutschen Nationalbibliografie; detaillierte bibliografische Daten sind im Internet über http://dnb.ddb.de abrufbar.

Gedruckt auf chlorfrei gebleichtem Papier

2., aktualisierte und erweiterte Auflage 2005
© 1997, 2005, Franckh-Kosmos Verlags-GmbH & Co. KG, Stuttgart
Alle Rechte vorbehalten
ISBN 3-440-10113-4
Redaktion: Sigrid Eicher
Produktion: Kirsten Raue / Claudia Kupferer
Printed in the Czech Republic / Imprimé en République Tchèque

Bücher · Kalender · Experimentierkästen · Kinder- und Erwachsenenspiele

Natur · Garten · Essen & Trinken · Astronomie
Hunde & Heimtiere · Pferde & Reiten · Tauchen · Angeln & Jagd
Golf · Eisenbahn & Nutzfahrzeuge · Kinderbücher

KOSMOS Postfach 10 60 11
D-70049 Stuttgart
TELEFON +49 (0)711-2191-0
FAX +49 (0)711-2191-422
WEB www.kosmos.de
E-MAIL info@kosmos.de

Inhalt

Zu diesem Buch

Noch ein Buch über Pferdeausbildung? Gibt es dazu nicht schon die Arbeiten von Dressurreiter A und Westernreiter B? Hat Reitlehrerin C das Thema nicht umfassend behandelt, während Trainer D seine historischen und philosophischen Hintergründe minutiös beleuchtete?

Unzweifelhaft, die Pferdegrundausbildung ist kein sehr originelles Thema. In Kursen, Büchern und Videos werden seit einigen Jahren die unterschiedlichsten Methoden und Auffassungen zur Arbeit mit jungen Pferden verbreitet. Seminare und Wochenendkurse zur Bodenarbeit sind stets gut besucht. Dabei stellt die sorgfältige und langwierige Vorbereitung junger Pferde auf das Anreiten hierzulande ein relativ neues „Gewerbe" dar. Noch vor wenigen Jahrzehnten machte sich in unseren Reitställen niemand Gedanken über Bodenarbeit nach klassischen oder sonstigen Vorbildern. Solange das junge Pferd aufwuchs, überließ man es mehr oder weniger sich selbst, um es dann dreijährig von Profis anreiten zu lassen. Meist erledigte das der Reitlehrer mittels eines „Crash-Kurses". Gelegentliches Buckeln saß er mühelos aus, Widersetzlichkeiten erstickte er im Keim.

Im Zuge der Freizeitreiterbewegung erfuhr dieser Umgang mit Jungpferden einen Wandel. Wer sein Reitpferd „in eigener Regie" im Offenstall hielt, verlor auch bald die Schwellenangst vor der Zucht mit der eigenen Stute. Plötzlich wuchsen Fohlen nicht mehr auf Gestüten oder allenfalls in bäuerlichen Kleinbetrieben auf, sondern praktisch „in der Familie" ihrer künftigen Reiter. Undenkbar, ein solch liebevoll aufgezogenes Geschöpf mit drei Jahren in die Hände des örtlichen Reitlehrers zu geben! Andererseits verfügte aber auch kaum einer der „neuen Reiter" über

Sanfte Methoden der Pferdeausbildung gewinnen immer mehr Anhänger.

Rodeoerfahrung und -ambitionen. Folglich suchte man nach andersartigen, sanften Methoden des Zureitens, die Buckeln und Widersetzlichkeiten von vornherein ausschlossen.

Eine erste Lösungsmöglichkeit für dieses Problem fand sich in der TT.E.A.M.-Methode von Linda Tellington-Jones, die in den siebziger Jahren nach Deutschland kam und unzähligen Freizeitreitern half, ihre Jungpferde zu angenehmen Partnern zu erziehen.

In den letzten Jahren drängen nun zunehmend Alternativmethoden auf den Markt, wobei angeblich neue, wie die Round Pen-Methode, mit klassischen, wie etwa der Doppellongenarbeit, konkurrieren. Für den Freizeitreiter ist es kaum noch möglich, hier den Überblick zu behalten und eine sinnvolle Auswahl zu treffen. Schlagworte wie ,,Natürliche Methode‘‘, ,,Körpersprachliche Verständigung‘‘ und ,,Freiarbeit‘‘ verursachen schnell ein schlechtes Gewissen. Was tue ich meinem Fohlen an, wenn ich es an der Kette führe? Greife ich in seine natürlichen Verhaltensweisen ein, wenn ich es auf Stimme trainiere? Darf ich es während der Arbeit belohnen, wie Ausbilder E rät, oder hat Trainer F recht, wenn er sagt, das sei absolutes Gift für die Mensch-Pferd-Beziehung?

Für viele Reiter und Pferde münden Fragestellungen wie diese in absurde Situationen. Da wird das Pferd heute zu einem Kurs mit Reitlehrer G mitgenommen, aber morgen kauft man das Buch von Trainer H. Übermorgen soll das Pferd an die Doppellonge gewöhnt werden, und in einer Woche gehen wir dann doch lieber in den Round Pen oder arbeiten an der möglicherweise vorhandenen Töltveranlagung. Es gibt viele Pferde, die auf diese Art bereits lange vor dem Einreiten mit drei oder vier Kursen bei verschiedenen Ausbildern konfrontiert wurden. Da ein junges Pferd aber vor allem Konsequenz und Kontinuität in der Ausbildung benötigt, sind sie alle eher verunsichert als ,,umfassend gebildet‘‘.

Der erste Teil dieses Buches soll einen Leitfaden durch dieses ,,Methodendikkicht‘‘ bieten. Dabei will ich die einzelnen Vorgehensweisen nicht unbedingt werten – obwohl meine subjektiven Ansichten

ganz sicher gelegentlich durchscheinen werden –, sondern meine Leser befähigen, selbst zu erkennen, wie die einzelnen Ausbilder arbeiten und aufgrund welcher psychischer und physischer Eigenheiten des Pferdes ihre Einwirkung funktioniert. Dazu ist es unumgänglich, sich zunächst ausführlich mit den theoretischen Grundlagen jeder Bodenarbeit und jeder Hilfengebung zu befassen. Auch die Lerntheorie wird eine wesentliche Rolle spielen.

Aber keine Angst: Grau soll dieser Theorieteil nicht werden! Ich möchte mit vielen Beispielen arbeiten und dabei auch manchmal ein bißchen ,,vermenschlichen‘‘, um komplizierte Zusammenhänge besser verständlich zu machen.

Die Besprechungen der einzelnen Methoden sollen einen knappen Überblick über die Vorgehensweise sowie den Bedarf an Zeit und Arbeit für die Ausbildung bieten. Außerdem soll angesprochen werden, für welches Pferd und für welchen Reiter sie sich besonders eignen.

Weitere Themenschwerpunkte dieses Buches bilden praktische Anleitungen für Freizeitreiter und -züchter. Teil 2 befaßt sich mit den Bedürfnissen des jungen Pferdes, seiner Aufzucht und den dabei entstehenden Fragen und Problemen. Die Ausbildung eines jungen Pferdes, das heißt, seine Empfänglichkeit für jede beliebige Zusammenarbeit mit dem Menschen, ist nämlich stark davon abhängig, ob es artgerecht aufgezogen und gehalten wird. Da Haltung und vor allem Fütterung des Jungpferdes aber stark von seiner Rasse und Größe abhängig sind, soll und kann dieser Teil schon aus Platzgründen nicht sehr in die Tiefe gehen. Ich werde mich hier auf allgemeine Hinweise beschränken.

In Teil 3 geht es dann endgültig um die Praxis der Pferdeerziehung, und zwar darum, wie all die gutgemeinten Ratschläge der verschiedenen Ausbilder umzusetzen sind, wenn man keine Reithalle, keinen Longierzirkel und keine optimalen Reitwege zur Verfügung hat, sondern mit schlammigen Wiesen und asphaltdurchzogenen Reitgebieten vorlieb nehmen muß.

Mein Buch behandelt den Umgang mit Jungpferden vom ersten bis zum vierten, bzw. fünften Lebensjahr, wobei ich davon ausgehe, daß die ernsthafte Arbeit gewöhnlich mit drei, bei spätreifen Rassen mit vier Jahren beginnt und das Anreiten in allen Grundgangarten mit vier oder fünf erfolgt. Der Leitfaden umfaßt die Vorbereitung eines jungen Reitpferdes auf sein „Arbeitsleben" vom ersten Führen bis hin zum Erlernen der Grundgangarten unter dem Sattel.

Teil 1:
Theoretische Grundlagen

Wie jedes andere Säugetier zeigt ein Pferd erlernte und angeborene Verhaltensweisen. Dabei überwiegen die erlernten, obwohl die Fähigkeit zu lernen und die persönliche Interpretation und Umsetzung des Erlernten sehr von angeborenen Charaktereigenschaften abhängig sind.

Es ist sehr wichtig, sich zu vergegenwärtigen, daß das junge Pferd nicht erst dann anfängt, etwas zu lernen, wenn wir Menschen uns mit ihm befassen. Wir greifen also nicht in seine Natur ein, indem wir ihm etwas beibringen, sondern erweitern lediglich seinen Horizont. Dem jungen Pferd macht es nichts aus, neben seiner Mutter eine weitere „Erziehungsinstanz" kennenzulernen. Als Herdentier ist es schließlich dazu angelegt, von allen Mitgliedern der Gruppe Verhaltensweisen zu übernehmen. Die erwachsenen Artgenossen gehen bei seiner Erziehung meist sehr rigoros vor. Auch wenn sie mit Fohlen noch nicht gar so rüde umspringen wie mit erwachsenen Herdenmitgliedern, so bedienen sie sich doch ihrer Zähne und Hufe, um ein Fehlverhalten oder vermeintliches Fehlverhalten zu strafen. Dabei sind sie keineswegs immer „gerecht". Es kommt durchaus vor, daß eine schlecht gelaunte, ranghohe Stute das Fohlen einer anderen mit gefletschten Zähnen durch den Auslauf jagt, obwohl es nichts getan hat als ruhig dazustehen und zu dösen.

Auch wir Menschen brauchen uns folglich keine endlosen Vorwürfe zu machen, wenn bei unserem Umgang mit dem Jungpferd gelegentlich etwas schief läuft. Natürlich ist es notwendig, sich um Konsequenz und Selbstbeherrschung zu bemühen, aber genauso wichtig ist es, sich von der Vorstellung zu befreien, das Pferd funktioniere nach dem „Input-Output"-System wie ein Computer. Auch auf absolut richtig gegebene Hilfen muß Ihr Fohlen nicht mit einer korrekten Ausführung

der Aufgabe reagieren! Genau wie ein Menschenkind kann es über eine Anweisung „hinweghören", es kann abgelenkt sein, einen schlechten Tag haben – und mitunter wird es Sie vielleicht so zur Weißglut treiben, daß Sie rot sehen und die Gerte schwingen. All das sind Pannen, die im Rahmen eines jeden Erziehungsprozesses passieren können und werden – auch wenn sie in den meisten Ratgebern nicht vorkommen!

Die einzige Möglichkeit zu ihrer Vermeidung ist Erziehung durch Terror. Es gibt Ausbildungsmethoden, die vom ersten Tage an jede Unbotmäßigkeit des Pferdes mit großer Strenge ahnden. Das Pferd lebt dann in Furcht und Vorsicht vor dem Ausbilder und wird sich hüten, Gehorsam von Stimmungen abhängig zu machen. Solche Vorgehensweisen wird ein echter Pferdefreund jedoch ablehnen. Zudem gehört hier meist das völlig „freie" Aufwachsen des Fohlens ohne Menschenkontakt dazu, die eigentliche „Erziehung" beginnt erst kurz vor dem Anreiten.

Wer sein junges Pferd vom ersten Tag an liebevoll an den Menschen gewöhnen und auf seine künftigen Aufgaben vorbereiten möchte, beschäftigt sich besser mit Lernpsychologie als mit Zwangsmethoden.

Wie lernt ein Pferd?

Das Pferd lernt wie alle anderen Säugetiere durch Erfahrung (Versuch und Irrtum), Nachahmung, Wiederholung und positive und/oder negative Verstärkung. Meist spielen mehrere dieser Faktoren mit. So probiert ein junges Pferd beispielsweise aus, wie das Tor zu seiner Haltungsanlage zu öffnen ist. Es spielt dazu an der Klinke herum, wie es das bei seinem menschlichen Betreuer beobachtet hat. Nach mehreren vergeblichen Versuchen drückt es

„Achtung, Elektrozaun!"

die Klinke richtig herunter, und das Tor öffnet sich. Das Pferd geht hindurch, kommt auf die Weide und erfährt damit positive Verstärkung. Nachdem es nun die Erfahrung gemacht hat, daß ein Ausbruch erfolgreich in die Wege zu leiten ist, wird es immer wieder versuchen, das Tor zu öffnen – bis sein Betreuer es mittels eines Elektrozauns sichert. Sobald das Pferd jetzt versucht, die Elektrolitze zu öffnen, erhält es einen Schlag. Es erfährt, wie die Psychologie es ausdrückt, eine negative Verstärkung. Nach spätestens zwei weiteren Versuchen wird es die „Arbeit" am Tor aufgeben.

Das Pferd hat damit gelernt, was es unter einem Elektrozaun zu verstehen hat. Was nun noch fehlt, ist die „Generalisierung". Es muß lernen, auch einen etwas anders aussehenden E-Zaun als solchen zu er-

kennen. Dazu wird es vielleicht einen weiteren Berührungsversuch starten, wenn es demnächst auf einer Weide steht, die nicht mit Elektrolitze, sondern mit glattem Draht eingezäunt ist. Die Erfahrung „E-Draht" ist aber so nachdrücklich, daß das Pferd die Generalisierung schon aus Vorsicht schnell vollzieht.

Generalisierung und Unterscheidung

Generalisierung ist wichtig für jedes Lernen. Die Fähigkeit dazu ermöglicht dem Menschen beispielsweise, verschiedene Handschriften mühelos zu lesen. Er erkennt die Buchstaben, obwohl jeder bei ihrer Schreibweise kleine Variationen einbaut.

Dem Pferd hilft die Fähigkeit zur Generalisierung, die Hilfen unterschiedlicher Reiter richtig zu interpretieren, oder, etwa im Trail-Parcours, die Ungefährlichkeit einer Plastikplane zu erkennen, auch wenn sie eine andere Farbe hat als die Übungsplane zu Hause. Ein kluges Pferd wird sich auch an die Lernerfahrung mit der Plastikplane erinnern, wenn es nun zum Beispiel mit einem Teppich konfrontiert wird.

Neben der Fähigkeit zur Generalisierung macht die Fähigkeit zur Unterscheidung den erfolgreichen Lernprozeß aus. Dem Menschen ermöglicht sie zum Beispiel, einander ähnliche Buchstaben wie das d und das b problemlos auseinanderzuhalten. Beim Pferd ist sie erkennbar, wenn es einander ähnliche Hilfen, wie etwa die zum Angaloppieren und die zum Seitwärtstreten, genau auseinanderhält.

Lob und Strafe

Negative Verstärkung bedeutet Erziehung durch Strafe. Sie ruft Angst und Unlustgefühle hervor und schafft vielleicht ein gehorsames, aber kein freudig mitarbeitendes Pferd. Anders gesagt:

Durch negative Verstärkung kann man ein Lebewesen leicht dazu bringen, etwas zu lassen, aber nur schwer, etwas zu tun!

Wenn wir einem Pferd also etwas beibringen wollen, so bedienen wir uns in erster Linie der positiven Verstärkung, also des Einsatzes von Lob und Belohnung. Dazu schaffen wir zunächst eine Situation, die es dem Pferd ermöglicht, das von uns erwünschte Verhalten zu zeigen. So geben wir zum Beispiel eine möglichst deutliche Hilfe. Wir tippen das Pferd etwa mit der Gerte auf der Kruppe an, um es vorwärtszutreiben, und geben dazu das Stimmkommando „los". Kommt es dieser Aufforderung nach, so loben oder belohnen wir es. Geht es dagegen rückwärts oder tut gar nichts, so intensivieren wir die Hilfe und äußern vielleicht sogar leichten Unmut.

Wird dieses Verfahren einige Male wiederholt, so versteht das Pferd, welches Verhalten erwünscht ist, und setzt sich bald allein auf das Stimmkommando hin in Bewegung. Es ist dann sehr wichtig, es direkt dafür zu loben. Viele Reiter haben die schlechte Angewohnheit, nur Tadel deutlich auszusprechen und richtiges Verhalten des Pferdes als selbstverständlich hinzunehmen.

Eine Strafe hat das Pferd erst verdient, wenn es eine ihm sicher bekannte Anweisung bewußt mißachtet. Das wäre etwa der Fall, wenn ein junges Pferd, das sich seit langem sicher führen läßt, auf einem Spaziergang keine Lust hat, einen bestimmten Weg zu gehen. Bleibt es dann stehen, wirft unwillig den Kopf hoch, ver-

Für eine Belohnung tun Pferde fast alles.

sucht umzudrehen oder geht rückwärts, so hat es einen energischen Gertenklaps verdient. Die Leitstute in seiner Pferdeherde würde es in einem solchen Fall durch Beißen vorwärtstreiben.

Sofern man mehrere Pferde hält, kann man sich auch die Neigung der Tiere zur Nachahmung zunutze machen. Beim Springtraining oder bei ersten Wasserdurchquerungen läßt man ein erfahrenes Pferd vorgehen und lobt den Lehrling überschwenglich, wenn er artig folgt. Richtig eingesetzt erzieht dieses Training keineswegs zum Kleben, wie häufig behauptet wird. Schließlich läßt man das junge Pferd ja nicht permanent hinter dem älteren herlaufen, sondern bedient sich nur beim Heranführen an bestimmte Aufgaben des Herdentriebes.

Konzentration

Wer etwas lernen will, muß sich auf seine Aufgabe konzentrieren – das ist beim Pferd nicht anders als beim Menschen. Konzentration ist jedoch nicht unbeschränkt möglich. Nach einer gewissen Zeit ermüdet man und hat Schwierigkeiten, bei der Sache zu bleiben.

Wie lange ein Wesen sich konzentrieren kann, hängt von seinem Alter, von Übung und Selbstdisziplin ab. Grundschulkinder der Klassen 1 und 2 können sich zum Beispiel altersbedingt maximal 20 Minuten auf den Lehrstoff konzentrieren. Fernseh- und Filmschaffende klagen, daß der durchschnittliche Zuschauer nicht mehr willens ist, sich länger als 5–10 Minuten auf einen Film einzulassen. Kommt dann kein Gag und hält ihn bei der Stange, so greift er zur Fernbedienung.

Diese Beispiele aus dem menschlichen Bereich sollten wir uns vor Augen halten, wenn wir von einem Pferd verlangen, ganze sechzig Minuten lang voll auf die

Arbeits- und Spielsequenzen müssen der Konzentrationsfähigkeit der Pferde angepaßt werden.

Hilfen des Reiters konzentriert in der Reithalle herumzutraben, oder wenn wir ein Jungpferd eine halbe Stunde „ablongieren", bevor wir aufsteigen und versuchen, es dressurmäßig zu arbeiten.

Ein drei- bis fünfjähriges Pferd kann sich maximal 20 Minuten am Stück konzentrieren, das jüngere wird noch schneller müde. Wenn man Wert auf die freudige Mitarbeit des Pferdes legt, ist es sehr wichtig, die Länge der Arbeits- oder auch Spielsequenzen seiner Konzentrationsfähigkeit anzupassen. Die „Kunst" besteht dabei darin, 10-Minuten-Sequenzen mit sinnvoller Arbeit auszufüllen, ohne hektisch zu werden und ständig auf die Uhr zu schauen. Hilfen dazu finden Sie im Praxisteil dieses Buches. Werden Sie aber trotzdem nicht mutlos, wenn es nicht auf

Anhieb klappt! Es ist vergleichbar mit dem Aufbau einer Unterrichtsstunde in der Schule, und ein Lehrer übt mehrere Jahre, bis er den perfekt beherrscht.

Disziplin

Ein guter Ausbilder wird immer versuchen, dem Pferd das Lernen zu einer Freude zu machen. Das Ziel der Ausbildung ist schließlich ein williges, angenehmes Reitpferd. Lernen ist aber auch Arbeit, und als solche erfordert es Konzentration und Disziplin von Reiter und Pferd. Es ist Aufgabe des Ausbilders, auf diese Disziplin zu halten und sie – im Bedarfsfall auch mit Strenge – durchzusetzen.

Ein Ausbilder kann zum Beispiel erwarten, daß das Pferd während des Reitens, der Longen- oder Bodenarbeit darauf verzichtet, den Kopf zum Fressen ins Gras zu senken. Wenn es gestern und vorgestern artig die Hufe geben konnte, so hat es das auch heute zu tun – selbst wenn eventuell ein anderes Pferd zu Besuch ist und neben ihm angebunden wurde.

Viele Freizeitreiter empfinden solche Forderungen als eine Art Eingriff in die Persönlichkeitsrechte ihres Pferdes und meinen, sich dadurch bei ihm unbeliebt zu machen. Insofern finden sie immer wieder plausible Erklärungen für sein Fehlverhalten und verzichten auf Strafe. Sehr häufig beobachtet man aber auch eine wahre „Anweisungsinflation". Das Pferd erhält dabei einen Befehl nach dem anderen – meist im Plauderton ausgesprochen –, dessen Ausführung nie kontrolliert, gelobt oder getadelt wird. Kein Wunder, wenn das Tier bald nicht mehr hinhört!

Als geborene Gruppentiere haben Pferde einen sehr feinen Instinkt für Stimmungen und Verhaltensweisen ihrer Umwelt. Ein Pferd, das in Menschengesellschaft aufgewachsen ist, merkt genau, ob es sich ein

Lob verdient hat oder nicht und ob es gerecht oder ungerecht gestraft wurde. Der richtige Einsatz von Lob und Strafe verscherzt keineswegs Sympathien. Der Reiter verlangt damit nur die Achtung und den Respekt, den das Pferd auch einem ranghöheren Artgenossen entgegenbringen würde.

Wenn Lernen unmöglich wird

Es gibt gewisse Bedingungen, unter denen die Lernfähigkeit eines Pferdes eingeschränkt oder blockiert ist. Das ist erstens der Fall, wenn die Aufmerksamkeit aus gewichtigen Gründen völlig von der Aufgabe abgezogen ist. So wird zum Beispiel ein junges Pferd, das gerade zum ersten Mal Hänger gefahren ist und sich jetzt mit einer neuen Umgebung und neuen Arbeitsbedingungen auf einem Bodenarbeitskurs auseinandersetzen soll, kaum in der Lage sein, den Lehrstoff aufzunehmen. Ein ähnlicher Effekt wird erzielt, sobald das Pferd von innerer Unruhe erfüllt ist. Ein Tier, das gerade 23 Stunden in einer Box verbracht hat, will die aufgestaute Unlust durch Bewegung abbauen. Es dürfte anfangs nur schwer dazu zu bewegen sein, gemessenen Schrittes über Bodenhindernisse zu steigen.

Die wichtigsten Gründe für eine Lernblockade sind jedoch Panik und Angst. Ein Lebewesen, das von Panik erfaßt und an der Flucht gehindert wird, erstarrt buchstäblich – geistig und körperlich. Bei Pferden erkennt man das am Heben des Kopfes und Anspannen der Hals- und Rückenmuskulatur. Die Augen sind weit geöffnet, starr und angstvoll. Ein so erregtes Pferd muß immer erst zu Ruhe gebracht werden, bevor es erneut auf Hilfen und Ansprache reagieren kann. Es bedeutet keine Niederlage für den Reiter, die Arbeit mit ihm abzubrechen, wenn es sich derart in Panik hineingesteigert hat. Man kann den Aufbau solcher Erregung allerdings vermeiden, indem man die gemeinsame Arbeit ruhig und in kleinen Schritten angeht.

Lernen vor dem Anreiten

Welche Fertigkeiten dem jungen Pferd vor dem Anreiten vermittelt werden, hängt stark von der Ausbildungsmethode ab. So lernt der junge Warmblüter im Reitstall kaum mehr, als an der Longe im Kreis zu traben, und wird nur kurz an den Sattel gewöhnt, bevor der Reiter zum ersten Mal aufsteigt. Der klassische Dressurausbilder fördert sein Pferd dagegen an der Doppellonge bis zum Schulterherein im Trab, ehe er das Erlernte vom Sattel aus festigt.

Uns Freizeitreitern, die wir nur gelegentlich ein Pferd ausbilden, geht es bei der Bodenarbeit vor allem darum, gefährlichen Widersetzlichkeiten beim Anreiten vorzubeugen. Das Pferd soll auf keinen Fall mit Überraschung, Buckeln und Steigen auf die erste Belastung mit dem Reitergewicht reagieren. Außerdem sollte es sich in seiner Umwelt sicher genug fühlen, um bei den ersten Ausritten nicht gleich in Panik zu geraten und kopflos durchzugehen, wenn es zum Beispiel mit einem Auto konfrontiert wird.

Eine gute Ausbildungsmethode vermittelt also – neben den Grundübungen Führen, Anbinden und Hufegeben – folgende Fertigkeiten:

* Präzise Lenkbarkeit beim Führen ohne Zwangsmittel

Ein Pferd vor dem Anreiten darf sich nicht „irgendwie" von Punkt A nach Punkt B führen lassen, sondern muß seinem Ausbilder ruhig, gelassen und zuverlässig folgen. Dazu sollte es keiner besonderen Zäumungen – erst recht keiner Trense! – bedürfen, sondern lediglich eines Halfters. Idealerweise sollte das Pferd auch artig mitgehen, wenn es nur mit einem Bändchen um den Hals „gezäumt" ist. Das Pferd sollte keine Unruhe zeigen,

---

SIND PFERDE INTELLIGENT?

Pferde sind unzweifelhaft fähig zu lernen. Sie können sich erinnern, generalisieren und einfache Wenn-Dann-Beziehungen erkennen.

Zwar nutzen die meisten reiterlichen Hilfen – sofern sie korrekt gegeben werden – Reflexe des Pferdes aus, aber die Arbeit eines Reitpferdes kann nicht nur als Anhäufung instinktmäßiger Handlungen gesehen werden. Erst recht lassen sich die verschiedenen Tricks, die kluge Pferde entwickeln, um zum Beispiel an Futter zu kommen oder ihre Haltungsanlage zu verlassen, nicht auf diese Art erklären. Es gibt keinen Instinkt, der Tieren gebietet, Sicherungen zu lösen, um Stangen beiseite schieben zu können, oder gar einen Schlüssel umzudrehen und danach die Türklinke zur Futterkammer herunterzudrücken.

Wie bei allen anderen Wesen ist die Neigung dazu, seinen Verstand zur Lösung von Problemen einzusetzen, individuell jedoch sehr verschieden. Die Intelligenz von Reitpferden kann gefördert werden, indem man sich schon im Fohlenalter viel mit ihnen beschäftigt und sie durch Boden- und Körperarbeit dazu anregt mitzudenken.

Sichere Lenkbarkeit ist wichtig!

Rechtzeitige Gewöhnung an den Sattel und an Zügelhilfen von hinten beugt Überraschungen beim Anreiten vor.

wenn es über verschiedenartigen Untergrund geführt wird, und auch dann im Schritt bleiben, wenn es bergauf und bergab geht.

* Lenkbarkeit von hinten

Der entscheidende Unterschied zwischen den Richtungsangaben des Ausbilders beim Führen und beim Reiten liegt darin, daß die Anweisungen beim Reiten von hinten-oben kommen. Besonders ängstliche und weniger intelligente Pferde kann das ausgesprochen verwirren. Es ist deshalb sinnvoll, das Pferd vor dem Anreiten „vom Boden aus zu fahren", es also mit langen Zügeln zu lenken, indem man hinter ihm geht. Ob man es dabei bei einer kurzen Einführung mit ins Halfter geschnallten Stricken beläßt oder professionell mit Longiergurt, Doppellonge und Kappzaum arbeitet, ist methodenabhängig.

* Gewöhnung an Sattel und Zaum

Eine gute Ausbildungsmethode läßt dem

jungen Pferd viel Zeit, sich an den Sattel zu gewöhnen, mit dem es später angeritten wird. Auch die Trense und die Hilfengebung an der Trense sollte es vor dem Anreiten kennenlernen. Das ist natürlich besonders wichtig, wenn es dann tatsächlich auf Trense angeritten werden soll. Viele Methoden favorisieren gebißlose Zäumungen für die ersten Wochen unter dem Sattel.

Idealerweise sollte das Pferd auch schon einmal an den Anblick des aufsteigenden Reiters und/oder des Reiters auf dem Rücken eines anderen Pferdes gewöhnt werden. Es sieht uns beim Aufsteigen nämlich nur schemenhaft und verwechselt den aufsteigenden Reiter schnell mit einem angreifenden Raubtier, das es abzubuckeln gilt. Übungen zur Vermeidung dieser Situation sind Handpferdereiten und Putzen des Pferdes von einem Strohballen aus. Beides wird im Praxisteil dieses Buches erklärt.

* Relative Scheufreiheit

Die meisten Freizeitreiter wollen ihr junges Pferd möglichst bald im Gelände reiten. Das ist auch für das Pferd sinnvoll, denn die Arbeit in der Halle oder auf dem Platz langweilt es schnell. Damit der erste Ausritt aber nicht gleich mit einem Durchgehen endet, muß das Pferd bereits vor dem Anreiten scheufrei gemacht werden. In den verschiedenen Ausbildungsmethoden arbeitet man hier mit Vorarbeit an Bodenhindernissen, Auslappen und Spaziergängen an der Doppellonge.

* Körperliche Fitness

Wenn man sein Pferd nicht gerade unter Sandsäcken trainieren will, gibt es kaum Möglichkeiten, es auf das Tragen des Reitergewichts vorzubereiten. Das ist auch nicht nötig, denn die meisten drei- bis fünfjährigen Pferde sind groß und stark

genug, das Gewicht eines durchschnittlich schweren Reiters ein paar Minuten lang zu tragen, ohne Überlastungserscheinungen zu zeigen. Längere Zeit sollte das Pferd in der ersten Zeit sowieso nicht geritten werden, um seine Konzentrationsfähigkeit nicht zu überfordern. Die Rückenmuskulatur trainiert sich dann praktisch „nebenbei" mit, wenn die Arbeitssequenzen länger werden. Gezieltes Training der Rückenmuskulatur bietet deshalb auch nur eine Ausbildungsmethode an, nämlich die klassische Arbeit an der Doppellonge. Hier kräftigt das Schulterherein im Schritt und Trab den Rücken, und tatsächlich bieten sich die so vorbereiteten Pferde gleich besser an und halten längere Arbeitssequenzen durch.

Die Vorbereitung des Pferdekörpers auf das Reiten bezieht sich aber nicht nur auf die Formung der Tragmuskulatur. Die Arbeit unter dem Sattel fällt auch leichter, wenn das Pferd vorher bereits „Babyspeck" abgebaut hat und durch spezielle Übungen biegsam geworden ist. Gute Ausbildungsmethoden sparen hier nicht mit abwechslungsreichem Training, das auch dazu beiträgt, das Pferd ins Gleichgewicht zu bringen und seine Körperbeherrschung zu verbessern. Es kommt dann mit der Tragbelastung und auch mit der Reaktion auf die Hilfengebung besser zurecht.

Bodenarbeit

„Bodenarbeit" ist der Sammelbegriff für jedes Training, bei dem der Reiter zu Fuß geht. Sie bezeichnet damit die unterschiedlichsten Vorgänge, vom einfachen Longieren bis zur Arbeit an TT.E.A.M.-Hindernissen, vom ersten Stopp im Round Pen bis zur Piaffe an der Doppellonge.

Frühes Training darf nicht übertrieben werden.

Grundsätzlich zielt jede Bodenarbeit darauf ab, die Lenkbarkeit und Umgänglichkeit des Pferdes zu verbessern. Es soll seinen späteren Reiter zunächst vom Boden aus kennenlernen und als ranghöheres Mitglied der „Zweierbeziehung" akzeptieren. Die verschiedenen Methoden dazu wurden jedoch für sehr unterschiedliche Pferde mit sehr unterschiedlichen Voraussetzungen entwickelt. Unter anderen Bedingungen sind sie oft unsinnig und mitunter sogar schädlich.

So hat zum Beispiel die vielzitierte Round Pen-Methode ihre Ursprünge im indianischen Pferdefang. Der Krieger folgte dem Wildpferd seiner Wahl so lange und geduldig, bis es sich ihm schließlich zuwandte und sich fangen ließ (angesichts dieses langwierigen Verfahrens wird es verständlich, daß man es meist vorzog,

sich den Pferdenachwuchs auf Raubzügen beim Nachbarstamm zu besorgen). Später verlegten Cowboys diese Form der Wildpferdezähmung in den geschlossenen Zirkel (Round Pen) und kürzten sie damit drastisch ab: Wer keine Hemmungen hat, das junge Pferd höchsten psychischen und physischen Belastungen auszusetzen, kann mit Hilfe der Round Pen-Methode ein völlig rohes Pferd im Verlauf weniger Stunden „zureiten". Unser am Haus aufgewachsenes Freizeitpferd dieser Behandlung in voller Konsequenz zu unterziehen ist aber gänzlich unnötig. Schließlich brauchen die meisten jungen Freizeitpferde wirklich keine Zähmung mehr, sondern müssen eher davon abgehalten werden, „ihrem" Menschen ständig auf den Füßen zu stehen!

Die TT. E. A. M.-Methode wurde nicht nur zur Arbeit mit jungen Pferden, sondern auch zur Korrektur schwieriger Pferde entwickelt. Besonders der Tellington-

TTouch kann hier Wunder wirken und ist natürlich auch sinnvoll, wenn er im Rahmen der Anreitphase angewandt wird. Es ist aber nicht notwendig, ein gänzlich normales, entspanntes junges Pferd regelmäßig dem gesamten Korrekturprogramm zu unterziehen. Viele junge Freizeitpferde langweilen sich in Trail-Parcours und Spieleparks zu Tode und denken sich nach der zehnten Wiederholung des gesamten Trainingsprogramms schließlich selbst etwas aus, um die Arbeit interessanter zu gestalten. Ihr menschlicher Trainer wundert sich dann, warum das Tier plötzlich vor einer Pfütze scheut, obwohl man doch jahrelang an der Plane geübt hat – und setzt im schlimmsten Fall einen weiteren Trainingsmonat auf dem Spielgelände an …

Wir neigen heute dazu, sehr früh, möglicherweise schon mit dem Absatzfohlen, mit Bodenarbeit zu beginnen. Dagegen ist im Prinzip nichts einzuwenden, wenn man die Sache spielerisch angeht, alles vorsichtig dosiert und auf keinen Fall Aufgaben stellt, die das sehr junge Pferd physisch belasten. Es kann jedoch zum Problem werden, wenn uns irgendwann die Ideen für abwechslungsreiche Aufgaben ausgehen. Geht es dann an die konkrete Vorbereitung auf das Anreiten, so befinden wir uns im Dilemma des Grundschullehrers, dessen Schüler seit dem Babyalter vor der „Sesamstraße" hocken. Mit herkömmlichen Methoden und Schulbüchern sind die kaum noch zu motivieren!

Hüten Sie sich also vor „Reizüberflutung" vom Fohlenalter an. Ein sonntäglicher Spaziergang, gelegentliche Arbeit als Handpferd und ab und zu ein interessantes Trail-Hindernis machen Ihr Fohlen aufgeschlossen und fördern seine intellektuelle Entwicklung. Die Arbeit mit dem Menschen darf aber nicht zur regelmäßigen Pflicht werden und schon gar nicht das Spiel und den Umgang mit anderen Jungpferden ersetzen!

Die Sache mit der „Körpersprache"

„Körpersprache" ist das bevorzugte Schlagwort aller „neuen" Ausbildungsmethoden. Nachdem man dem Pferd jahrhundertelang den Willen des Menschen aufgezwungen hat, so argumentieren die Ausbilder, gibt es nun endlich die Möglichkeit zur pferdegerechten Kommunikation. Indem wir die körpersprachliche Verständigung der Pferde untereinander nachahmen, gelangen wir auf natürliche Weise zur absoluten Harmonie.

Geht man diesen großen Worten aber einmal auf den Grund, so verstehen die „neuen" Trainer unter Kommunikation und Harmonie auch nichts anderes als alle anderen Pferdeausbilder seit Anbeginn der Zeiten: Der Mensch vermittelt Kommandos, und das Pferd soll gehorchen.

Natürlich wünscht man sich heute mehr Freiwilligkeit, geht mehr auf Wünsche und Bedürfnisse des Pferdes ein und bedient sich eher der Psychologie als der Peitsche. Meist stellen die Trainer ihr Vorgehen so hin, als könnte das Pferd – körpersprachlich richtig angesprochen – gar nichts anderes tun als gehorchen. Das ist allerdings nur ansatzweise richtig. Natürlich wird sich ein Pferd, das seinen Ausbilder als rangmäßig über ihm stehend anerkannt hat, in der Regel bemühen, ihn zufriedenzustellen – allerdings nicht in erster Linie, weil es ihn so liebt, sondern weil es ansonsten Sanktionen befürchtet. Provoziert es seinen Ausbilder, obwohl der ihm körpersprachlich Dominanz signalisiert, oder ignoriert es ihn einfach, so müssen diese Sanktionen auch kommen – ansonsten hat man verspielt! Das Prinzip der Freiwilligkeit gilt deshalb bei jeder

Auch körpersprachliche Kommunikation verlangt Durchsetzungsvermögen!

körpersprachlichen Kommunikation nur sehr bedingt.

Darüber hinaus ist die Anzahl der in ,,dialektfreiem Pferdisch'' vermittelbaren Kommandos auch im Idealfall sehr gering. Letztlich beschränken sie sich auf vorwärtstreiben und bremsen sowie rückwärtsrichten. Schon beim schlichten Seitwärtsgehen müssen die ,,natürlichen'' körpersprachlichen Signale durch ,,vereinbarte'' ergänzt werden.

Das neuerdings so beliebte Schlagwort ,,Körpersprache'' ist nämlich weit vielschichtiger, als es auf den ersten Blick erscheint. Analysiert man es, so sind einmal ,,natürliche Sprache'' und ,,Kunstsprache'' und weiterhin bewußte und unbewußte körpersprachliche Signalgebung zu unterscheiden.

Einfache Verständigung

Es gibt ein paar Gesten, die unter Menschen über alle Ländergrenzen hinweg verstanden werden. Dazu gehören zum Beispiel das Heranwinken einer anderen Person und das Heben der Hände, um Friedfertigkeit anzudeuten. Will man jemanden anhalten, so wird man sich ihm in den Weg stellen, möchte man ihn wegschicken, vertreibt man ihn mit aggressiven Gesten.

Diese einfachste Anwendung von Körpersprache findet auch im Umgang mit Pferden und anderen Tieren seit jeher Verwendung. Wer ein Pferd in Gang bringen will, bewaffnet sich mit einem Stöckchen und tritt hinter das Tier; möchte man seine Bewegung in eine bestimmte Richtung lenken oder es anhalten, verstellt man ihm den Weg. Diese ,,körpersprachlichen Gesten'' sind vom Vaquero bis zum katzenjagenden Kind, vom Eseltreiber bis zum erzkonservativen Reitlehrer bekannt.

Einfachste Körpersprache: Der Mensch treibt, das Pferd geht vorwärts.

Letztlich ist das berühmte Freispringen in konventionellen Reitställen – für viele Freizeitreiter das klassische Beispiel für brutale Behandlung junger Pferde – nichts anderes als die Anwendung dieser Körpersprache. Je nach Ausführung der Übung entsprechen die Männer mit den Pcitschcn für das Pfcrd cincm ranghohen (wenn auch reichlich verhaltensgestörten!) Herdenmitglied, das seine Untergebenen so lange durch den Auslauf jagt, bis sie in ihrer Verzweiflung über den Zaun springen.

So möchten die „neuen" Vertreter der körpersprachlichen Kommunikation ihre Arbeit natürlich nicht interpretiert sehen. Schließlich rennen sie nicht schreiend und peitschenschlagend hinter dem Pferd her, sondern arbeiten mit knappen Gesten. Je

prägnanter sie körpersprachliche Signale zu geben wissen, sprich je besser sie ihre eigenen Bewegungen unter Kontrolle haben, desto leichter und imponierender beeinflussen sie das Pferd.

Besonders bei der Arbeit mit sehr aufmerksamen Pferden hochblütiger Rassen gelingen dabei eindrucksvolle Demonstrationen. Ihre Nachahmung bleibt uns Normalreitern meist verschlossen, weil unsere Körperbeherrschung eben die von Büromenschen und nicht die von Balletttänzern ist.

Je unauffälliger und stilisierter die körpersprachliche Einwirkung hier jedoch wird, desto mehr nähert sie sich der Weiterentwicklung der Körpersprache, die ich hier einmal „Kunstsprache" nennen möchte.

Vereinbarte Signale
Während das Pferd sich fast ausschließlich körpersprachlich verständigt, ist die menschliche Kommunikation zu kom-

Reaktion auf erlernte Hilfen

plex, um sie mit allgemeinverständlichen Signalen auszudrücken. Eine Ausnahme machen dabei Kunstsprachen wie die Taubstummensprache: Irgendwann hat man sich über bestimmte Zeichen für bestimmte Worte geeinigt und kann sich nun verständigen, sofern Sprecher und Zuhörer die Sprache beherrschen. Dabei ist die Taubstummensprache im Bereich einfacher Befehle wie „Komm!" oder „Geh weg!" der natürlichen Körpersprache sehr ähnlich. Warum sollte man auch komplizierte Zeichen für schlichte Aussagen entwickeln?

Ähnlich ist es auch mit dem Hilfenkanon, mittels dessen sich ein Reiter mit einem Pferd verständigt. Im Grunde ist jede Hilfengebung in jeder Reitweise oder Ausbildungsmethode nichts anderes als eine Körper-Zeichensprache. Reiten, Führen, Doppellongenarbeit – das alles funktioniert, weil Mensch und Pferd gelernt haben, sich über eine gemeinsame Kunstsprache zu verständigen. Und obwohl es natürlich möglich ist, ein Pferd auch auf die unlogischsten Befehle hin abzurichten, so wird es doch um so leichter, je näher die Kunstsprache „Hilfenkanon" der natürlichen Körpersprache angepaßt ist.

Nun weiß man das nicht erst seit Tellington, sondern mindestens seit Xenophon. Jede Hilfengebung in jeder Reitweise versucht, leicht verständlich für das Pferd zu sein – inwieweit sie das schafft und welche Reitweise es Reiter und Pferd am einfachsten macht, ist Ansichtssache. Die Vorstellung „früher alles Zwang, heute Harmonie durch neue Methoden" sollten wir deshalb ad acta legen! Statt dessen gilt es, einen weiteren Aspekt von Körpersprache anzusprechen, der selten erwähnt wird, aber oft die Ursache dafür darstellt, weshalb diese oder jene Methode bei einem Reiter funktioniert und beim anderen nicht.

Unbewußte Signale

Die junge Ponystute steht vor einem Bodenhindernis, kann sich aber noch nicht entschließen, die Plastikplane zu betreten. Ihre Besitzerin steht neben ihr, spricht ihr freundlich zu, klopft gelegentlich mit der Gerte auf die Plane; das Pferd bleibt jedoch unsicher. In dem Moment greift der Ausbilder ein: Mit einem entschlossenen ,,Laß mich mal!" übernimmt er TT.E.A.M.-Kette und Gerte, erregt mit ein paar knappen Gesten die Aufmerksamkeit der Stute, spricht sie in ruhigem, aber auffordernden Ton an, und sie wandert wie selbstverständlich über die Plane.

Die Pferdebesitzerin staunt und ist bereit, ihren Lehrer rückhaltlos zu bewundern: ,,Du hast eben mehr Ausstrahlung, das merken die Pferde sofort!"

Ein guter TT.E.A.M.-Ausbilder wird ihr nun erklären, daß all das, was sie für ,,Ausstrahlung" hält, nichts weiter ist als Technik und sicheres, zuversichtliches Vorgehen. Falls die Szene auf Video aufgenommen wurde, kann sie hinterher auch sehen, wie sich ihr Umgang mit der Stute von seinem unterschied: Ihre Gesten waren schwammiger, vorsichtiger und kleiner, ihr gesamter Körperausdruck signalisierte Unentschlossenheit und ein bißchen Angst.

Pferde sind sehr genaue Beobachter. Auch ohne auf ihren möglicherweise vorhandenen ,,sechsten Sinn" zurückgreifen zu müssen, registrieren sie unbewußt ausgegebene, körpersprachliche Signale. Es ist deshalb für jeden Pferdebesitzer interessant, sich nicht nur über Körpersprache beim Pferd, sondern auch beim Menschen zumindest im Ansatz zu informieren. Sie werden sich wundern, wie oft wir im Gespräch mit anderen Menschen körpersprachliche Signale geben und wie sensibel unser Gegenüber darauf reagiert.

Auch unsere körpersprachliche Kommunikation mit Pferden beschränkt sich nicht auf die Gesten, die wir im TT.E.A.M.-Kurs oder bei der Round Pen-Arbeit mühsam einüben. Angst, Unsicherheit, aber auch Selbstsicherheit und Stärke drücken sich durch unsere Bewegungen und unsere Haltung aus. Übertragen auf die Wortsprache bilden sie den ,,Tonfall", in dem unsere Anweisungen ausgesprochen werden. Und natürlich wird ein aufmüpfiger junger Hengst eher zurückweichen, wenn ihm sein genervter Ausbilder ein aggressives ,,Zurück, aber schnell!" entgegenschleudert, als wenn er

Pferde reagieren äußerst sensibel auf unsere Ängste und Stimmungen.

es mit einem vorsichtigen „Würdest du bitte …" versucht.

Übrigens stellen Pferde auch naßforsches Verhalten, mit dem besonders Männer aus dem konventionellen Reiterbereich gern ihre Ängste überspielen, sofort in den richtigen Zusammenhang. Sofern sie nicht von starken und aggressiven Vorbesitzern oder Reitlehrern in Dauerfurcht versetzt worden sind, lassen sie Herrchens Imponiergehabe gelassen an sich ablaufen. Ein Pferd körpersprachlich „anzulügen" ist äußerst schwierig. Falls Sie Ängste haben, stehen Sie also besser dazu und kaufen sich kein allzu dominantes und aggressives Pferd!

Und noch etwas sollten Sie über Körpersprache wissen, wenn Sie spektakuläre Ausbildungsmethoden im Showring und im Alltag besser einschätzen wollen: Genau wie wir Menschen senden auch Pferde unbewußt Signale aus. Jeder von uns kennt Pferde, die ihm von Anfang an sympathisch sind, und andere, die er nicht mag. Erfahrene Reiter können zum Beispiel daraus, wie ein Pferd auf eine ungewohnte Situation reagiert, Schlüsse auf seine Sensibilität, Selbstsicherheit und damit Beeinflußbarkeit ziehen. Jeder Ausbilder, der seine Methode im Rahmen einer Pferdemesse oder ähnlicher Veranstaltungen demonstriert, schaut sich das dazu angebotene Pferd vorher an – und das tut er nicht nur, um zu sehen, ob das Tier „interessant genug" für die Demonstration ist!

Hilfen

Wie gesagt ist der Hilfenkanon einer jeden Reitweise die Zeichensprache, in der Mensch und Pferd sich verständigen. Um diese Zeichen dem Pferd leicht vermittelbar zu machen, sind sie der natürlichen Körpersprache soweit wie möglich angelehnt. Das „Vokabular" beschränkt sich dabei im wesentlichen auf Angaben bezüglich Richtung und Tempo. Zwar wird mitunter auch versucht, das Pferd durch gezielte Hilfengebung in eine erwünschte Haltung zu bringen, aber mit der dressurmäßigen Haltung beim Reiten ist es ähnlich wie mit der Grazie beim Ballettanzen: Wenn das Training, die Gymnastizierung stimmt, so ergeben sich Dehnungshaltung und später Aufrichtung ganz von allein.

Richtung und Tempo

Nun sind die Möglichkeiten, jemandem körpersprachlich Richtung und Tempo anzugeben, ziemlich eingeschränkt. So kann man ihn zum Beispiel ziehen – was sich aber bei einem so großen und starken Gegenüber wie einem Pferd nicht empfiehlt, denn bei einem Kräftemessen würde man unweigerlich scheitern. Eine weitere Möglichkeit wäre, ihn zu treiben oder zu schieben, und zuletzt kann man ihn auch noch locken – zum Beispiel mit einem Leckerbissen oder indem man seine Neugierde erregt. Falls bereits eine Einigung über die Zusammenarbeit besteht, kommt dazu natürlich die Möglichkeit, ihn zu führen.

Die meisten Hilfen bei der Bodenarbeit mit Pferden und auch bei der Arbeit unter dem Sattel beruhen auf dem Prinzip des Treibens. Dazu kann man nämlich sehr gut ein Stöckchen benutzen und damit die körperliche Überlegenheit des Pferdes ausgleichen. Die einfachsten treibenden Hilfen finden wir im Rahmen der Round Pen-Methode. Der Trainer geht mit Gerte, Longierpeitsche oder aufgerolltem Strick seitlich hinter dem Pferd und treibt es damit an. Komplizierter wird es dann schon bei der TT.E.A.M.-Methode. Hier wird die Gerte im Rahmen der verschiedenen Führpositionen an unterschiedlichen Tei-

Die meisten Hilfen beruhen auf dem Prinzip des Treibens.

len des Pferdekörpers treibend eingesetzt – manchmal indem man damit streichelt, manchmal indem man mehr oder weniger sanft klopft. Vollends schwierig wird das Treiben, wenn es schließlich nicht mehr vom Boden, sondern vom Sattel aus erfolgt. Schenkelhilfen wirken nämlich nur dann, wenn sie im richtigen Moment gegeben werden, ansonsten verwirren sie das Pferd eher, als es vorwärtszutreiben. Falsch eingesetzte Schenkelhilfen können verschiedenste Probleme wie etwa Bukkeln und Steigen mitverursachen.

Hilfengebung, die auf dem Anschieben des Pferdekörpers beruht, finden wir im Bereich der Bodenarbeit nur bei der Halftergewöhnung des ganz jungen Pferdes. Hierbei wird das ,,Komm-Mit", eine Strickkonstruktion, eingesetzt, die das Fohlen unter dem Schweif sanft anschiebt. Bei älteren Pferden ergibt der Gebrauch des Komm-Mit nur Sinn, wenn sie extrem ängstlich auf Gerteneinsatz reagieren. Schiebende Seilkonstruktionen setzt man hier allenfalls beim Verladetraining ein.

Unter dem Sattel könnte man die Kreuzhilfe im Rahmen der konventionellen Reitweise als ,,schiebende Hilfe" betrachten. Auch die Wirkung des tiefen Einsitzens bzw. Beckenabknickens in der Klassischen oder der Westernreitweise beruht eher auf dem Prinzip des Schiebens als dem des Treibens.

,,Locken" zwecks Richtungsbestimmung gibt es beim Reiten nur im Comic. Zeichnungen, auf denen der Reiter dem Pferd mit Hilfe einer angelartigen Konstruktion eine Möhre vor die Nase hält, sind wohl jedem bekannt. Interessanterweise findet sich das ,,Lockprinzip" aber sehr häufig im Rahmen der Bodenarbeit. Zwar gilt es

Das Komm-mit schiebt das Fohlen an.

allgemein als unprofessionell, ein Pferd nur mit Hilfe einer Möhre durch ein Bodenhindernis zu lavieren, aber mit der natürlichen Neugier des Pferdes wird von fast allen Ausbildern gezielt gespielt.

Wie das funktioniert, können Sie leicht selbst ausprobieren. Begeben Sie sich dazu mit Ihrem gehalfterten oder freilaufenden Pferd in eine Reithalle oder auf einen Platz. Nun schnippen Sie vielleicht einen halben bis einen Meter vor der Pferdenase mit den Fingern. Falls Sie nicht gerade ein außerordentlich schlafmütziges Pferd haben oder seine Aufmerksam-

Pferde sind von Natur aus neugierig und folgen prägnanten Bewegungen des Ausbilders.

keit gerade von einer anderen, noch interessanteren Begebenheit abgelenkt wird, sollte es sich nun interessiert Ihrer Hand zuwenden. Bewegen Sie die Hand mit den noch gekreuzten Fingern, so folgt es ihr mit fast hundertprozentiger Wahrscheinlichkeit mit dem Kopf, und wenn Sie nun vorwärtsgehen, so bestehen gute Chancen, daß Ihnen das Pferd wie ein Hündchen nachläuft – die interessante Hand immer im Blick.

Die Führmethoden fast aller erfolgreichen Ausbilder beruhen auf der Erkenntnis, daß Pferde auch kleine Bewegungen ihres Gegenübers registrieren und sehr interessant finden. Die Trainer lenken die Aufmerksamkeit des Tieres gezielt auf einen Punkt und halten sie mit immer neuen, leichten Bewegungen. Bei der TT.E.A.M.-Methode folgt das Pferd zum Beispiel dem schwarzen Knauf der weißen Gerte, im Round Pen wird eher mit dem Finger geschnippt, andere Ausbilder schlenkern mit Seilen. Das Prinzip ist jedoch immer das gleiche: Das Pferd läßt sich locken, und wenn es dafür ein- oder zweimal belohnt worden ist, so läßt es sich auch bereitwillig führen. Je nach Methode werden lockende und treibende Hilfen auch gleichzeitig eingesetzt. Beim Führen über Bodenhindernisse hilft zum Beispiel ein Touchieren mit der Gerte nach, wenn die Motivation durch das Locken nicht ausreicht. Die Kette übernimmt dann führende Funktion.

Der Vollständigkeit halber muß nun noch die Hilfengebung erwähnt werden, die mit dem Gleichgewichtssinn des Pferdes spielt. Wie sie funktioniert, kann man am eigenen Leib erfahren, wenn man ein Kind auf den Schultern trägt. Sitzt dieser kleine Passagier nämlich nicht gerade, sondern verlagert sein Gewicht zum Beispiel nach rechts, so biegt sein Träger unweigerlich rechts ab, um die Bewegung auszubalancieren. Dasselbe tut in aller Regel auch unser Pferd, wenn wir das Gewicht im Sattel verlagern. Neben dem Einsatz in Wendungen haben Gewichtshilfen besonders im Rahmen der Seitengänge einen wichtigen Stellenwert. Bei der Bodenarbeit werden diese Übungen allein mittels Gerten- und Zügelhilfen abgerufen.

Stopp!

Das „natürliche" körpersprachliche Signal zum Anhalten besteht darin, dem anderen den Weg zu versperren. Auch Kunstsprachen bedienen sich hier des Symbols einer Barriere.

Die Gerte wirkt als „Barriere".

Ein Reiter signalisiert dem Pferd anzuhalten, indem er die Zügel annimmt und ihm idealerweise gleichzeitig bedeutet, mit den Hinterbeinen weit unterzutreten, damit es nicht auf der Vorhand stoppt. Im Rahmen der Bodenarbeit kann das Pferd auf diese Signalgebung vorbereitet werden, indem man sich zuerst mit dem ganzen Körper vor das vorangehende Pferd schiebt und diese Bewegung dann immer mehr reduziert. Die Signalgebung variiert dabei je nach Methode, bei TT.E.A.M. etwa wird wieder mit der Gerte gearbeitet. Man tippt zunächst die Brust des Pferdes an und braucht schließlich nur noch eine leichte Gertenbewegung in diese Richtung.

Ein geschickter Ausbilder bringt ein einigermaßen sensibles Pferd im Rahmen einer einzigen Arbeitseinheit im Round Pen dazu, auf Handzeichen zu stoppen. Fast immer wird dazu ein Wort oder Laut wie ,,Ho", ,,Whoa", ,,Schsch" oder auch ,,Brr" eingeführt, und idealerweise stoppt das Pferd sehr bald nur auf Stimmkommando.

Der Einsatz von Körpersprache, kombiniert mit Stimmhilfen, funktioniert sehr viel besser als ein schlichtes Ziehen am Halfter, denn Druck auf die Nase bewirkt zwar ein fast automatisches Kopfsenken und Anhalten, es löst aber keinen Reflex aus. Wenn das Pferd keine Notwendigkeit sieht stehenzubleiben, geht es folglich gegen das Halfter, und bei einer Kraftprobe hat der Ausbilder keine Chance.

Noch unsicherer als der Halftereinsatz beim jungen Pferd ist die Trense als Zwangsmittel. Druck auf die Maulwinkel bewirkt nämlich kein automatisches Kopfsenken, sondern eher ein unwilliges Anheben. Erfolgt dann weiterer Zug, der auch noch weh tut, so entzieht sich das Pferd ärgerlich und ergreift die Flucht. Die im Sinne der Reiterhilfen ,,richtige" Reaktion auf Trenseneinwirkung muß vom jungen Pferd erst gelernt werden. Aus eben diesem Grund bevorzugen viele Ausbilder in der ersten Phase des Anreitens gebißlose Zäumungen.

Teil II:
Methoden im Überblick

Wie im vorigen Kapitel bereits erläutert, sind die Möglichkeiten, mit logisch fundierten Hilfen auf ein junges Pferd einzuwirken, begrenzt. Im Grunde ist seit Xenophon keinem seriösen Pferdeausbilder etwas anderes eingefallen als besagtes Treiben, Schieben, Locken und Führen (Möchtegernreiter aller Zeiten erfanden darüber hinaus natürlich noch Hilfszügelkonstruktionen, die eine Einwirkung durch Ziehen ermöglichten, aber darauf will ich hier nicht eingehen). Insofern gibt es auch nur sehr selten wirklich neue Methoden der Pferdeausbildung. Die vielgepriesenen Neuheiten sind fast immer aus Teilstücken bekannter Ausbildungsgänge zusammengesetzt. Manchmal gibt man auch alten Methoden phantasievolle neue Namen. Die seit mindestens hundert Jahren bekannte Round Pen-Methode wird zum Beispiel unter drei oder vier verschiedenen Bezeichnungen praktiziert.

Die meisten zur Zeit aktuellen Methoden setzen sich aus Elementen der TT.E.A.M.- und der Round Pen-Methode zusammen. Ein paar interessante Varianten brachte Pat Parelli in die Diskussion, weshalb auch er hier Erwähnung finden soll. Gangpferde werden von ihren Ausbildern oft hingestellt, als bedürften sie einer gänzlich anderen Behandlung als alle anderen Rassen; ein Grund, die dort üblichen Ausbildungspraktiken ebenfalls kurz vorzustellen. Außerdem möchte ich auf die Klassische Ausbildungsmethode eingehen, einen Weg, der niemals einfach und kurz sein wollte, aber seit Jahrhunderten sicher zum Ziel führt.

Die TT.E.A.M.-Methode

Die TT.E.A.M.-Methode (Tellington-Jones Equine Awareness Method) wird seit etwa dreißig Jahren praktiziert und

Linda Tellington-Jones bei der Arbeit

gelehrt. Ihre „Erfinderin" Linda Tellington-Jones, amerikanische Reitlehrerin und erfolgreiche Turnierreiterin in den unterschiedlichsten Disziplinen, entwickelte sie nach eigenen Angaben, weil sie „es satt hatte, dauernd von buckelnden Pferden zu fallen". Der Ansatz lag also darin, die Pferde sinnvoll auf das Zureiten vorzubereiten und auch jede Arbeit mit ihnen sicherer zu machen.

Wie sich später herausstellte, eignet sich TT.E.A.M. auch bestens zur Korrektur verrittener Pferde. Die Arbeit an der Hand ermöglicht den verwirrten und verängstigten Tieren, neues Vertrauen zum Menschen aufzubauen, der Tellington-Touch lockert ihre Muskulatur und wirkt beruhigend und heilend. Inzwischen gibt es TT.E.A.M.-Programme auch für andere Haustiere wie Hunde und Katzen, und Zoos überall auf der Welt haben die Zusammenarbeit mit Linda für die verschiedensten ihrer Schützlinge schätzen gelernt. Im Pferdebereich – von der Freizeitreiterei bis hin zum Turniersport auf höchster Ebene – ist ihre Methode international anerkannt. Während Freizeitreiter ihr Programm vor allem zum Anreiten junger Pferde anwenden, schätzen Turnierreiter den Einsatz des TTouch, um ihre Weltmeisterschafts- oder Olympiapferde fit zu halten und entspannt in den Wettkampf zu schicken.

Boden- und Körperarbeit

Linda Tellington-Jones' Methode setzt sich aus drei Komponenten zusammen: der Bodenarbeit, dem Tellington-Touch und „Riding with Awareness".
Bei der Bodenarbeit trägt das Pferd ein Halfter. Eine spezielle Führkette wird über die Nase gelegt. Der Ausbilder verwendet eine lange Gerte, mit der er dem Pferd Zeichen gibt, es sanft antreibt, die Richtung angibt – und in Ausnahmefällen auch einmal straft. Grundsätzlich soll sich das Pferd aber auf keinen Fall vor der Gerte fürchten. Zu den ersten Lektionen in der TT.E.A.M.-Methode gehört das Abstreichen des gesamten Pferdekörpers mit dem „Zauberstab" (*wand*), und man beginnt erst mit der weiterführenden Arbeit, wenn das Pferd dies furchtlos duldet.
Das Pferd wird dann „zwischen Führleine und Gerte" über verschiedene Bodenhindernisse geführt, die einmal die Scheufestigkeit, vor allem aber die Körperbeherrschung des Tieres schulen. „Nebenbei" wird natürlich auch der Gehorsam trainiert, denn die Arbeit im Labyrinth, auf der Wippe oder im Stangen-L fordert volle Aufmerksamkeit auf die Hilfen des Ausbilders. In der TT.E.A.M.-Methode kommt es schließlich nicht darauf an, die Hindernisse „irgendwie" zu überwinden. Statt dessen soll das Pferd jeden Schritt bewußt und im Einverständnis mit seinem Führer ausführen, es soll einerseits mitdenken, andererseits aber auch auf kleinste Hilfen schnell reagieren.

Scheutraining nach der Tellington-Methode

So führt man das Pferd zum Beispiel nicht einfach nur zügig über eine Plastikplane. Statt dessen soll es darauf stehen bleiben, einen Schritt rückwärts machen, wieder vor treten – wie der Führer es eben vorgibt. Natürlich wird nie an der Kette gezogen. Sie dient hauptsächlich dazu, die führenden Hilfen präziser zu machen, wirkt aber auch als Notbremse, wenn der Vierbeiner gerade keine Lust hat und sich der ganzen Angelegenheit durch einen Spurt zu entziehen versucht. Spielerei ist die TT.E.A.M.-Arbeit an Bodenhindernissen nämlich auf keinen Fall. Auch wenn sie noch so interessant und pferdefreundlich gestaltet wird, bleibt sie Arbeit, bei der Konzentration und Disziplin gefordert und im Zweifelsfall auch durchgesetzt werden. Beherrschen Pferd und Ausbilder die Arbeit an den Bodenhindernissen, so ist es in der Regel möglich, das Pferd nur mit einem Bändchen um den Hals oder ganz ohne Zäumung durch einen Trail-Parcours zu führen. Aber Vorsicht: Die spezielle Führ-Methodik der Tellington-Methode wirkt einfacher, als sie tatsächlich ist! TT.E.A.M. unterscheidet mannigfaltige Führpositionen für den Einsatz in verschiedenen Situationen. Sie müssen gezielt eingeübt werden und sicher sitzen, bevor man sich zum Beispiel an die Korrektur schwieriger Pferde heranwagt. Wenn TT.E.A.M.-Ausbilder verblüffende Leistungen vollbringen, wie etwa, Ihr Pferd in drei Minuten zu verladen, nachdem Sie sich schon drei Stunden vergeblich damit abgemüht haben, so ist das nicht nur eine Frage von Erfahrung oder gar Magie, sondern vor allem ein „Sieg der Technik".

Neben der Arbeit an den Bodenhindernissen umfaßt die Vorbereitung des jungen Pferdes auf das Anreiten auch noch Fahren vom Boden aus und andere praktische Vorübungen auf den großen Tag des ersten Aufsitzens. Einige davon werden im Praxisteil dieses Buches ausführlich erklärt.

Die zweite Säule der Tellington-Methode ist der TTouch, ein System von „Berührungen", das gern als Massage bezeichnet wird, obwohl Linda Tellington-Jones sich gegen diesen Ausdruck wehrt. Wie einige Ideen zum Bodenarbeitsbereich entstammen auch die Ursprünge des TTouch dem Bereich der Feldenkrais-Bewegungstherapie, die Linda Tellington-Jones bei ihrem Begründer, dem Israeli Moshe Feldenkrais, studiert hat. Der TTouch will

Tellington-Touch

durch sanfte Berührungen und Bewegungen auf die Nervenenden einwirken und damit weit mehr bewirken, als nur die Muskulatur zu lockern. Er soll ein neues Körpergefühl bewirken, neue Wahrnehmungsmöglichkeiten eröffnen und auch auf Stimmung und Verhalten des behandelten Tieres Einfluß nehmen. Wer ihn wirklich beherrscht, erzielt damit fabelhafte Erfolge, wenn es zum Beispiel darum geht, ein Pferd für Tierarzt oder Schmied ruhigzustellen. Bei Kolikerkrankungen und Kreislaufproblemen kann man Erste Hilfe leisten, Pferde mit Rükkenschwierigkeiten sprechen ebenso gut darauf an wie extrem ängstliche, verspannte Tiere.

Um solche Ergebnisse zu erzielen, genügt es allerdings nicht, ein Buch zu lesen oder einen Demonstrationstag zu besuchen. Ein paar TT.E.A.M.-Kurse bei hochkarätigen Lehrern, idealerweise bei Linda Tellington-Jones selbst, sollte man dazu schon belegt haben. Hinzu kommt ein gewisses „Feeling". Bei der Entscheidung, welcher TTouch in welcher speziellen Situation einzusetzen ist, bestimmt oft persönliche Intuition über Erfolg oder Mißerfolg. Linda Tellington-Jones wird jedoch nicht müde zu betonen, daß auch das nichts mit Magie zu tun hat. Letztlich ist es die Erfahrung mit vielen Pferden in mannigfaltigen Situationen, die einen Menschen befähigt, im Einzelfall richtig zu reagieren.

Nun erfordert die Arbeit mit einem jungen Ausbildungspferd keine Meisterprüfung in Sachen TTouch. Die wenigen TTouches, die man hier anwendet, um das junge Pferd zu entspannen, zu ermutigen oder zu beruhigen, sind relativ leicht zu erlernen. Neben dem Bücherstudium ist dazu aber unbedingt der Besuch eines TT.E.A.M.-Grundkurses anzuraten, möglichst gemeinsam mit dem eigenen Pferd.

Höfe, auf denen solche Kurse angeboten werden, haben auch meist mehr Möglichkeiten zum Aufbau interessanter Bodenhindernisse als Freizeitreiter in der heimischen Haltungsanlage. Insofern bieten TT.E.A.M.-Jungpferdekurse neben dem reinen Lernerfolg auch viel Spaß und Abwechslung für Pferd und Ausbilder.

Reiten

Ein kleiner Nachteil der TT.E.A.M.-Methode liegt darin, daß der Ausbildungs-

weg bis zum ersten Anreiten minutiös vorgegeben wird, das Reiten selbst aber nur wenig gelehrt wird. Linda Tellington-Jones propagiert einen Reitstil, der im wesentlichen der leichten Reitweise entspricht und damit einen hervorragenden Einstieg für Anfänger und eine gute Grundlage für jeden beliebigen anderen Reitstil bietet. In TT.E.A.M.-Kursen wird allerdings selten geritten. So etwas wie eine Ausbildungsbegleitung, die einen in mehreren Kursen beim selben Lehrer vom ersten Führtraining bis zur höheren Dressurlektion gelangen läßt, bietet kaum ein Ausbilder an. Wer das wünscht, sollte bei der Wahl des Ausbilders oder Ausbildungsinstitutes gleich darauf achten, ob weitere Kurse im Programm sind und ob der Ausbilder neben der Autorisierung als TT.E.A.M.-Lehrer (Practitioner) noch über weitere reiterliche Qualifikationen verfügt.

Erlernbarkeit

Die TT.E.A.M.-Methode beruht auf einem festen System von Bewegungen und Positionen, deren Ausführung weder tänzerisches Geschick noch andere Spezialbegabungen fordert.

Die Kenntnisse und Techniken, die man braucht, um ein normales junges Freizeitpferd selbst auszubilden, sind für jung und alt relativ leicht zu erlernen. Im allgemeinen spricht auch jedes Pferd, gleich welcher Rasse und welchen Naturells, sehr gut darauf an. Da die Methode an Tausenden von Pferden erprobt ist, gibt es praktisch kein Ausbildungsproblem, für das hier noch keine Lösung gefunden wurde.

Wenn Sie sich und Ihr Pferd einer/m erfahrenen TT.E.A.M-Lehrer/in anvertrauen, werden Sie individuelle Betreuung und Beratung finden. Neben der sorgfältigen Auswahl des Kursleiters sollten Sie sich bei der Planung Ihres TT.E.A.M.-Kurses auch den Veranstaltungsort genau ansehen. Wenn Ihr Offenstall-gewohntes Jungpferd während des Kurses plötzlich in der Box stehen muß, wird es Schwierigkeiten haben, sich auf die Unterrichtsinhalte zu konzentrieren.

Die Round Pen Methode

In Größe und Form entspricht der Round Pen ziemlich genau dem allseits bekannten Longierzirkel. Während ein Longierzirkel jedoch meist nur von einem schlichten Zaun begrenzt wird, ist der klassische Round Pen ein fest geschlossener Raum, umgeben von einer hohen Bretterwand, die Ausbilder und Pferd völlig von der Außenwelt abschließt. Wie wir noch sehen werden, ist diese Isolation die Voraussetzung für den Erfolg jener Zähmungsmethode für Wildpferde, in der möglicherweise der Ursprung jeglicher Round Pen-Arbeit im Rahmen moderner Ausbildungsmethoden zu suchen ist. „Möglicherweise" deshalb, weil verschiedene Ausbilder unterschiedliche Quellen für ihre Erkenntnisse nennen und es keineswegs auszuschließen ist, daß sich in verschiedenen Teilen der Welt gleiche oder sehr ähnliche Arbeitsmethoden entwickelt haben. Das Longieren, also die Technik, ein Pferd an der langen Leine im Kreis um seinen Ausbilder herumlaufen zu lassen, ist schließlich eine der einfachsten und damit auch ältesten Methoden, ein Pferd an der Hand zu arbeiten. Die Reiterwelt entdeckte sicher

Freiarbeit im Round Pen ist Bestandteil verschiedener Ausbildungsmethoden.

nicht erst im 19. Jahrhundert, daß dies noch leichter ist, wenn man es in einem geschlossenen Zirkel praktiziert!

Jede Freiarbeit oder Longenarbeit im festen Longierzirkel zielt auf körpersprachliche Kommunikation zwischen Pferd und Ausbilder ab. Dabei arbeitet man hier zumindest in der ersten Zeit fast ausschließlich mit „natürlichen" Zeichen, also indem man Pferdeverhalten imitiert. Im Round Pen funktioniert das sehr viel besser als etwa auf einem Reitplatz, denn von der Mitte des Zirkels aus hat der Ausbilder die Möglichkeit, treibend oder verhaltend auf das Pferd einzuwirken, ohne dazu weite Wege zurücklegen und dabei schneller als das Pferd laufen zu müssen. Die Möglichkeit der „natürlichen" und leicht verständlichen Einwirkung macht den Round Pen zu einem optimalen Arbeitsplatz für die Erstausbildung junger Pferde, auch für die Kontaktaufnahme mit wilden oder halbwilden Pferden. Im Rahmen des Western Riding wie auch in der Klassischen Reitweise wird der Round Pen deshalb gern und erfolgreich eingesetzt, bevor man das Pferd an Sattel und Zaum oder Longiergurt und Doppellonge heranführt.

Die privilegierte Stellung des Menschen auf abgeschlossenem Raum mit einem von seinen Artgenossen isolierten Tier ermöglicht aber auch Manipulationen an dessen Psyche, die im Rahmen einer pferdefreundlichen Ausbildung nicht vertretbar sind. Gerade sie bieten dem Ausbilder allerdings die Chance zu mediengerechten „Wundertaten". So sorgen in Amerika und vereinzelt auch schon hierzulande sogenannte Pferdeflüsterer für Schlagzeilen, indem sie ein völlig rohes, bisher nicht an Menschen gewöhntes Pferd innerhalb weniger Stunden nicht nur zähmen, sondern gleich zureiten.

Hiesige Ausbilder begnügen sich bisher

noch damit, das Pferd in kurzer Zeit dazu zu bringen, ihnen wie ein Hündchen durch den Round Pen zu folgen – im allgemeinen mit genau der Fingerschnipps-Methode, die im Kapitel „Hilfen – Richtung und Tempo" erklärt wurde. Will man das im Trubel einer Veranstaltung vorführen, so braucht man dazu allerdings etwas mehr Geschick und Erfahrung als beim beschriebenen Versuch auf dem heimischen Reitplatz. So muß das Pferd zunächst dazu gebracht werden, seine Erregung abzubauen und Bereitschaft zur Kommunikation mit dem Ausbilder zu zeigen. Der Trainer wendet dazu die klassische Anfangsarbeit im Round Pen an.

Kommunikation „auf pferdisch"

Wie schon gesagt ist die Round Pen-Methode ursprünglich eine Zähmungsmethode. Man geht also davon aus, daß ein junges Pferd bei der ersten Arbeit im Round Pen noch völlig roh ist. Kommt dieses bisher kaum von Menschenhand berührte Tier nun in den Zirkel, so ist es schwer erregt – und setzt diese Erregung auf Pferdeart in Bewegung um. Es beginnt, im Kreis herum zu galoppieren.

Das Pferd im Messetrubel oder gar unser Freizeitpferd beim Bodenarbeitskurs wird sich wahrscheinlich nicht derartig aufregen. Aber auch für diese Tiere ist die Situation im Round Pen neu und ungewohnt, und wenn der Ausbilder sie durch Treiben dazu ermuntert, werden sie ihre innere Erregung gern im Trab oder Galopp abreagieren.

Bewegung als Reaktion auf Streß und Aufregung ist für das Fluchttier Pferd die natürlichste Sache der Welt. Auch uns Menschen ist dieses Verhalten nicht fremd: Denken Sie nur daran, wie oft wir vor Aufregung nicht stillsitzen können oder beim Warten auf einen wichtigen Te-

Ursprünglich war der Round Pen ein Zähmungs-
bereich für Wildpferde.

lefonanruf ziellos im Zimmer herumwan-
dern. Erregung und Rennen führen – beim
Pferd wie beim Menschen – zum Ausstoß
sogenannter Endorphine, körpereigener
Morphine, die dämpfend und beruhigend
wirken. Das Wildpferd im Round Pen
wird also auf die Dauer vom rasenden Galopp in ruhigen übergehen, schließlich
auch in Trab und Schritt, wenn man es
läßt. Es ist nun aufgeschlossener und bereit, sich mit seiner Umgebung auseinanderzusetzen.
Auch ein „ganz normales" Pferd hat
wahrscheinlich sehr bald genug von der
Kreistraberei und wendet sich dem Menschen in der Mitte zu. Für den Trainer ist
dies das Signal für einen ersten Versuch,
Einfluß auf sein Verhalten im Round Pen
zu nehmen. Er tut das, indem er verschie-

dene Positionen vor, neben oder hinter
dem Pferd einnimmt, die treibend oder
verhaltend wirken. Wie das genau funktioniert, wird im Praxisteil dieses Buches
erklärt. Auf jeden Fall stellt er sich dem
Pferd damit als ranghöherer „Artgenosse" vor und schafft so eine Basis für die
Herrschaftsverhältnisse in der künftigen
Mensch-Pferd-Beziehung.
Bis hierhin ist die Arbeit des Wildwest-
Pferdezähmers identisch mit der Bodenarbeit, die im Rahmen der Western- wie
der iberischen Reitweise angewandt wird.
Ab jetzt unterscheiden sich jedoch die
Vorgehensweisen. Der seriöse Trainer
wird das junge Pferd ein paarmal im
Round Pen anhalten und ihm dabei das
künftige Signalwort für „Stopp" nahe-
bringen. Danach beendet er die erste Ar-
beitssequenz mit viel Lob und bringt das
Pferd zurück in den Stall oder in seine
Herde. Wenn er nicht sehr lange gearbeitet und die Konzentrationsfähigkeit des

Pferdes ausgeschöpft hat, kann er auch noch das publicityträchtige „Nachlaufspiel" vorführen. Das entspannte, kooperationsbereite Pferd wird höchstwahrscheinlich willig mitmachen. Und da der Trainer hier in der Regel nicht in einem hoch eingezäunten Round Pen, sondern in einem leicht einsehbaren Longierzirkel oder gar einer schlichten Flatterband-Einzäunung gearbeitet hat, kann er die Bewunderung seines Publikums auch gleich hautnah genießen.

Der amerikanische „Rossebändiger" mit seinem Wildpferd im fest umschlossenen Round Pen macht jedoch weiter.

Spiel mit der Psyche

Bei jungen und noch dazu nervösen Tieren, wie etwa unserem dreijährigen Wildling, läßt die Konzentrationsfähigkeit nach höchstens zwanzig Minuten Arbeit rapide nach. Nimmt der Ausbilder darauf keine Rücksicht, sondern treibt das Pferd weiter in relativ hohem Tempo im Kreis, so ist das Pferd nach kurzer Zeit erschöpft an Körper und Seele. Es sehnt sich jetzt nur noch nach Ruhe und vor allem nach der Geborgenheit in der Herde. Im Round Pen ist es jedoch isoliert. Der einzige Sozialpartner, dem es sich zuwenden könnte, ist der Mensch in der Mitte des Zirkels, und der treibt es gnadenlos weg. Mit jeder Minute, die sich das Pferd im Round Pen bewegt, gerät das Tier tiefer in einen Strudel von Müdigkeit und Bedürfnis nach Sozialkontakt. Die Endorphine in seinem Blut bringen es zudem in eine außergewöhnlich „friedfertige" Stimmung, vergleichbar der eines Techno-Tänzers, der nach einer Nacht in der Disko die ganze Welt umarmen möchte.

Schließlich hält der Trainer seine Zeit für gekommen. Er hört auf, das Pferd zu treiben, und sofort wendet es sich ihm freudig

zu. Es erkennt ihn als ranghöher an und folgt ihm bereitwillig durch den Round Pen. Ein Mensch mag hier den Kopf darüber schütteln, daß es seine Zuneigung ausgerechnet seinem Peiniger schenkt. Die Neigung, sich in Extremsituationen an den einzig möglichen Sozialkontakt zu klammern, finden wir jedoch auch im menschlichen Verhaltensprogramm. Denken Sie nur an die allen Krimi-Zuschauern sattsam bekannte „Guter Polizist – Böser Polizist"-Verhörtechnik oder die Gefahr des Stockholm-Syndroms bei Entführungsopfern.

Der Trainer könnte das junge Pferd jetzt in Ruhe lassen. Aber damit wäre das Schauspiel nicht vollendet. Um sein Publikum zufriedenzustellen, muß das Tier auch noch geritten werden. Das Aufsatteln und Zäumen nimmt das Pferd in seinem erschöpften, aber auch unendlich erleichterten Zustand gewöhnlich ohne ein Ohrenzucken hin. Der Schock des ersten Aufsitzens – jedes nicht vorbereitete Pferd vermutet dabei zunächst den Angriff eines Raubtieres – versetzt es jedoch erneut in gesteigerte Fluchtbereitschaft. Der Trainer kann sie ausnutzen, um zur Begeisterung des Publikums noch ein paar Runden um den Round Pen zu galoppieren.

Wie Sie sehen, braucht man für „Wundertaten" im Round Pen zwar eine gewisse Skrupellosigkeit, aber ganz bestimmt keine übersinnlichen Fähigkeiten! Ein paar der hier geschilderten Kunstgriffe werden übrigens auch von seriösen Trainern im Umgang mit Problempferden angewandt und können dabei durchaus ihre Berechtigung haben. Zur Bändigung eines sehr dominanten und obendrein schlecht erzogenen Pferdes, das dazu neigt, sich Menschen gegenüber mit Zähnen und Hufen durchzusetzen, ist die Isolation mit einem erfahrenen Trainer im Round Pen hervor-

EINFACH, SCHNELL UND GEWALTLOS?

„Neue" Methoden der Pferdeausbildung werden oft mit den Schlagworten „einfach", „schnell" und „gewaltlos" vermarktet. Der Anfänger wird in der Illusion gewiegt, er könne hier ohne große Anstrengungen und selbstverständlich ohne seinem Pferd auch nur im entferntesten zu nahe zu treten, in Rekordzeit zur reiterlichen Vollendung gelangen!

Den Kenner wird die Kombination von „leicht", „schnell" und „pferdefreundlich" dagegen immer skeptisch machen. Wie schon gesagt ist Reiten eine Sprache, und Pferdeausbildung bedeutet, diese Sprache zu vermitteln. Eine schnelle Vermittlung bedeutet also Intensivkurs – und der ist in keiner Fremdsprache einfach! Die Kombination von „schnell" und „leicht" funktioniert nur dann, wenn man die Sprache auf wenige Befehle reduziert und sie dem Schüler einbleut. Diese Form des Zureitens hat in der Reiterwelt eine lange Tradition, ist aber alles andere als gewaltlos. Vorsicht also bei großen Versprechungen!

Die Ausbildung Ihres Pferdes dauert ihre Zeit und verlangt einige Anstrengungen. Sie bringt aber auch sehr viel Spaß, und wenn Sie nach einer bewährten, wenn auch langwierigen Methode arbeiten, werden Sie den größten Teil dieser Zeit genießen!

ragend geeignet. Hier ist aber wieder der Könner gefragt und nicht der Gelegenheitsausbilder mit einem Grundkurs in Round Pen-Arbeit.

Grundlagenarbeit

Die eben geschilderte Round Pen-Zähmungsmethode ist für den Freizeitreiter und sein Pferd ganz sicher ungeeignet. In letzter Konsequenz wird sie auch kein verantwortungsvoller Profiausbilder durchführen, denn damit erreicht man zwar eine schnelle, spektakuläre Annäherung von Pferd und Trainer, aber kein gewachsenes, sicheres Vertrauensverhältnis.

Ganz anders ist es mit der Round Pen-Arbeit im Rahmen der Westernreitweise oder Klassischen Ausbildung. Die hier vermittelte körpersprachliche Kommunikation zwischen Pferd und Reiter legt einen soliden Grundstein für eine harmonische Zusammenarbeit mit klar bestimmten Herrschaftsstrukturen: Der Mensch nimmt für das Pferd die Rolle des Leittieres ein. Wie weit im Anschluß an diese Grundlagenarbeit weiter im Round Pen gearbeitet wird, ist abhängig von Trainer und Reitweise. So geht zum Beispiel der klassische Ausbilder sehr schnell zur Arbeit an der Longe über – oft wird schon die erste Round Pen-Arbeit nicht im Freilauf, sondern an der einfachen Longe durchgeführt – und beginnt dann bald mit der Arbeit an der Doppellonge. Dazu nimmt er das Pferd spätestens nach ein oder zwei Ausbildungseinheiten auf den Reitplatz. Viele Westerntrainer führen dagegen auch die Gewöhnung an Sattel und Zaum und sogar das erste Anreiten im Round Pen durch. Eine feststehende Methode dazu gibt es nicht.

Erlernbarkeit und Anwendung

Die Bewegungen eines erfahrenen Trainers im Round Pen wirken außerordent-

Sattelgewöhnung im Rodeo-Stil

lich graziös und sehr sicher. Für den normal sportlichen Freizeitreiter ist das auf Anhieb kaum nachzumachen, obwohl es – wie eigentlich jede gekonnte Arbeit mit Pferden! – ganz einfach aussieht. Für ältere oder motorisch eher ungeschickte Menschen ist Round Pen-Arbeit weitaus schwerer zu erlernen als etwa die genau definierten TT.E.A.M.-Positionen. Sie ist auch körperlich anstrengender.

Beherrscht man die Bewegungen einmal, so ist Round Pen-Arbeit ein guter Einstieg in die Zusammenarbeit mit einem jungen Pferd. Beim erwachsenen oder in höheren Stufen der Ausbildung befindlichen Pferd bietet sie immer wieder Abwechslung vom Reiten oder der Doppellongenarbeit. Ist die Rangordnung im Rahmen der alltäglichen Zusammenarbeit ein bißchen unklar geworden, so bietet eine Arbeitseinheit im Round Pen den schnellsten und

einfachsten Weg, die Fronten wieder klar abzustecken. Auch wenn das Pferd nur rasch bewegt werden soll, weil man zu ausführlichem Training ausnahmsweise keine Zeit hat, ist Round Pen-Arbeit mit Stopps, Wendungen und Tempowechseln sinnvoller – und unterhaltsamer! – als das einfache Longieren auf der Kreisbahn.

Es ist allerdings nicht anzuraten, die gesamte Arbeit mit dem Jungpferd in den Zirkel zu verlegen. Bewegung auf der Kreisbahn belastet die Gelenke des jungen Pferdes mehr als die Schulung auf der Geraden. Ein verantwortungsvoller Trainer wird Ihr Pferd deshalb nur zu Kursen mit Round Pen-Training annehmen, wenn es mindestens drei Jahre alt ist. Die Arbeitseinheiten sollten dabei zehn Minuten kaum überschreiten.

Erfahrene Ausbilder können übrigens jedes Pferd erfolgreich im Round Pen arbeiten. Anfängern fällt die Arbeit mit Robustpferden und schweren, eher „kaltblütigen" Pferden erheblich schwerer als der Umgang mit Westernpferden, Barockpferden oder Vollblütern. Ein erfahrener Trainer verriet mir einmal, das habe mit dem sogenannten *cow sense* zu tun, der bei unterschiedlichen Pferderassen verschieden stark ausgeprägt ist. Wie das Westernpferd die kleinsten Bewegungen des auszusondernden Rindes beobachtet und möglichst vorausahnt, so richten hochblütige Pferde ihre Aufmerksamkeit von Anfang an auf den Ausbilder in der Mitte des Zirkels. Sie lesen ihm seine Wünsche praktisch von den Augen ab. Die Vertreter der meisten Ponyrassen, viele Warmblüter und die meisten schwereren Pferde geben dagegen anderen Interessen den Vorzug. Um ihre Aufmerksamkeit zu wecken, braucht der Trainer mehr Geschick und Technik. Falls Sie sich also über die Fähigkeiten eines Kursanbieters in bezug auf Round Pen-Arbeit nicht sicher sind – im Gegensatz zur TT. E. A. M.-Methode gibt es hier schließlich keine schwarz auf weiß niedergelegten Qualifikationen – , beobachten Sie ihn bei der ersten Kontaktaufnahme mit einem Isländer oder Haflinger!

„Natural Horsemanship" – Die Parelli-Methode

„Horsemanship" bezeichnet in der amerikanischen Pferdefachsprache die Fähigkeit zum korrekten und fairen Umgang mit dem Pferd, und zwar sowohl die erlernbaren Komponenten dieser Kunst als auch die Begabung, sich in das Tier einzufühlen. Pat Parelli, ein recht charismatischer amerikanischer Ausbilder, vermittelt seinen Schülern eine Arbeitsmethode, mit der sie sich dem Pferd auf möglichst „natürliche" Art nähern sollen. Motto: Dies ist keine Ausbildungsmethode für Pferde, sondern für Menschen.

Der Trick besteht darin, auf natürliche Weise abzurufen, was das Pferd schon kann. Wie viele Aussagen in Parellis Lehre klingt auch diese verblüffend neu und einfach, sie ist im Prinzip jedoch identisch mit der Grundlage jeder klassischen oder sonstigen Ausbildung: Ob im Round Pen, in der Zirkusmanege oder im Dressurviereck, ob einfaches Rückwärtsgehen oder Passage – alle Lektionen, die wir mit Pferden einüben, sind deren ursprünglichem Verhaltensrepertoire entnommen.

Bevor man jedoch alle natürlichen Bewegungen im Alltag abrufen kann, benötigt das Pferd vor allem Training zwecks Aufbaus der Muskulatur. Diese „Knochenarbeit" im Schatten der Kunst läßt die Philosophie des Pat Parelli aber vorsichtshalber aus. Hier haben wir nämlich wieder das Postulat der „Einfachheit" und „Gewaltlosigkeit". Die Beschäftigung mit dem Pferd wird nicht als Arbeit, sondern als Spiel definiert, und Showvorstellungen suggerieren, das Pferd stürze sich aus lauter Spaß in die kompliziertesten und zum Teil ziemlich weit hergeholten Übungen – die spektakulärste ist wohl das Verladen des Pferdes auf einen fahrenden Hänger. Ein Vorreiten des Pferdes ohne Zügel und Sattel gehört bei Demonstrationen der Parelli-Methode fast schon zum Standardrepertoire.

Pat Parelli in Aktion

FASZINIEREND – REITEN OHNE ZAUM UND ZÜGEL

Die Demonstration fast jeder „alternativen" Ausbildungsmethode wird heute vom Auftritt eines Reiters gekrönt, der sein Pferd ohne Zaumzeug, eventuell auch ohne Sattel durch die Bahn lenkt. Besonders für konventionelle und sehr auf den Zügel fixierte Reiter hat das fast den Anschein von Magie. Tatsächlich funktioniert es aber über eine vereinbarte Hilfen-Zeichensprache wie jedes andere Reiten auch. Sensibilisierung für leichte Hilfengebung ist schließlich Endziel jeder Ausbildungsarbeit mit Pferden. Letztlich arbeitet das „frei" gerittene Pferd auf Gewichts- und Schenkelhilfen. Den Zügel ersetzt je nach Sensibilität des Pferdes und Geschick des Reiters ein leichter Druck der Hand am Pferdehals oder – im Rahmen der TT.E.A.M.-Methode – ein Ring, mit dem leichte Hilfen an Hals und Brust des Pferdes möglich sind. Natürlich kann man ebensogut ein Seidenbändchen benutzen wie weiland der klassische Reitmeister Pluvinel, und einige Reiter geben auch visuelle Hilfen mit aufrecht in der Hand gehaltenen Stöckchen oder Fahnen.

Von den veränderten „Zügelhilfen" einmal abgesehen besteht der einzige Unterschied zwischen „frei" und „normal"

Claus Penquitt – Perfektion ohne Zaum und Zügel (mit freundlicher Genehmigung des Autors entnommen aus „Die Freizeitreiter-Akademie" von Claus Penquitt)

gerittenem Pferd darin, daß der Reiter ersterem mehr Vertrauen entgegenbringen muß. Er verläßt sich auf seine Kooperation und macht sich damit in gewisser Hinsicht von ihm abhängig. Dieser Vertrauensbeweis durch Verzicht auf das Zwangsmittel Zäumung fällt vielen Reitern schwerer als die korrekte Hilfengebung.

Spiele

Abgesehen von etwas anderen Bezeichnungen der Trainingseinheiten unterscheidet sich das Vorgehen Parellis aber nur in wenigen Varianten von anderen Methoden der Bodenarbeit. Die Beziehung zwischen Mensch und Pferd soll von Dominanz und Vertrauen geprägt sein und idealerweise der zwischen dem ersten und zweiten in der Rangfolge einer Pferdeherde entsprechen. Selbstverständlich setzt sich der ranghöhere Mensch bei Auseinandersetzungen durch – die Ausprägung der Einwirkung wird hier mit Stufe 1 bis 4 definiert –, und natürlich wird gearbeitet und nicht herumgespielt. So lernt der Parelli-Neuling auch schon im ersten Kurs, daß die Bezeichnung „Spiele" für die Arbeitseinheiten vor allem dazu dient, die Einstellung des Menschen zum Umgang mit dem Pferd so locker wie möglich zu gestalten. Man soll mit Freude und Begeisterung dabei sein, nicht mit der Vorstellung, eine „Arbeit" möglichst schnell hinter sich bringen zu müssen.

Die Grundlagen dazu setzt das „Freundlichkeitsspiel", das letztlich nichts anderes ist als das Berühren des Pferdes am ganzen Körper sowie das Abstreichen mit den verschiedenen Ausrüstungsgegenständen. Wenn das Pferd dabei ruhig steht, vermittelt man ihm als nächstes, leichtem Druck mit der Hand, der Gerte oder dem Strick zu weichen – das sogenannte „Stachelschweinspiel". Die Übung trägt ihren Namen nach der dafür charakteristischen Handbewegung: Das Pferd wird nur mit den Fingerspitzen berührt.

Das Pferd trägt bei diesem Training, wie auch bei allen anderen Bodenarbeitssequenzen nach Parelli, ein leichtes Halfter aus runden Stricken, das durch eine relativ kleine Auflagefläche klare, punktuelle Einwirkung ermöglicht. Es wirkt damit „schärfer", als man auf den ersten Blick annimmt, erlaubt aber selbstverständlich kein „Bändigen" des Pferdes durch rohe Kraft

Bei den nächsten Übungen kommen die bekanntesten Parelli-Ausbildungshilfen zum Einsatz, die „Parelli-Stricke". Dabei handelt es sich um runde Stricke in einer Länge von 3,5 und 7 Meter, an den Enden mit einem Lederbändchen versehen. Sie können als Longen wie als Zügel verwendet werden. Angeblich orientiert sich die Länge der Stricke an verhaltenspsycholo-

Manche Übungen der Parelli-Methode muten etwas abenteuerlich an.

gischen Untersuchungen. In 3,5 beziehungsweise 7 Meter Entfernung vom Pferd soll optimale Einflußnahme möglich sein.

Im wesentlichen beschränkt sich der Einsatz der Stricke auf heran,,lockende'' und wegtreibende Hilfen – das sogenannte Jojo-Spiel. Der Ausbilder nimmt den Strick an und geht dabei rückwärts, was das Pferd aufmerksam macht und dazu anregt, ihm zu folgen. Das kann durch Einsatz des ,,Karottenstocks'', eines Hilfsmittels, das optisch zwischen Gerte und Fahrpeitsche angesiedelt ist, unterstützt werden. Mitunter hilft man aber auch mit dem anderen Strickende nach, wenn das Pferd Bewegungsunlust zeigt. Weggetrieben wird es durch schlenkernde Bewegungen mit dem Strick.

Auf diesem einfachen Prinzip beruhen fast alle Bodenübungen nach Parelli. Steht der Ausbilder vor dem Pferd, so laviert er es mit seinem Strick vor und zurück. Steht er seitlich von ihm, wird seitwärts auf ihn zu oder von ihm weg getrieben. Wie gut oder weniger gut das funktioniert, hängt wieder einmal stark von der Geschicklichkeit des Ausbilders ab. Körpersprachlich korrekt gegebene Hilfen werden besser verstanden als die schwammigen Bewegungen mit Strick und Gerte, die dem Anfänger unterlaufen. Zudem lernt das Pferd natürlich im Zuge der Ausbildung, auf immer leichtere Hilfen zu reagieren und auch in immer größerer Entfernung vom Ausbilder am längeren Strick zu arbeiten. Letztlich ergeben sich dann faszinierende Effekte, wenn sich das Pferd an der langen Leine scheinbar spielerisch mit Bodenhindernissen beschäftigt und fast zirzensische Übungen zeigt.

Nachdem ,,Stachelschweinspiel'' und Jojo das Pferd sensibilisiert haben, soll es nun lernen, schon auf angedeutete Bewegungen zu reagieren. Parelli-Anhänger sprechen hier von ,,mentalem Druck'', aber tatsächlich werden weder von Pferd noch Reiter außersinnliche Wahrnehmungen verlangt. Der Reiter muß lediglich lernen, selbstbewußt aufzutreten, woraufhin das Pferd der Körpersprache des Ranghöheren selbstverständlich weicht. Auch Führen mit einem Minimum an Einwirkung wird im Rahmen dieses *Driving-Game* geübt.

Longieren läuft im Parelli-Programm unter ,,Zirkelspiel''. Die Einwirkung ähnelt dabei stark der im Round Pen angewandten Körpersprache. Der lässige Umgang erfahrener Ausbilder mit Strick und Stöckchen wirkt elegant und einfach, verlangt aber noch mehr Geschick als die Arbeit im umgrenzten Zirkel. Das gilt besonders für einige Hilfenvarianten wie zum Beispiel das ,,Treiben hinter den Ohren''. Wer hier nicht die richtige Stelle trifft, macht das Pferd leicht kopfscheu.

Weitere vertrauensbildende Aufgabenstellungen, die zusätzlich Körperbewußtsein und Körperbeherrschung des Pferdes fördern, bietet das *Squeezing-Game*. Hier muß das Pferd durch Engpässe – zum Beispiel durch enge Gassen zwischen Ausbilder und Reitplatzbegrenzung, aber auch unter hochgelegten Latten hindurch. Im Unterschied zur Bodenarbeit im Rahmen der TT.E.A.M.-Methode geht der Ausbilder dabei nicht voraus und führt seinen vierbeinigen Lehrling, sondern hält das Pferd an, die Aufgabe allein anzugehen. Die Ergebnisse dieser Arbeit sind zum Teil faszinierend, erfordern aber viel Geschick in der Einschätzung des Pferdes. Wer ungeduldig wird und Fehler bei der Handhabung der Ausrüstungsgegenstände macht, läuft Gefahr, das Pferd psychisch zu überfordern.

Die sehr intensive Vorbereitung an der Hand und eine behutsame Gewöhnung an

ALLES NUR SPASS?
VON ARBEIT UND SPIEL MIT PFERDEN

„Das Leben ist kein Spiel" – diese banale Weisheit ist in bezug auf das Pferd mindestens so zutreffend wie auf den Menschen. Das ursprüngliche Dasein des Wildpferdes war alles andere als ein Spaß. Als begehrte Beute für alle möglichen Raubtiere lebte die Pferdeherde ständig unter Spannung, in Wachsamkeit und Dauerbereitschaft zur Flucht. Spielerisches Verhalten gab es in Pfer-

Wenn Sie ein Pferd zu irgendeiner Tätigkeit heranziehen, die es zwingt, seine augenblicklichen Bedürfnisse Ihren Wünschen unterzuordnen, so ist dies kein Spiel, sondern Arbeit. Das heißt natürlich nicht, daß dem Pferd diese Arbeit keinen Spaß machen darf. Im Gegenteil, ein guter Ausbilder wird das Training so interessant und abwechslungsreich wie möglich gestalten, damit

Das Spiel dient dem Training künftiger Fertigkeiten.

deherden nur bei Fohlen und Heranwachsenden, und auch da diente das Spiel zur Einübung von Fertigkeiten, die später lebenswichtig werden sollten. Pat Parelli und andere können sich also kaum auf das verspielte Naturell des Pferdes berufen, wenn sie jede Beschäftigung mit Pferden als „spielerisch" ausgeben. Ein solches Vorgehen orientiert sich auch weniger an den Bedürfnissen der Pferde als an denen ihrer Betreuer, denen es unerträglich scheint, Zwang auf ihre Lieblinge auszuüben. Das Ergebnis dieser übertriebenen Rücksichtnahme ist selten ein positives: Unterforderte Pferde leiden unter Langeweile, fressen sich fett und neigen zu frühem Verschleiß.

sein vierbeiniger Schüler gern mitmacht. Trotzdem wird es Übungen geben, die das Pferd nicht mag, und Arbeitsphasen, in denen es lieber etwas anderes täte, als dem täglichen Training nachzugehen. Es ist hier vergleichbar mit einem Kind, das eigentlich gern zur Schule geht, aber bestimmte Fächer lieber mag als die anderen. Nun käme niemand auf den Gedanken, dieses Kind zum Beispiel vom Mathematikunterricht zu suspendieren, nur weil es den Umgang mit Zahlen nicht mag. Beim Pferd hingegen stellt mancher übervorsichtige Freizeitreiter die Dressurstunden sofort ein, sobald das Tier die kleinste Unmutsäußerung zeigt. Profiausbilder wie Pat Parelli täten das selbstverständlich nie. Als erfolgreiche Turnierreiter bestehen sie auf Leistung und Disziplin, bemühen sich aber, das Tier so weit zu motivieren, daß selten Unmut aufkommt.

Jede Pferdeausbildung arbeitet letztlich im weitesten Sinne mit Zuckerbrot und Peitsche. Ein guter Trainer versteht es jedoch, das Pferd zur freudigen Mitarbeit zu bewegen, so daß ein Lob vom menschlichen „Chef" schon fast so gut ist wie ein „Zuckerbrot" und die „Peitsche" nur in seltenen Ausnahmefällen zum Einsatz kommt.

Sattel und Decke machen dem Pferd den Übergang von der Bodenarbeit zum Reiten leicht. Ein geschickter Parelli-Ausbilder reitet das Pferd dabei meist ohne Sattel und lediglich mit Halfter und einem (!) Strick an. Wer die Methode beherrscht, benötigt in keiner Phase der Ausbildung einen Helfer.

Der im Rahmen der Parelli-Methode gelehrte Reitstil entspricht im wesentlichen dem des Westernreitens, wobei die Erarbeitung der einzelnen Lektionen mitunter etwas vereinfachend und abenteuerlich wirkt. So wird der konventionelle und klassische Reiter kaum nachvollziehen können, warum man das Pferd mit Klapsen in den Galopp hineintreibt. Die Begründungen dafür – im Gegensatz zur Gertenhilfe kündige sich der Klaps mit der flachen Hand für das Pferd besser an, es lerne also schneller, auf Andeutungen zu reagieren; außerdem nehme der Reiter dabei „automatisch" die korrekte Haltung für die Galopphilfe an – klingen zwar oberflächlich logisch, halten genauerer Prüfung aber kaum stand. Immerhin liegt die Vermittlung der Parelli-Methode meist in den Händen erfahrener Westernausbilder. Man darf annehmen, daß sie manche „Wild-West-Manieren" modifizieren.

Erlernbarkeit

Die fast akrobatische Handhabung der verschiedenen Stricke, die Parelli und seine Mitarbeiter beherrschen, ist für motorisch eher ungeschickte Reiter kaum bis zur Vollendung zu erlernen. Die einfachsten Übungen dürfte aber jeder schnell begreifen, und die Philosophie, die auf Vermittlung eines konsequenten, von Fairneß und Verständnis geprägten Umgangs mit dem Pferd abzielt, ist auch leicht nachvollziehbar. Die Hilfengebung im Rahmen der Parelli-Methode ähnelt in vieler Hinsicht dem Round Pen-Programm, funktioniert also wieder besser bei sensiblen, leicht auf den Menschen konzentrierten Pferden als bei eher dickfelligen Ponys.

Letztere zur Mitarbeit zu bewegen dürfte besonders schwierig sein, wenn man die Methode nicht im Rahmen von Kursen bei Fachleuten, sondern im „Selbststudium" ausprobiert.

Ob es sich lohnt, weite Wege zu einem Parelli-Ausbilder auf sich zu nehmen, statt sich einfach an einen guten Westerntrainer zu wenden, muß jeder selbst entscheiden. Auf keinen Fall sollte man jedoch versuchen, die Methode ganz allein und nur mit Hilfe eines Buches zu erlernen. Die Gefahrenmomente für Pferd und Reiter – man denke nur an das erste Aufsitzen ohne Sattel! – sind viel zu groß. Vor dem Erwerb der vielfältigen, im Aufbau aber recht simplen Ausrüstungsgegenstände lohnt sich möglicherweise ein Preisvergleich zwischen den fertigen „Parelli-Stricken" und dem Strickangebot des örtlichen Bootsbedarfs.

Gangpferde – wirklich ganz anders?

Unter einem „Gangpferd" versteht man den Vertreter einer Pferderasse, in der neben oder anstelle der Grundgangarten Schritt, Trab und Galopp noch eine oder mehrere weitere Gangarten genetisch fixiert sind. Erwünscht sind dabei besonders Viertaktgangarten wie Tölt, Walk und Foxtrott. Hierzulande findet man vor allem töltende Rassen, neben dem Isländer unter anderem den Traber, den Peruanischen Paso und neuerdings das Five-Gaited American Saddle Horse.

Viertaktgangarten aller Art lassen den Reiter bedeutend bequemer sitzen als der Trab. Pferde mit diesen besonderen Gängen waren deshalb schon im Mittelalter beliebt bei weniger geübten Reitern wie etwa Damen und Geistlichen. Auch heute noch vermarktet man töltende Rassen als besonders geeignet für Anfänger oder für Reiter ohne besondere Motivation zur Arbeit an ihrem Sitz und ihrer Zügeleinwirkung. Zum Teil wird dabei gezielt der Eindruck erweckt, man käme mit diesen Rassen auch ohne vorhergehenden Reitunterricht mühelos zurecht.

Das Gangpferd – so beschreiben es zumindest seine Züchter, Verkäufer und Interessenverbände – ist nicht nur besonders weich in den Bewegungen, sondern auch außergewöhnlich scheufrei, gehwillig und mit einem „natürlichen Respekt" vor dem Menschen ausgestattet. Angeblich verbietet ihm letzterer, seinen Besitzern auf den Füßen zu stehen, Anoraktaschen nach Futter zu durchsuchen oder Frauchen als Scheuerbalken zu mißbrauchen. Um die „zurückhaltende Persönlichkeit" von Pferderassen wie etwa dem Isländer wird ein regelrechter Kult betrieben.

Tatsächlich erweisen sich viele Gangpfer-

Der extreme Vorwärtsdrang vieler Gangpferde ist nur durch scharfe Gebisse oder Hilfszügelkonstruktionen zu bremsen.

de, vor allem Importpferde, aber auch Tiere aus großen hiesigen Zuchten, als außerordentlich umgänglich vom Boden aus, hypertemperamentvoll unter dem Sattel und dem Menschen gegenüber so respektvoll, daß sie stets versuchen, mindestens 30 Meter Abstand zu wahren. Diese Eigenschaften vererben sich allerdings nicht, zumindest nicht an Fohlen, die bei Freizeitreitern zur Welt kommen und mit Familienanschluß aufwachsen. Gangpferdereiter und Profizüchter betonen denn auch, sie träten nur bei absolut korrekter Aufzucht und Erziehung zutage. Gangpferde wären nun einmal anders und müßten entsprechend behandelt werden.

Im Kopf meiner inzwischen sensibilisierten Leser dürfte bei dieser Argumentation das Warnlämpchen „Psychotricks!" aufleuchten. Sehen wir uns

also an, wie man diesen „ganz besonderen Charakter" erzeugt.

Gehwille

Vom Gangpferd erwartet man Gehwillen, „sprühendes Temperament". Das ist aus verschiedenen Gründen wichtig: einmal, wie oben schon angedeutet, um dem Reitanfänger das Erlernen treibender Hilfen zu ersparen, und zum zweiten, weil ein erregtes Pferd eher und mit mehr Ausdruck töltet als ein entspanntes. Vereinfacht gesagt liegt das daran, daß sich der Spannungsbogen im Tölt gegenüber der Haltung im Trab ändert. Das Pferd darf den Kopf etwas höher tragen, mitunter töltet man es sogar mit durchgedrücktem Unterhals. Nimmt das Pferd von vornherein diese Haltung ein, weil es sich beim Aufsitzen des Reiters erregt und auf das Annehmen der Zügel mit alarmiertem Heben des Kopfes reagiert, so ist die Wahrscheinlichkeit größer, daß es lostöltet, statt loszutraben.

Nun ist es nicht schwer, „Gehwillen" zu erzeugen. In unzähligen Warmblutställen erreicht man das zum Beispiel, indem man Pferde 23 Stunden am Tag in einer Box hält und eiweißreich ernährt. Diese Methode verbietet sich allerdings beim Gangpferd, denn erstens werden Gangpferde von ihren späteren Besitzern meist artgerecht gehalten, und zweitens wünscht man sich hier ja nicht nur sprühendes Temperament, sondern auch größtmögliche Scheufreiheit. Der Gangpferdebereiter sperrt sein Pferd also nicht ein, sondern bedient sich bei der Ausbildung der guten alten Methode, körpersprachlich auf das Pferd einzuwirken. Er treibt es.

Wir erinnern uns, daß jede gute Ausbildungsmethode für das Pferd verständlich sein soll, also seine natürliche Neigung ausnutzt, sich einem ranghöheren Wesen unterzuordnen und willig zu folgen. Den einfachsten Weg dazu kennen wir schon aus der Round Pen-Methode: treibende und verhaltende Einwirkung, um sich als ranghöher vorzustellen, danach Übernahme der Führungsrolle. Der Ausbilder erzeugt also zunächst Respekt, läßt daraus aber bald Vertrauen erwachsen. Er benimmt sich wie ein gutes, nicht verhaltensgestörtes Leitpferd.

Wer künstlich Vorwärtsdrang erzeugen möchte, reduziert diese komplizierte körpersprachliche Kommunikation auf das Treiben. Das Pferd soll lernen, Druck zu weichen, egal in welcher Form er ausgeübt wird. Da natürlich niemand genug Kraft hat, diesen entfesselten „Vorwärtsdrang" anschließend wieder zu bremsen, bedient man sich anstelle verhaltender Hilfen mechanischer Vorrichtungen wie etwa des „Longierbalkens". Dazu wird die Longe an einem Balken in der Mitte des oft nicht eingezäunten Longierzirkels befestigt. Der „Longenführer" braucht das Pferd also nicht zu halten, sondern nur noch zu treiben. Entrinnen, so lernt das Pferd, kann es dem Druck nur nach vorne. Jeder Versuch, sich zu befreien, ist von Anfang an zum Scheitern verurteilt.

Es gibt verschiedene Möglichkeiten, diesen Lerninhalt zu festigen. So wird das junge Pferd zum Beispiel in sehr kurzen, aber außerordentlich schnellen Arbeitseinheiten als Handpferd gearbeitet. Nicht immer kennt es das Führpferd, neben dem es hergehen soll, was zur Folge hat, daß es lieber vorstürmt, als sich auf eventuelle Rangstreitigkeiten einzulassen. Der Reiter fordert es auch nicht auf, auf Schulterhöhe des Führpferdes zu laufen, wie es im praktischen Teil dieses Buches erklärt wird, sondern erlaubt ihm, etwas vor dem Reitpferd zu gehen. Natürlich braucht er beträchtliche Körperkräfte, um es in die-

Nachhilfe im Tölt

ser Position zu halten, aber dabei läßt er sich meist schon in dieser Ausbildungsphase durch Trense und atembeengende Reithalfter unterstützen.

Auf Maßnahmen, die das junge Pferd auf das erste Aufsitzen des Reiters vorbereiten, verzichtet man bei dieser Trainingsmethode. Im Extremfall werden statt dessen Scheuklappen angelegt, was die Trainer gegenüber ihren Kunden als humane Maßnahme ausgeben: es erspare dem Pferd „den Schock" beim ersten Anblick seines Reiters! Tatsächlich trägt es natürlich dazu bei, das Mißtrauen des Pferdes gegenüber dem Reiter zu schüren und es damit in gesteigerte Erregung zu versetzen, sobald es sein Gewicht im Rücken spürt.

Respekt

Respekt, das kennt jeder von sich selbst und seinen Mitmenschen, bringt man vor allem Erscheinungen entgegen, die man nicht sehr gut kennt und sich nicht hundertprozentig erklären kann. Als Reiter betrachte ich zum Beispiel ein Kamel mit mehr Respekt als ein Pferd, denn seine Bewegungen und Verhaltensweisen sind für mich weniger vorhersehbar. Ein Pferd, das mit Familienanschluß aufwächst, ist mit „seinen" Menschen sehr vertraut. Es kennt Stimmen und Stimmungen der Zweibeiner und kann sehr gut einschätzen, wann Frauchen nur leere Drohungen ausstößt und wann sie wirklich zur Gerte greifen wird.

Wächst ein Pferd dagegen ohne oder nur mit geringem Menschenkontakt auf, so beherrscht es diese Kunst nicht. Sie später noch zu erlernen wird um so schwieriger, je angstbesetzter sein bisheriger Umgang mit dem Menschen war. Wer ein im Sinne der Gangpferdereiter „respektvolles" Pferd erziehen will, läßt es folglich möglichst „wild" und ohne Menschenkontakt aufwachsen. Wenn es ausschließlich zwecks Impfung und Wurmkureingabe eingefangen wird, lernt es von vornherein, Menschen mit Mißtrauen zu begegnen.

Nun wünscht der Gangpferdeausbilder aber nicht nur ein respektvolles, sondern auch ein umgängliches Pferd. Sobald das Tier in Menschenhand ist, soll es jede Behandlung ohne Widerstand dulden. Um das zu erreichen, bedient man sich wieder mechanischer Hilfsmittel. Anbindetraining verläuft zum Beispiel mit Hilfe eines festen Balkens, gegen den man die jungen Pferde kämpfen läßt. Man bindet sie oft auch sehr lange an und bedient sich damit des schon aus der Round Pen-Wild West-Methode bekannten Kunstgriffes, das Pferd zu „brechen", indem man es über seine Konzentrationsfähigkeit hinaus belastet. Natürlich wird das junge Pferd auch nie gestreichelt oder gar aus der Hand gefüttert. Senkt es beim Führen, Reiten, während es angebunden ist oder wenn es ruhig neben dem Ausbilder stehen bleiben soll, den Kopf, um zu fressen, wird es streng bestraft.

Man erkennt so behandelte Pferde später daran, daß sie jede Behandlung durch den Menschen teilnahmslos über sich ergehen lassen. Weder zeigen sie Genuß beim Putzen noch Ablehnung bei schmerzhaften Behandlungen. Oft lassen sie sich auf der Weide schwer einfangen, schalten aber auf absolut „brav", sobald der Mensch sie berührt oder zumindest aufhalftert. Interessant ist auch, wie sich diese Pferde beim Führen verhalten. Während sie unter dem Reiter zum Davonstürmen neigen, lassen sie sich an der Hand eher ziehen und zeigen kurze, oft paßartige Bewegungen.

Scheufreiheit

Wer Erziehungsmethoden wie die oben geschilderten konsequent anwendet, erhält ein enorm temperamentvolles Reitpferd, das oft nur mit Zwangsmitteln wie Islandkandare und hannoverschem Reithalfter zu zügeln ist. Je nach dem individuellen Naturell des Pferdes schwankt die Ausprägung der Erregung zwischen leichter Spannung und dadurch gesteigerter Aufmerksamkeit gegenüber dem Reiter und ständiger Bereitschaft zu kopfloser Flucht. Immer wieder landen Pferde, die dieser Behandlung psychisch nicht gewachsen waren, als „unreitbar" beim Schlachter.

Die meisten so erzogenen Pferde „funktionieren" jedoch. Sie gehen vorwärts um jeden Preis, sobald der Reiter aufgestiegen ist. Scheuträchtige Gegenstände wie etwa Parkbänke oder Plastikplanen nehmen sie dabei meist gar nicht wahr. Ihre Reiter werden denn auch nicht müde zu betonen, ihre haltlosen Durchgänger hätten „eigentlich vor nichts Angst". Ein Satz, den ein TT.E.A.M.-Ausbilder einmal mit einem treffenden Zusatz versah: „vor nichts, außer vor dem Reiter auf ihrem Rücken!"

Verschiedene Ausprägungen

Selbstverständlich wendet nicht jeder Gangpferdeausbilder die oben geschilderten Methoden an. Es gibt einige Islandpferdehöfe, auf denen nach TT.E.A.M. gearbeitet wird, vereinzelt bilden Gangpferdereiter auch nach klassischen Methoden aus. Weiterhin wird die „harte Linie" nicht überall mit der gleichen Ausprägung und Konsequenz verfolgt, und die Anwendung schwankt mit der Rassezugehörigkeit des Pferdes. Was das „Ponygemüt" eines Isländers noch recht gut

Auch Gangpferde verdienen eine Erziehung mit Liebe und Geduld!

verkraftet, würde den hochblütigen Paso schnell in den Wahnsinn treiben. Bei manchen Rassen, wie etwa beim Mangalarga Marchador, wird auch weniger Wert auf „Ausdruck" im Tölt gelegt, so daß man auf künstliche Temperamentssteigerung eher verzichten kann. Ausbildungsmethoden wie die geschilderten sind auch nicht unbedingt auf Gangpferde beschränkt. Sie werden in vielen Ländern bei dreigängigen Rassen angewandt und erzielen den gleichen Effekt. Die extreme Spannung im Umgang mit dem Menschen und das daraus resultierende „unnahbare" Verhalten kann man zum Beispiel oft bei importierten Criollos beobachten.

Konsequenzen für Ihr Jungpferd

Natürlich gibt es Pferde mit eher zurückhaltendem und andere mit überschwenglich menschenfreundlichem Naturell. Dies sind jedoch Veranlagungen, die quer durch alle Pferderassen verbreitet und auf gar keinen Fall mit irgendeiner Gangveranlagung gekoppelt sind.

Sollte Ihr selbst gezogenes Fohlen ein Gangpferd sein, machen Sie sich folglich keine Gedanken darüber, daß Sie durch seine liebevolle Aufzucht seinen Charakter oder gar sein Gangwerk verderben könnten. Sie können es mit Hilfe jeder beliebigen Methode zu einem angenehmen, freundlichen Reitpferd erziehen. Auf ein paar Kleinigkeiten, die dabei zum Beispiel bei der Longenarbeit zu beachten sind, wird im Praxisteil dieses Buches eingegangen.

VERWÖHNT UND/ODER UNERZOGEN?

Kein Zweifel, die meisten im heimischen Offenstall aufgewachsenen Fohlen sind verwöhnte Pferde. Als Lieblinge der ganzen Familie stauben sie immer mal wieder einen Leckerbissen ab, kleine Respektverletzungen werden „übersehen", und selbstverständlich gibt es immer das beste Futter und Streicheleinheiten en masse. Man tut den Besitzern all dieser Pferde aber unrecht, wenn man ihre verwöhnten Fohlen grundsätzlich mit unerzogenen Tieren gleichsetzt. Überhäufung mit guten Gaben und Verzicht auf Erziehung können miteinander einhergehen, müssen es aber nicht. Auch bei der Kindererziehung sind gute Manieren schließlich nicht abhängig vom finanziellen Status der Familie!

Letztlich bedeutet Erziehung, einem Wesen Grenzen zu setzen und die Einhaltung von Regeln zu fordern und durchzusetzen. Wie eng diese Grenzen gesteckt sind und wie diese Regeln genau aussehen, differiert je nach Ausbilder und Erziehungsmethode, wobei es natürlich ein paar Dinge gibt, die allgemein Gültigkeit haben. Ein junges Pferd zum Beispiel sollte im Rahmen seiner Erziehung lernen, Menschen weder zu beißen noch zu schlagen oder anzurempeln. Ob ich darüber hinaus erwarte, daß es sich grundsätzlich in respektvoller Entfernung vom Menschen hält, oder ihm erlaube, sich dem Besuch zu nähern und ihn gründlich zu beriechen, ist eine Frage meiner Einstellung als Ausbilder.

Lassen Sie sich also nicht von Besserwissern beirren, die Ihr Pferd als ungezogen verdammen, nur weil es jeden Besucher nötigt, es doch bitte an dieser

Fohlen lieben Streicheleinheiten.

oder jener Körperstelle zu kraulen. Wenn Sie das nett finden, ist es Ihre Sache, und es ist allemal besser, als hätten Sie ein Fohlen erzogen, das sich nur mit dem Lasso fangen läßt!

Achten Sie aber darauf, daß Ihr Pferd die Regeln, die Sie ihm wirklich gesetzt haben, auf jeden Fall einhält! Sie können ein Pferd mit Liebe erziehen, aber nicht antiautoritär und nur sehr begrenzt partnerschaftlich. Orientieren Sie sich am besten am Verhalten eines freundlichen, ranghöheren Pferdes: Dieses wird neben seinem Untergebenen grasen, soziale Fellpflege mit ihm betreiben und nachts über seinen Schlaf wachen. Geht es aber darum, wer als erster zum Wasser geht oder die einzige Schüssel Kraftfutter für sich beansprucht, so kennt der ranghöhere Partner keinen Pardon!

Der klassische Weg

Die Klassische Reitkunst, heute auch zur besseren Unterscheidung vom konventionellen Dressursport „Klassisch-iberische Reitweise" genannt, geht auf die Reitmeister der Barockzeit zurück. Der bekannteste unter ihnen war François Robichon de la Guérinière, aber auch italienische und portugiesische Ausbilder haben Reitweise und Pferdeausbildung stark beeinflußt. Klassische Ausbilder sahen das Ziel ihrer Pferdeerziehung stets in der Beherrschung schwerster Lektionen der Hohen Schule, und sie fanden übereinstimmend heraus, daß ein Pferd all diese schwierigen Übungen leichter lernt, wenn man sie zunächst ohne Reiter, vom Boden aus, entwickelt.

Die Bodenarbeit im Rahmen der klassischen Reitkunst hat also eine lange Tradition, wobei das Pferd zunächst zwischen den Pilaren, zwei fest im Boden der Reithalle verankerten Pfosten, später vermehrt an der Doppellonge gearbeitet wurde. Als das Interesse der Fürstenhöfe an der Klassischen Reitkunst im Laufe der nächsten Jahrhunderte abnahm und die Freude am „Barockpferd" der militärischen Reiterei und später Sportreiterei auf großen Warmblütern wich, gerieten diese Ausbildungsmethoden im nördlichen Europa in Vergessenheit. In den iberischen Ländern, einigen Traditionsreitschulen und in der Zirkusmanege blieben sie jedoch erhalten, wurden von verschiedenen Ausbildern verändert und ergänzt, der Praxis bei der Alltagsarbeit mit Stieren und Wildpferden angepaßt, für die Show in der Manege oder die Arbeit mit warmblütigen Springpferden modifiziert.

Wer heute nach klassischen Prinzipien ausbilden will, hat folglich die Wahl zwi-

Die Arbeit an der Doppellonge

schen verschiedenen Vorgehensvarianten, die das Pferd auf sanfte Weise an seine späteren Aufgaben heranführen. Dabei ist es unerheblich, ob man tatsächlich Perfektion in der Klassischen Reitkunst anstrebt und von der Piaffe auf dem selbstgezogenen Fohlen träumt oder ob man einfach einen Weg sucht, möglichst bruchlos von der Bodenarbeit zur Arbeit unter dem Sattel zu wechseln. In dieser Beziehung ist die klassische Ausbildungsmethode nämlich allen anderen Stilen überlegen. Durch die starke Betonung der Doppellongenarbeit wird das junge Pferd sehr umfassend auf spätere Reiterhilfen vorbereitet.

Vom Leichten zum Schweren

Wie gesagt hat der klassisch orientierte Ausbilder verschiedene Möglichkeiten, das Training anzugehen. Er kann sich zum Beispiel am Vorgehen der Vaqueros oder Gardians orientieren, die die Annäherung an hervorragende Zirkusausbilder wie Fredy Knie suchen oder dem traditionellen Weg der Spanischen Reitschule folgen. Viele klassische Ausbilder bedienen sich zur ersten Kontaktaufnahme mit dem Pferd der Arbeit im Round Pen. Dabei können über die körpersprachlichen Anfänge hinaus einfache Zirkuslektionen eingeübt werden; mittels Cavalettiarbeit werden Trittsicherheit und Körperbewußtsein des jungen Tieres gefördert. Auf jeden Fall lernt das Pferd Longe, Longiergurt und Kappzaum ohne Zwang und Kämpfe kennen und wird mit Stimmhilfen vertraut gemacht.

Der nächste Ausbildungsschritt ist dann das Einschnallen der Doppellonge. Pferd und Ausbilder verlassen den Zirkel und

Auch Freizeitpferde profitieren von klassischer Ausbildungsarbeit.

arbeiten auf dem Reitplatz und oft auch im Gelände. Ein Spaziergang an der Doppellonge bereitet das Pferd sinnvoll auf spätere Ausritte vor und hilft, es selbstbewußt und scheufrei zu machen.

An der Doppellonge lernt das Pferd Zügelhilfen und touchierende Hilfen kennen. Die späteren Schenkelhilfen werden durch Anlegen von Longe oder Gerte (Peitsche) soweit wie möglich simuliert. Das Pferd arbeitet im Schritt und Trab, es lernt, vor allem letzteren in verschiedenen Tempi zu gehen. Indem es seine Trabgeschwindigkeit dem hinterhergehenden Longenführer anpaßt, Seitengänge und Wechsel zwischen der Arbeit auf der Geraden und auf dem Zirkel erlernt, erreicht es bereits bei der Bodenarbeit einen beachtlichen Versammlungsgrad. Erst wenn es Schulterherein im Schritt, besser noch im Trab an der Doppellonge beherrscht, erklärt der klassische Ausbilder ein Pferd als reif für das Anreiten. Durch die intensive gymnastizierende Arbeit ist dann auch die Rückenmuskulatur schon deutlich gestärkt. Zu Abwehrreaktionen wie Bocken oder Steigen, die oft eine Folge von Rückenschmerzen und Überforderung sind, kommt es beim Anreiten so gut wie nie.

Nicht nur für „Barockpferde"

Der Übergang zwischen Doppellongenarbeit und Reiten erfolgt im klassischen Reitstil nahtlos. Auch nach dem Anreiten werden neue Lektionen stets zuerst an der Hand erarbeitet. Ein guter Trainer kennt viele Ausbildungshilfen, die Reiter und Pferd das Lernen erleichtern; alles zielt darauf, Hilfen möglichst unsichtbar zu machen und zur vollen Harmonie zwischen Reiter und Pferd zu gelangen. Fernziel ist und bleibt die Hohe Schule.

Natürlich gibt es Pferderassen, die besser als andere dazu geeignet sind, im klassischen Stil zur Vollendung zu gelangen. Die Anfangsgründe der Dressur kann aber jedes Pferd erlernen – Stuten und Wallache ebensogut wie Hengste! Insofern spricht absolut nichts dagegen, sich mit seinem Freizeitpferd beliebiger Rasse an einen guten klassischen Ausbilder zu wenden.

Wie in fast jeder anderen Methode liegt aber eine der Hauptschwierigkeiten darin, im Trainerangebot die Spreu vom Weizen zu trennen. Seit die Klassische Reitkunst in Freizeitreiterkreisen eine Renaissance erfährt und fast ein bißchen zur Mode geworden ist, fühlt sich mancher zum Ausbilder berufen, der besser selbst noch ein paar Kurse belegt hätte. Das wird dadurch gefördert, daß es für die klassische Reitweise keine Trainerqualifikation gibt und

Hohe Schule auf dem Fjordpferd

auch der Begriff „Klassisch-iberische Reitkunst" in keiner Weise geschützt ist. Schauen Sie sich die Arbeitsweise der Trainer in Ihrer Umgebung also genau an und seien Sie skeptisch. Klassische Ausbildung ist langwierig und sollte immer gewaltlos sein – was natürlich nicht bedeutet, daß der Trainer Unbotmäßigkeiten des Pferdes nicht strafen darf! Wenn er allerdings versucht, die Piaffe mit dem Besenstiel in ein unvorbereitetes Pferd hineinzuprügeln oder extrem schnelle Erfolge verspricht, so suchen Sie lieber nach einem anderen. Auch wenn Sie dazu vielleicht weite Fahrten auf sich nehmen müssen.

Geduld und Zeit

Wenn Sie sich für den klassischen Weg entscheiden, müssen Sie sich darüber klar werden, daß ein dreitägiger Kurs in diesem Ausbildungsstil auf keinen Fall ausreichen wird, um Ihnen und Ihrem Pferd auch nur die Grundlagen zu vermitteln. Der Umgang mit Doppellonge, Peitsche und womöglich noch Hand- oder Touchierstock erfordert viel Geschick und Übung. Auch braucht man beachtliche Kondition, um ein Pferd an der Doppellonge im Schritt und Trab durch eine Ausbildungseinheit zu führen. Zumindest am

Anfang kann das Pferd nicht so langsam traben, daß Sie im Schritt mitkommen, und auch später verlangt es eine eher flotte Gangart auf seiten des Longenführers. Paradoxerweise ist es also gerade die Reit„kunst", die ein Höchstmaß an Sportlichkeit verlangt!

Klassische Ausbildung ist eine langwierige Sache und relativ trainingsintensiv. Wenn Sie ernsthaft nach klassischen Vorbildern arbeiten wollen, brauchen Sie regelmäßig Zeit für Ihr Pferd. Sie sollten auch unbedingt über einen Reitplatz verfügen oder noch besser eine Reithalle mitbenutzen dürfen. „Sonntagslongenführer" erleben mit Sicherheit mehr Frust als Freude, und eine unebene Matschwiese als Trainingsplatz tötet auf die Dauer jede Motivation bei Pferd und Reiter. Auch das gilt es zu bedenken, bevor Sie sich auf die Suche nach einem Lehrer machen und die relativ teure Longierausrüstung anschaffen.

Ich werde im Praxisteil dieses Buches versuchen, einen gangbaren Kompromiß zwischen dem einfachen „Fahren vom Boden aus" und der intensiven Doppellongenarbeit aufzuzeigen. Er soll Ihnen und Ihrem Pferd ermöglichen, von klassischen Prinzipien zu profitieren, auch wenn Sie nicht ganz im Sinne der „reinen Lehre" arbeiten können.

Teil III:
Das junge Pferd und seine Aufzucht

Je besser sich die psychische und physische Verfassung eines jungen Pferdes darstellt, je seltener es Verhaltensstörungen zeigt und je weniger Traumata es in seinem bisherigen Leben ausgesetzt war, desto einfacher und reibungsloser verläuft seine Ausbildung zum Reitpferd. Die artgerechte Aufzucht des Fohlens ist deshalb entscheidend für seine Umgänglichkeit bei der Arbeit mit dem Menschen. Es muß in seinen Jugendjahren lernen, sich ranghöheren Artgenossen unterzuordnen, aber auch mutig und aufgeschlossen auf neue Ereignisse und Reize zuzugehen. Im Spiel mit Gleichaltrigen auf großen Weiden und in geräumigen Ausläufen soll es Geschick und Bewegungsapparat trainieren, aber es sollte auch vertraut mit dem Menschen werden und sich auf keinen Fall vor ihm fürchten.

Eine Aufzucht, die das alles gewährleistet, verlangt oft mehr Platz, andere Herdenzusammensetzung und mehr zeitlichen und sonstigen Aufwand als der Freizeitreiter mit Offenstall hinter dem Haus zu bieten hat. Mitunter wird man also Kompromisse schließen müssen und sich dem Ideal nur annähern können. Wie man das anstellt, ohne dem Fohlen Schaden zuzufügen, ist Inhalt dieses Abschnitts.

Übrigens gebrauche ich das Wort „Fohlen" in diesem Kapitel wie auch später in den Ausbildungsanleitungen ganz bewußt als Synonym für „Jungpferd" zwischen einem und vier Jahren. In der deutschen Sprache fehlen konkrete Bezeichnungen für ein Pferd in dieser Lebensphase wie etwa das englische *filly* oder *colt*. Das alte, militärisch geprägte Wort „Remonte" ist ja längst aus der Mode gekommen und bezog sich auch mehr auf noch unreife, aber doch schon reitbare Drei- und Vierjährige. Mir ist es aber sehr wichtig, auch sprachlich immer wieder deutlich zu machen, daß wir es hier nicht mit einem ausgewachsenen Pferd, sondern einem noch unreifen, formbaren Pferde„kind" zu tun haben.

Die Grundbedürfnisse des Jungpferdes

Im wesentlichen entsprechen die Grundbedürfnisse des jungen Pferdes natürlich denen des erwachsenen. Das Fohlen braucht Auslauf, frische Luft und Gesellschaft, es sollte keine Langeweile ertragen müssen, und sein Kontakt mit dem Menschen muß von Freundlichkeit und Vertrauen, aber auch Respekt gegenüber dem Ranghöheren geprägt sein. Diesen Ansprüchen gerecht zu werden verlangt vom Halter des jungen Pferdes jedoch erheblich größere Anstrengungen als von dem des erwachsenen. So manche Kompromißlösung, die bei der Haltung ausgewachsener Reitpferde mehr als vertretbar ist, reicht hier nicht aus.

So genügt in der Jungpferdehaltung zum Beispiel kein 10-Quadratmeter-Auslauf zum „Beine vertreten". Das junge Pferd kann schließlich noch nicht geritten werden und muß folglich Gelegenheit haben, sich ausgiebig nach eigenem Gusto zu bewegen. Als Gesellschafter reichen keineswegs eine Ziege oder ein Schaf als Beistelltier, ja selbst das Zusammensein mit einem erwachsenen Pferd befriedigt die Ansprüche des Jungtieres an geeignete Spiel- und Sozialpartner nur ungenügend. Ideal wäre die Aufzucht in einer altersmäßig gemischten Herde, aber wo das nicht möglich ist, sollte zumindest ein weiteres Jungpferd mit ähnlichen Bewegungs- und Spielbedürfnissen vorhanden sein. Das Zusammensein mit einem gleichaltrigen Spielgefährten beugt auch der Langeweile vor, die sich in unseren relativ kleinen und erlebnisarmen Lauf-

Junge Pferde brauchen große Bewegungs-
flächen.

Abwehr, so diktiert oft mehr die Sorge um die Kinder das Strafmaß für ihr „Verge-hen" als Überlegungen zur sinnvollen Er-ziehung des Fohlens.

Um Mißverständnissen vorzubeugen: Selbstverständlich darf das junge Pferd in unseren Ausläufen keine Narrenfreiheit haben. Es muß lernen, Menschen nicht an-zurempeln, umzurennen oder zu zwicken. Dieser Lernprozeß kann aber nur im Rah-men seiner Möglichkeiten ablaufen. So können Sie zum Beispiel nicht verlangen, daß ein Jungtier geduldig stehenbleibt, während ein Kleinkind Slalom um seine Hinterbeine läuft oder es mit irgendeinem Spielgerät traktiert. Es kann nicht lernen,

Spielzeug bietet Abwechslung.

und Offenställen gern einschleicht. Ihr kann man weiter abhelfen, indem man den Jungtieren Spielzeug wie bunte Bälle zum Herumschieben und -tragen oder Äste zum Beknabbern zur Verfügung stellt.

Vom Menschen verlangt das junge Pferd eine verständnisvolle Erziehung. Sein Be-sitzer muß sich darüber klar sein, daß er hier ein unreifes, manchmal launenhaftes und nicht immer logisch und gefaßt rea-gierendes Wesen vor sich hat – ein Fohlen ist schließlich ein Pferdekind, auch wenn es vielleicht schon 1,50 m Stockmaß hat! Leider ist diese Erkenntnis noch nicht all-zuweit verbreitet. Statt dessen erwarten viele Freizeitreiter von ihren Fohlen, ge-lassen wie die alten Pferde auf Lärm und plötzliche Bewegungen von Kleinkindern und Hunden zu reagieren. Tun die Tiere das nicht, sondern zeigen Schrecken und

angebunden ruhig stehenzubleiben, während Ihr Hund es bellend umkreist, und es ist ungeeignet dafür, ängstliche Personen an Pferde heranzuführen. Anders gesagt: Ihr Fohlen verdient einen Klaps, wenn es ungeduldig in Ihre Anoraktasche kneift, aber wenn es rasch zubeißt, nachdem ein schüchternes Kind die Hand mit dem Lekkerli zum zweiten Mal weggezogen hat, liegt der Fehler nicht beim Vierbeiner!

Das Fohlen hinterm Haus

Bevor wir nun über mehr oder weniger ideale Aufzuchtmöglichkeiten sprechen, werfen wir einen Blick auf die Wirklichkeit, in der wir die meisten selbstgezogenen Absatzfohlen vorfinden. Ihre Züchter sind in der Regel Freizeitreiter mit ein oder zwei Reitpferden, die als ,,Familienpferde" am Haus oder in einer gepachteten Anlage stehen. Meist kennen sich Menschen und Pferde schon lange, die Kleinstherde lebt außerordentlich harmonisch zusammen. Über Rangkämpfe zwischen Mensch und Pferd oder Pferd und Pferd ist man seit Jahren hinaus. Der Entscheidung der Pferdehalter, die eigene Stute decken zu lassen, lag die Idee zugrunde, ihr zukünftiges Reitpferd selbst aufzuziehen und auszubilden. Man wünschte sich ein Nachwuchspferd, das der geliebten Stute möglichst ähnlich sein sollte.

Nun ist das Fohlen geboren und hat seine ersten sechs bis zwölf Monate mit Mutter in der heimischen Haltungsanlage und auf den anschließenden Weiden verbracht. Seine Besitzer haben sich viel darum gekümmert, ihm vermittelt, sich führen zu lassen und die Hufe zu geben. Die erwachsenen Pferde sind gutmütig und lassen gelegentliche Frechheiten des Fohlens gelassen an sich ablaufen. Geschlagen oder gebissen wird es nie.

Erwachsene Pferde spielen nur selten mit dem Nachwuchs.

So fühlt sich das Jungtier auch offensichtlich wohl mit Mutter und ,,Onkel" oder ,,Tante" im Offenstall. Natürlich kommt es bewegungsmäßig nicht ganz auf seine Kosten, denn die alten Pferde haben wenig Lust, mit ihm zu toben. Aber das, so meinen seine Besitzer, könnte man ja vielleicht ausgleichen, indem man es gelegentlich als Handpferd auf Ausritte mitnimmt. Natürlich, irgendwann müßte man es auch absetzen … aber dazu könnte die Mutter sicher ein paar Tage zum Nachbarn, und eventuell regelt sich das ja sogar von allein. Schließlich hat man neulich noch von einer Stute gelesen, die ihr Fohlen selbst abgesetzt hat. Jungpferdeherde? – Sicher, wäre ganz schön für den Kleinen, aber andererseits hat man selbst Wiesen genug, und es macht solchen Spaß, das eigene Fohlen am Haus aufwachsen zu sehen!

Wer so denkt, übersieht leicht die ersten Warnzeichen für die Erziehung eines schwierigen Pferdes. Da ist zum Beispiel die Narrenfreiheit, die das Jungpferd bei den anderen Tieren genießt. Natürlich ist es ausgesprochen nett von dem alten Wallach, es nicht wegzubeißen, wenn es in seine Futterschüssel faßt. Es vermittelt dem Fohlen aber kein Gefühl für Rangunterschiede! Es ist rührend, wie der Jähr ling sich bei jedem Angriff oder jeder scheuträchtigen Situation hinter seiner Mami verkriecht. Er lernt dabei aber nicht, sich selbst mit der Welt auseinanderzusetzen. Sehr bald wird ein so aufwachsendes Fohlen auch aufmüpfig gegenüber seinem Menschen werden – und oft reagiert der darauf ebenso nachsichtig wie die kleine Pferdeherde. Aber selbst wenn der Besitzer hier richtig und konsequent handelt und dem Frechdachs einen Klaps gibt, funktioniert die Erziehungsmaßnahme nicht so, wie sie soll: Ein Fohlen, das niemals ernsthafte Rangstreitigkeiten miterlebt hat, wird die Strafe nämlich nicht verstehen und folglich keinen Respekt, sondern Furcht vor dem plötzlich zuschlagenden Menschen entwickeln. Hier wird es höchste Zeit, das Fohlen in eine neue Herde mit jungen Mitgliedern zu integrieren, in der es normales Sozialverhalten mit allen positiven und negativen Begleiterscheinungen erfahren kann!

Ein fast ebenso kritischer Fall liegt vor, wenn das ,,Fohlen hinter dem Haus" absolut niemals Aufmüpfigkeit gegenüber dem Menschen zeigt, sondern geradezu unnatürliche Angepaßtheit und Bravheit. Das erlebt man allerdings seltener beim selbst in der Kleinstherde gezogenen Fohlen als beim zugekauften aus Boxenhaltung mit extrem viel Menschenkontakt. Auch hier liegt ein fehlerhaftes Sozialverhalten vor, denn ein ,,normales" Pferde-

kind muß irgendwann versuchen, seinen Willen durchzusetzen und seine Grenzen abzustecken. In dieser Beziehung ist es Menschenkindern nicht unähnlich. Beim extrem braven Jungpferd kommt diese Phase des ,,Antestens" oft erst in der Anreitphase, wenn erstmalig ernsthafte Arbeit von ihm verlangt wird. Die Auseinandersetzung mit ihm ist dann weitaus schwieriger als mit dem Absetzer oder Zweijährigen. Auch dieses Pferd braucht also dringend eine geeignete Herde, um Durchsetzungsfähigkeit und Spielfreude zu entwickeln.

Wie aber bringt man nun das dringende Bedürfnis des Fohlens nach Gesellschaft mit dem eigenen Wunsch, das Jungpferd aufwachsen zu sehen, in Einklang?

Die Haltung im Sommer

Im Sommer gehört ein junges Pferd auf die Weide, und zwar Tag und Nacht, in Gesellschaft anderer Jungpferde und auf möglichst großen Flächen. Hier Kompromisse eingehen zu wollen hieße, dem Pferd die schönste Zeit seiner Kindheit und unersetzliche Chancen zur Entwicklung seines Bewegungsapparates, Temperaments und Charakters zu rauben. Jungen Pferden sollte das Weidegras auch nicht portioniert werden. Wenn sie genügend Bewegungsmöglichkeiten haben, werden sie in der Regel nicht fett, und falls sie doch etwas ,,Babyspeck" ansetzen, verschwindet der gewiß beim nächsten Wachstumsschub. Idealerweise sollte die Sommerweide eine Schutzhütte aufweisen, aber mitunter genügt auch teilweiser Baumbestand, um Schatten zu spenden und die Pferde begrenzt vor Regen zu schützen. Gelegentliche Regentage machen einem gut genährten, gesunden Jungpferd nicht das geringste aus. Le-

Gut sichtbare Abgrenzungen schaffen Sicherheit.

schickt in Zaunnähe wälzen, könnten sie sich gleichzeitig in Elektrolitze und Stacheldraht verfangen.

Die eigene Aufzuchtweide

Vielleicht haben Sie selbst genügend Weiden am Haus oder können in der Nähe Ihres Wohnortes welche anpachten. In einem solchen Fall ist Ihre Ideallösung, ein fremdes Jungpferd als Gesellschafter für Ihr Fohlen bei sich aufzunehmen. Wahrscheinlich werden Sie die beiden in diesem Fall ohne Gesellschaft der erwachsenen Pferde auf die großen Koppeln stellen, denn der Weidegang von Reitpferden wird ja in der Regel portioniert. Die beiden Kleinen haben dann genügend Gelegenheit, ohne Einmischung der anderen zu spielen und zu toben.

Mindestens einmal, besser zweimal täglich sollten Sie den Nachwuchs besuchen und dabei einen kleinen Gesundheitscheck durchführen. Rufen Sie die Fohlen dazu heran – da sie Ihr Kommen nur mit angenehmen Erfahrungen verbinden, werden sie Ihrem Ruf nach kurzer Zeit begeistert folgen – und beobachten Sie dabei, ob eines lahmt oder matte Bewegungen zeigt. Dann verteilen Sie eine Mineralfuttergabe oder einen Leckerbissen – und registrieren dabei, ob jeder gut frißt. Wenn Sie die Weide betreten, um die Tränke nachzufüllen oder zu kontrollieren, untersuchen Sie die Schweife der Fohlen rasch auf Spuren von Durchfall. Auch Kratzer an den Beinen oder Scheuerstellen an den Mähnen fallen bei diesem kleinen Check auf.

Eine solche tägliche Kontrolle, in deren Rahmen man die Fohlen auch sicher einmal streicheln oder klopfen wird, dauert nur wenige Minuten, sichert aber rasches Erkennen von Krankheiten oder Verletzungen. Außerdem gewährleistet sie, daß

diglich bei Gewittern geht man ein gewisses Risiko ein, wenn man die Tiere draußen läßt. Todesfälle durch Blitzschlag kommen häufiger vor, als man gemeinhin meint.

Natürlich sollte eine Jungpferdeweide nicht mit Stacheldraht umzäunt sein. Oft lassen sich aber keine anders eingezäunten Pachtweiden finden, denn viele Landwirte hängen an der althergebrachten, „sicheren" Einzäunung. In diesem Fall muß vor den Stacheldrahtzaun ein zusätzlicher Elektrozaun gespannt werden, und zwar mindestens mit einem Meter Abstand zu der gefährlichen Einzäunung. Einfache Abstandhalter, eingeschraubt in die bestehenden Zaunpfähle, genügen oft nicht. Wenn Jungpferde im Eifer ihrer Tobereien an den Zaun geraten oder sich unge-

ACHTUNG PFERDEDIEBE!

Weidepferde leben gefährlich. In den letzten Jahren häufen sich Tierquälereien und Diebstähle, und mitunter fragt man sich, ob Sicherheit nicht wichtiger ist als artgerechte Haltung. Viele Freizeitreiter holen ihre Tiere deshalb nachts in den Stall. Andererseits: Hundertprozentigen Schutz gibt es nirgends. Oft schrecken Diebe und Tierquäler auch vor geschlossenen Ställen nicht zurück. Hinzu kommen hier Brandgefahr und Verletzungsrisiko durch Festlegen oder Tobereien in der Box. Gerade junge, übermütige Tiere sind dadurch gefährdet. Insofern also ein entschiedenes „Ja" zur Weidehaltung. Treffen Sie allerdings einige Vorsichtsmaßnahmen:

- Pachten Sie keine ganz einsam gelegenen Weiden, erst recht keine in Autobahnnähe.
- Knüpfen Sie Kontakte zu möglichst vielen Anwohnern der Weide. Sprechen Sie mit ihnen über die Diebstahlsgefahr und bitten Sie sie um Aufmerksamkeit gegenüber unbekannten Besuchern und Fahrzeugen.
- Ihre eifrigen Helfer müssen informiert sein. Es ist wichtig, daß ihnen alle Autos bekannt sind, mit denen die Weide besucht wird. Zeigen Sie ihnen auch Ihren Pferdehänger und machen Sie ihn, z. B. durch große Aufkleber, deutlich kenntlich. Erklären Sie den Leuten, daß niemand, unter keinen Umständen. befugt ist, die Pferde in einen anderen Hänger zu verladen. Falls Sie die Tiere doch einmal mit einem fremden Transporter abholen, kündigen Sie das vorher an.
- Vielleicht gibt es gelegentlich Fehlalarm. Sie fahren mit dem Auto von

Freunden vor, irgendein Bekannter will sich Ihre Pferde ansehen – auf jeden Fall notieren Ihre Helfer die Autonummer. Jetzt ist es wichtig, positiv zu reagieren. Geben Sie den Leuten auf keinen Fall das Gefühl, sich lächerlich gemacht zu haben, sondern bedanken Sie sich überschwenglich für die richtige Reaktion. Kleine Aufmerksamkeiten wie eine Flasche Wein oder ein paar Pralinen erhalten den Eifer!

- Fotografieren Sie Ihre Pferde regelmäßig von vorn und von der Seite, damit im Falle eines Diebstahls aktuelle „Fahndungsfotos" bereit liegen.
- Falls wirklich ein Diebstahl passiert ist: Wenden Sie sich so schnell wie möglich an verschiedene Pferdezeitschriften und bitten Sie um Veröffentlichung einer Suchmeldung. Die Redaktionen kennen auch die für Suchmeldungen aktuelle Adresse im Internet und Kontaktadressen für weitere Tips. Hier informiert man Sie zum Beispiel über aktuelle Pferdemärkte, auf denen der Dieb Ihr Pferd unter Umständen anbieten wird. Geben Sie die Hoffnung niemals auf! Es gibt Pferdebesitzer, die wochenlang Steckbriefe ihrer Tiere auf Turnieren, Schauen und Messen aushängten und noch nach Monaten fündig wurden!
- Kaufen Sie ein gestohlenes Pferd, das Sie auf einem Pferdemarkt entdecken, als erstes zurück, und alarmieren Sie danach die Polizei. Sicherheit geht hier vor Strafverfolgung. Der Händler wird sich ohnehin geschickt herausreden und ohne größere Probleme aus der Sache herauskommen.

Der tägliche „Gesundheitscheck" – wenig
Arbeit, viel Nutzen

Sie jeden Tag in kurzen, freundlichen
Kontakt mit den Jungpferden treten und
die Tiere damit menschenfreundlich und
zutraulich halten. Gelegentliche unangenehme Erfahrungen wie Wurmkurgaben
oder Impfungen vergessen sie dann
schnell.
Ist die Weide abgefressen und eine Umstellung der Pferde auf weiter entfernte
Flächen steht an, so hat es sich bewährt,
die Fohlen dazu zu verladen, auch wenn
die Strecke so kurz ist, daß man ebensogut
führen könnte. Solche Kurztransporte mit
erstrebenswertem Ziel sichern positive
Erfahrungen mit dem Pferdehänger. Sie
kosten im ersten Jahr ein bißchen Zeit,
sparen aber möglicherweise ein Pferdele-
ben lang Streß und Ärger.

Spielfreund gesucht!

Das Auffinden eines jungen Gesellschaf-
ters für Ihr Fohlen ist meist einfacher, als
Sie denken. Private Aufzuchtplätze mit
liebevollem Menschenkontakt zu finden
gilt bei vielen Freizeitreitern als Glücks-
fall. Oft genügt es, sich bei anderen Reitern in der Umgebung umzuhören. Klappt
das nicht, so bringt eine Anzeige in der
Tageszeitung fast immer Erfolg. Idealerweise plant man den Sommer nach dem
Absetzen auch schon im Vorjahr. Wenn
Sie auf Weiden in Ihrer Umgebung eine
einzelne Stute mit Fohlen sehen, sprechen
Sie den Besitzer ruhig darauf an, ob er
vielleicht einen Aufzuchtplatz für den
nächsten Sommer sucht. Womöglich hat
er die gleichen Probleme wie Sie und freut
sich über Ihr Angebot.
Findet sich kein gleichaltriges Fohlen, so
macht es auch nichts, wenn der Spiel-

HUFPFLEGE – OFT EIN SCHWIERIGES KAPITEL!

Das erste Ausschneiden der Hufe ist ein bedeutender Tag im Leben eines Fohlens – und in dem des Freizeitzüchters! Hier zeigt sich nämlich, ob die Gewöhnung ans Hufegeben wirklich erfolgreich verlaufen ist. Ein wohlerzogenes, dem Menschen aufgeschlossen gegenüberstehendes Fohlen wird sich nicht ernstlich gegen die Hufkorrektur sträuben. Natürlich wundert es sich etwas, wenn plötzlich ein Fremder und nicht mehr der vertraute Pfleger seinen Huf ergreift, und wenn die Sache zu lange dauert, darf es auch ein bißchen zappeln. Panik und Kampf sollten jedoch vermieden werden. Schauen Sie sich deshalb schon im Vorfeld genau an, wie der Schmied den Fohlenhuf ergreift – moderne Schmiede arbeiten beim Ausschneiden nicht mehr mit Aufhalter, sondern klemmen sich das Pferdebein zwischen die Schenkel – und üben Sie den entsprechenden Griff.

Auch schon vor der ersten Hufkorrektur, die beim gesunden Fohlen selten vor dem sechsten Lebensmonat erfolgt, sollten Sie den Nachwuchs dringend dem Schmied vorstellen. Es ist überaus wichtig, eventuelle Fehlstellungen rechtzeitig zu erkennen. Beim Saugfohlen entdeckt, ist vieles korrigierbar, was das Pferd sonst lebenslang schädigt.

Beim Zukauf eines Fohlens ist der Schmied ein fast wichtigerer Berater als der Tierarzt. Versteckte Krankheiten sind bei einem so jungen Tier nämlich eher selten, aber Fehlstellungen der Hufe können durch ein gerade erfolgtes Ausschneiden oder gar einen Beschlag („Die Hufe waren vom Mitlaufen beim Reiten so abgenutzt …") leicht verschleiert werden.

Im Laufe der Fohlenaufzucht sollte der Schmied beim normal stehenden Tier etwa alle zwei Monate nach dem Rechten sehen. Liegen Korrekturen an, so können diese Intervalle weitaus kürzer sein. In diesem Fall ist es auch wichtig, dem Schmied optimale Arbeitsbedingungen zu bieten und das Pferd zur Behandlung auf festen Boden zu holen. Beim gesunden Fohlen beschneidet ein guter Schmied dagegen auch schon mal auf der Weide, um den Jungpferden Transporte zu ersparen.

Beobachten Sie den Schmied bei der Arbeit, und gewöhnen Sie das Fohlen an seine Handgriffe!

Ein Herz und eine Seele – kein Fohlen sollte
allein aufwachsen!

freund ein Jahr älter oder jünger ist. Ebenso gleichgültig ist seine Rasse, denn Pferden ist es ziemlich egal, ob ihre Gesellschafter etwas größer oder kleiner sind.
Wichtig ist allerdings das gleiche Ge-
schlecht. Die gemeinsame Haltung von
Jährlingsstuten und -hengsten ist nicht
nur ungünstig, weil das Spielverhalten
sich nicht genau entspricht, sondern birgt
auch die Gefahr, daß die Stute in der ersten Rosse gedeckt wird. Niemand kann
genau voraussagen, wann Jungpferde ge-
schlechtsreif werden. Beim Hengst differiert das zum Beispiel zwischen 7 Monaten und 1 1/2 Jahren, und auch die kleine
Stute kann extrem frühreif sein!

Aufzuchtplätze

Falls Sie selbst nicht über geeignete Auf-
zuchtweiden verfügen, das Fohlen aber
trotzdem in der Nähe Ihres Wohnorts ha-

ben wollen, suchen Sie am besten nach
einem privaten Aufzuchtplatz in der
Nachbarschaft. Dabei gehen Sie ebenso
vor wie oben geschildert. Fragen Sie herum, versuchen Sie es per Anzeige und
sprechen Sie andere Pferdeleute mit Einzelfohlen an. Erkundigen Sie sich aber genau nach den Bedingungen, unter denen
die beiden Fohlen gehalten werden sollen,
und achten Sie darauf, daß wirklich möglichst viel Freiheit geboten wird. Besonders Landwirte halten oft nur eine Stute,
aus der sie Fohlen ziehen, und sagen vielleicht schnell zu, wenn Sie ihnen ein Pensionspferd anbieten. Die Haltungsbedingungen entsprechen hier aber nicht unbedingt den Idealvorstellungen des verant-
wortungsbewußten Freizeitreiters. So
richtet sich der Weidegang zum Beispiel
oft danach, wie das Wetter aussieht oder
wie matschig die Wiese ist, und es kann
Ihrem Fohlen passieren, daß es den halben Sommer in der Box verbringt.

Aufzucht im Gestüt

Viele Freizeitreiter sind zum Wohle des
Fohlens bereit, auf seine Haltung in Haus-
nähe zu verzichten. Wie es in vielen Ratgebern zur Zucht und Aufzucht empfoh-
len wird, mieten sie es für mehrere Monate auf einem Gestüt ein, wo es in einer
großen Jungpferdeherde auf ausgedehn-
ten Weiden ,,ideale Aufzuchtbedingun-
gen" finden soll. Ganz so phantastisch
und risikolos, wie sie meist beschrieben
wird, ist diese Maßnahme aber keineswegs, und zwar nicht nur für die vierbeinigen Sensibelchen, die bei der Trennung
von ,,ihrem Menschen" und ,,ihrem Stall"
sofort unter Heimweh leiden.
Wenn eine Jungpferdeherde zusam-
mengestellt wird, so treffen viele Fohlen
aus den unterschiedlichsten Haltungen
aufeinander. Niemand weiß, wie sorgfäl-

KRAFTFUTTER ZUGEBEN – JA ODER NEIN?

Idealerweise sollten die Nährstoffe im Gras bzw. Heu ausreichen, die gesunde Entwicklung eines jungen Pferdes zu sichern. Tatsächlich fehlt es unseren Kulturweiden allerdings oft an Artenreichtum, Vitaminen und Mineralstoffen. Die Zufütterung eines Vitamin-Mineralstoffgemischs ist also grundsätzlich anzuraten. Sehr häufig werden die Fohlen darüber hinaus aber auch noch mit Hafer oder anderen eiweißhaltigen Kraftfuttermitteln versorgt. Mitunter füttern Gestüte oder private Aufzüchter damit sogar ,,satt'', um die Entwicklung des jungen Pferdes soweit wie möglich zu beschleunigen, die Maximalgröße zu erreichen und feuriges Temperament zu erhalten.

Eine solche Intensivfütterung wäre natürlich zu kompliziert, wenn die Tiere auf der Weide stünden. Hohe Kraftfuttergaben sind deshalb meist gekoppelt mit einer hausnahen Haltung, häufig Boxenhaltung mit nur stundenweisem Auslauf. Auf Schauen und Körungen wird das leider oft honoriert – die ,,gepushten'' Fohlen präsentieren sich deut-

lich frühreifer als die anderen, ihr Fell ist kürzer und glänzender, ihr Temperament übersprudelnd.

Der Entwicklung zum gesunden, leicht auszubildenden und langlebigen Reitpferd ist das Ganze allerdings kaum zuträglich. Natürlich aufwachsende Pferde entwickeln sich zwar langsamer, sind letztendlich aber belastbarer und ausgeglichener.

Das heißt natürlich nicht, daß Sie Ihrem Fohlen niemals etwas Hafer oder Aufzuchtfutter geben dürfen oder daß Sie es gar künstlich klein und ,,mickrig'' halten. Wie immer ist das Zauberwort ,,Kompromiß'': Verlassen Sie sich im Sommer darauf, daß Ihr Fohlen mit dem reichlichen Gras und den zugefütterten Mineralien optimal versorgt ist. Im Winter geben Sie etwas Fohlenaufzuchtfutter, Hafer oder Pellets zum Heu. Wenn Sie Ihr Fohlen in der kalten Jahreszeit in eigener Regie halten, sehen Sie ja selbst, ob es bei dieser Fütterung gedeiht, und können die Ration zurückschrauben, falls es zu dick wird oder der Hafer zu sehr sticht!

---

tig die Tiere entwurmt wurden, Impfungen sind meist nicht vorgeschrieben, und möglicherweise werden Krankheitskeime eingeschleppt. Mit ziemlicher Sicherheit findet das Gestütspersonal keine Zeit für die tägliche Kurzuntersuchung und Kontaktaufnahme, wie sie oben geschildert wurde, und garantiert wird niemand zum Striegel greifen, um den Kleinen die lästige Winterwolle vom Leib zu schrubben. Verletzungen, Hautkrankheiten und erst recht innere Krankheiten, die sich durch Futterverweigerung und Mattigkeit ankündigen, erkennt man bei den hier übli-

chen Routinekurzbesuchen meist sehr spät. In Robustpferdehaltungen werden sie auch oft nicht ernst genommen. Fohlenschnupfen und Milbenbefall machen die Pferde ,,eben mal durch'', und die meisten überstehen das Ganze wirklich ohne Schädigungen. Eine Sicherheit dafür gibt es jedoch nicht, und es ist sehr traurig, wenn Ihr Fohlen zu den wenigen gehört, die durch pure Unachtsamkeit ihre Gesundheit oder gar ihr Leben einbüßen. Auch die Menschenbezogenheit der Jungpferde leidet oft unter Gestütsaufzucht. Wie schon gesagt hat hier keiner

Gesellschaft, aber keine Massenabfertigung! –
Die Suche nach dem richtigen Gestüt ist nicht
einfach.

Zeit für die Kleinen – oft wird „freies
Aufwachsen" zudem noch zum Postulat
erklärt.
Am Ende des Sommers nehmen Sie dann
einen kleinen Wildling in Empfang, der
Menschen nur noch vom „Umtreiben"
kennt und erst wieder an Führen, Hufpfle-
ge usw. gewöhnt werden muß. Das ist besonders unangenehm, wenn Sie seine Erziehung während der Saugfohlenzeit auch
schon etwas vernachlässigt haben und insofern nicht nur alte Kenntnisse auffri-
schen, sondern neue vermitteln müssen.
Ihr „frei erzogener" Wildfang wird sich
das sicher nicht ohne Widerstand bieten
lassen!
Wenn Sie also Gestütsaufzucht wünschen, sehen Sie sich die Haltungsbedingungen vorher genau an und bestehen Sie
auf Unterstände, sicher eingezäunte Wei-

den und regelmäßige Kontrollen. Suchen
Sie nach einem Gestüt in Ihrer Nähe und
sehen Sie so oft wie möglich nach Ihrem
Pferd. Idealerweise wählen Sie außerdem
eine Aufzuchtstätte für Pferde, die Ihrem
Fohlen in Sachen Robustheit, Fellqualität
usw. möglichst ähnlich sind. Dort dürften
Weiden, Unterstände und eventuelle Zufütterung seinen Bedürfnissen angepaßt
sein. Im Zweifelsfall stellen Sie das Fohlen lieber zu etwas empfindlicheren Pferden als in eine robustere Herde. Es ist besser, es verbringt gelegentlich eine Nacht
im Laufstall, auch wenn es draußen nicht
gefroren hätte, als daß es tagelang zitternd
im Regen steht, während seine dickfelli-
geren   Weidekumpane   vergnügt   im
Matsch herumtoben.

Die Haltung im Winter

Private Aufzuchtplätze bei Freizeitzüch-
tern mit Einzelfohlen sind in den Winter-
monaten rar. Selbst wenn Sie das seltene

Nicht immer bieten Laufställe so viel Bewegungsmöglichkeit.

Glück haben, in einem Gebiet mit Sandboden zu wohnen, das ein Abstecken großer Auslaufflächen ohne vorherige Drainage erlaubt, sind die Ställe der meisten privaten Pferdehalter doch sehr genau auf die Zahl der eigenen Pferde abgestimmt. Oft müssen die Reitpferde hier schon für das eigene Fohlen zusammenrücken. Ein Pensionspferd findet erst recht keinen Platz mehr. Will man sein Fohlen also auch im Winter in einer Gruppe Gleichaltriger halten, bleibt oft nur die Unterbringung auf einem Gestüt.

Dabei ist allerdings zu bedenken, daß nur die wenigsten Gestüte über Ställe und Ausläufe im Überfluß verfügen. Auch hier müssen die Weiden geschont werden, und die Befestigung von Ausläufen kostet ein Vermögen. Sehr häufig sind die Jungpferde deshalb im Winter in Laufställen untergebracht, wobei man sich die relativ geringe Gefahr verletzungsträchtiger Rangkämpfe zunutze macht und die Gruppenstärke im Verhältnis zur Raumkapazität recht hoch hält. Je kleiner der Raum jedoch ist, desto größer die Gefahr für ein schüchternes, rangniedriges Fohlen, an der Heuraufe zu kurz zu kommen. Individuelle, kontrollierte Fütterung mit genau angepaßten Kraftfuttermengen ist ohnehin nicht möglich. Die Gefahr einer Ansteckung mit Infektionskrankheiten steigt mit der Enge und dem unweigerlichen Kontakt mit Gestütsbesuchern.

Läßt man das Postulat „grundsätzlich in Jungpferdegesellschaft!" hier einmal beiseite, so taucht schnell die berechtigte Überlegung auf, ob der enge, eher dunkle Laufstall wirklich so viel besser für die psychische und physische Entwicklung unseres Fohlens ist als der heimische Offenstall mit Auslauf. Wenn Sie keinen idealen Aufzuchtplatz mit großem Stall, reichlich Auslauf und individueller Betreuung finden, ist es fast immer besser –

und auf jeden Fall im Sinne unseres Kompromisses zwischen Optimalhaltung und dem Wunsch, an der Fohlenentwicklung teilzuhaben –, das junge Pferd im Winter nach Hause zu holen. Hier können Sie es individuell mit Futter versorgen, seine Beziehung zum Menschen festigen und auch weiter an seiner Grunderziehung arbeiten.

Nach der Freiheit der Sommermonate müssen schon erworbene Kenntnisse wie Führen, Hufe geben und Anbinden aufgefrischt werden. Neue, wie etwa Mitgehen als Handpferd oder Führtraining über Bodenhindernisse kommen dazu. Rechnen Sie auf jeden Fall etwas Zeit für die Beschäftigung mit dem jungen Pferd ein, wenn Sie sich entscheiden, es im Winter in Ihre Haltungsanlage zu holen. Wie schon gesagt braucht das Fohlen mehr Ansprache als die erwachsenen Pferde. Sie sollten es also reichlich mit Spielzeug versorgen, was durchaus wörtlich gemeint sein kann. Der Rat, sich auf Flohmärkten nach ausgedientem Kinderspielzeug wie etwa Hüpfbällen oder alten Bobby-Cars umzusehen, stammt von einem bekannten Zirkusausbilder. Die Konfrontation mit den bunten Gegenständen, die Möglichkeit, sie herumzustoßen oder hochzuheben, beschäftigen das Fohlen und halten es geistig rege. Und wer weiß: vielleicht wird ja auch eins Ihrer alten Pferde bereitwillig mitspielen!

Hengste kastrieren?

Die Entscheidung, ihren jungen Hengst kastrieren zu lassen, fällt vielen Freizeitreitern schwer. Nicht nur, daß einem das eigene Fohlen natürlich als „Krone der Schöpfung" erscheint und man sich nichts mehr wünscht, als seine Nachkommen als Schausieger und Europameister glänzen

zu sehen – man befürchtet zudem, die Persönlichkeit des Tieres zu zerstören oder zumindest zu schädigen, wenn man es zum Wallach „degradiert". Besonders letztere Sorge wird von vielen Artikeln in Pferdezeitschriften sowie von einigen professionellen Pferdeausbildern geschürt. Man überschlägt sich mit der Schilderung von Hengsten als freien, kraftvollen Persönlichkeiten, denen man die geduckten, entmannten und gedemütigten Wallache gegenüberstellt, und leugnet die Probleme bei Hengsthaltung und -erziehung.

In Wirklichkeit unterscheiden sich Hengste und Wallache aber kaum in bezug auf ihre Persönlichkeit. Es gibt bei beiden „Geschlechtern" zielstrebige Wesen und Träumer, Temperamentsbolzen und eher ruhige Vertreter, aufgeschlossene und zurückhaltendere Charaktere. Hauptunterschied zwischen Hengst und Wallach ist

Hengste neigen dazu, sich etwas aufzuspielen.

lediglich der Ausdruck, die größere Neigung des Hengstes, sich aufzuspielen und zu imponieren. Sie macht den Hengst auch geeigneter für die Ausbildung in den Lektionen der Hohen Schule.

Auch die Neigung zur Aggression zeigt sich beim Hengst oft etwas deutlicher als beim Wallach – was aber nicht heißt, daß der „ganze Mann" bei Auseinandersetzungen mit dem Kastraten immer gewinnt. Im Gegenteil, auch Wallache können durchaus kampffreudig und durchsetzungsfähig sein – und stehen der Inbesitznahme einer Stutenherde oft sehr positiv gegenüber! Nicht selten entdecken sie sogar irgendwann die körperliche Liebe. Selbst relativ früh kastrierte Wallache decken mitunter – bis auf den fehlenden Nachwuchs – zur vollen Befriedigung ihrer Pferdedamen. Die Nebenniere übernimmt hier die notwendige Hormonproduktion. Das Leben dieser Wallache kommt dem „natürlichen" Verhalten des Hengstes in der Pferdeherde erheblich näher als das des „Männlichkeitssymbols" Hengst, der sein Dasein fast immer in Einzelboxen und Einzelausläufen fristet.

Haltung und Verhalten

Diese Haltungsproblematik ist wichtigster Grund für viele versierte Reiter, ihre Junghengste kastrieren zu lassen. Wer nicht bereit ist, sein gesamtes Leben auf seinen Hengst abzustimmen und im Zweifelsfall Wohnungswechsel oder lange Anfahrten zum Arbeitsplatz auf sich zu nehmen, damit der Vierbeiner in einer „Junggesellenherde" stehen kann, sollte im Sinne des Tieres auf die Hengsthaltung verzichten. Bei reiterlich weniger geübten Hobbyzüchtern sprechen auch die zu erwartenden Umgangsprobleme für eine Kastration. Ein Hengst sucht häufiger die Konfrontation mit seinen Erziehern als

ein Wallach, ist schneller unaufmerksam und neigt im Falle eines Durchgehens eher zu gefährlichen Kapriolen. Wo sich der ausgerissene Wallach dem nächsten Grasbüschel zuwendet, sucht der Hengst schließlich die nächste Stute! Der überwiegenden Zahl von Freizeitreitern wächst dieses Verhalten irgendwann über den Kopf – und je älter der Hengst dann ist, desto langsamer ändert es sich nach der endlich erfolgten Kastration.

Entkleidet man die Angelegenheit aller Mystik, so kann man den vielbeschriebenen Reiz der Hengsthaltung auf einen kurzen Nenner bringen: Haben Sie einen gut erzogenen Hengst, so wird der sich benehmen wie ein – gut erzogener! – Wallach. Wenn Sie ihn nicht gerade in der Hohen Schule ausgebildet haben, fallen Sie nirgendwo damit auf. Ist der Hengst dagegen schlecht erzogen, so hätten Sie besser einen Wallach, denn der ständig wiehernde und sich auflehnende Hengst macht Reiten und täglichen Umgang zum Streß für alle Beteiligten. Vielleicht heimsen Sie durch Ihr Ausharren auf dem tobenden Pferd ein bißchen Bewunderung in unbedarfteren Reiterkreisen ein, aber das ist die Sache ganz sicher nicht wert.

Die Kastration

Wann eine Kastration erfolgen soll, richtet sich nach verschiedenen Kriterien. Da ist einmal die körperliche Entwicklung des Hengstes. Ein gut entwickeltes Tier mit starkem Hals sollte dem Eingriff eher unterzogen werden als ein Spätentwickler. Auch die psychische Verfassung spielt eine Rolle. Während sich manche Hengste noch mit zwei Jahren umgänglich und „unschuldig" präsentieren und kaum auf Stuten reagieren, gehen andere bereits als Jährlinge über alle Zäune. Zuletzt spielen noch praktische Überlegungen eine Rolle.

GESUNDHEITSVORSORGE – WURMKUREN UND IMPFUNGEN

Fohlen sind gegenüber Wurmbefall wesentlich empfindlicher als erwachsene Pferde. In den ersten Lebensmonaten wird deshalb extrem häufig entwurmt, und auch der Absetzer sollte während der ersten beiden Lebensjahre alle zwei Monate eine vorbeugende Wurmkur erhalten.

Wurmkurpasten sind im Rahmen des täglichen Besuchs auf der Weide absolut problemlos und in Sekundenschnelle einzugeben, Nebenwirkungen zeigen sie extrem selten. Ersetzen Sie die vorbeugenden Wurmkuren deshalb auf keinen Fall durch die Untersuchung von

Ein geschickter Pfleger gibt die Wurmkur in Sekundenschnelle ein.

Kotproben, um dem Fohlen den Chemieeinsatz zu ersparen. Kotuntersuchungen auf Wurmbefall bieten schließlich nur Stichproben und sind dementsprechend unsicher. Auf eine völlig unauffällige Probe kann schon am nächsten Tag eine folgen, die massiven Wurmbefall aufweist. In jedem Jahr werden Fohlen durch Wurmbefall irreparabel geschädigt. Schädigungen durch Wurmkuren sind dagegen unbekannt!

Dasselbe gilt für Impfungen gegen Grippe und Tetanus (in entsprechend gefährdeten Gebieten auch gegen Tollwut), die das Jungpferd unbedingt frühzeitig bekommen sollte. Auch hier steht die Gefahr von Impfschäden in keinem Verhältnis zum Risiko, sich die jeweiligen Krankheiten zuzuziehen und daran zu sterben. Allerdings sichert besonders die Grippeimpfung das Fohlen nur sehr bedingt. Da hier ständig neue Erreger auftauchen, ist eine Atemwegsinfektion nie ganz ausgeschlossen. Achten Sie also schon auf erste Anzeichen und halten Sie das junge Pferd also möglichst von Ansteckungsgefahren fern. Keine Schau und keine Prämierung sind es wert, hier ein Risiko einzugehen!

Beim zugekauften Fohlen sollten die Impfungen – so wichtig sie auch sind – nicht sofort nach dem Einzug erfolgen, sondern erst, wenn sich das Tier eingelebt hat. Erst wenn man sicher ist, daß der Umzugs- und Absetzerstreß keinen ruhenden Infekt geweckt hat, kann sich der Körper gefahrlos mit dem Impfstoff auseinandersetzen. Die Nachimpfungen erfolgen dann entsprechend den im Impfpaß angegebenen Intervallen.

Wenn Sie Ihr Fohlen im Winter gemeinsam mit seiner Mutter in Ihrem Stall halten wollen, müssen Sie es mit einem und einem halben Jahr kastrieren lassen. Es wird Ihre Stute sonst decken – Verwandtschaftsbeziehungen und beschönigende Zeitschriftenartikel hin oder her!

Die Kastration selbst ist meist eine unproblematische Angelegenheit. In der Regel führt sie der Haustierarzt auf der Weide durch. Ist der Hengst allerdings ein „Klopphengst", was bedeutet, daß zumindest einer seiner Hoden im Bauchraum liegt, so muß er in einer Klinik operiert werden. Die meisten Tierkliniken führen diesen Eingriff zwar ambulant durch, er geht aber trotzdem ins Geld. Manche Tierärzte raten deshalb dazu, zunächst nur den sichtbaren Hoden zu entfernen und abzuwarten, ob der andere nicht doch noch in den Hodensack wandert. Das funktioniert häufig, unterwirft das Tier aber zweimal dem Streß der Operation und macht vor allem die gemeinsame Haltung mit Stuten auf Monate hinaus unmöglich. Lassen Sie sich von niemandem erzählen, der Klopphengst könne nicht decken – er kann, und er wird!

Teil IV:
Die Ausbildung zum Freizeitpferd

Die folgenden Anleitungen zur Ausbildung eines jungen Pferdes bilden kein Spezialkonzept und formieren sich erst recht nicht zu einer „neuen Methode". Wenn Sie danach arbeiten, besitzen Sie anschließend kein klassisches Schulpferd, kein Westernturnierpferd und gewiß keinen Anwärter für die nächste Springkonkurrenz. Sie sollten jedoch ein Pferd haben, das Ihnen freudig entgegenkommt, wenn Sie es auf der Weide rufen, das jedes Zusammensein mit Ihnen genießt und das Sie gern und gefahrlos ins Gelände trägt.

Ziel aller Übungen ist das zunächst leichtführige und später leichtrittige Pferd, mit dem auch ein „Wochenendreiter" mühelos zurechtkommt und dessen Anreitphase so unproblematisch wie möglich verläuft. Einer späteren Spezialisierung auf besondere Bereiche der Reiterei steht bei einer solchen Grundausbildung selbstverständlich nichts im Wege.

Die hier geschilderte Ausbildung ist in besonderem Maße auf die Bedingungen zugeschnitten, die der „typische Freizeitreiter" in seinem Alltag vorfindet. So wird zum Beispiel das Vorhandensein von Reitplätzen, Longierhallen usw. nicht zwingend vorausgesetzt. Die Trainingsvorschläge schreiben bewußt keine chronologische Übungsfolge fest, sondern sind nach Trainingsmöglichkeiten gegliedert, die zu beliebigen Zeiten zum Einsatz kommen können. Anders gesagt: Ein schneereicher Winter, der das Betreten der Weiden erlaubt, bietet sich an, mit der Longenarbeit zu beginnen. In „Matschmonaten", in denen nicht befestigte Ausläufe gesperrt werden müssen, kommt eher Handpferdereiten ins Programm. Ist der Boden vereist, macht man Führübungen an der Hand.

Bevor wir aber zu konkreten Übungsbeschreibungen kommen, hier ein kurzer Exkurs zu der Frage, die jeden Freizeitzüchter beschäftigt.

Kann ich selbst ausbilden?

Die zum Anreiten eines Freizeitpferdes benötigten reiterlichen Qualifikationen werden sehr oft überschätzt. Besonders in konventionellen Reiterkreisen herrscht die Ansicht vor, man benötige dazu mindestens die Sattelfestigkeit eines Rodeo-

Geduld und Freundlichkeit sind oft wichtiger als hohe reiterliche Qualifikation.

reiters, gekoppelt mit einer Turnierqualifikation bis Klasse M. Nun wird die Arbeit mit dem Jungpferd hier durch die Boxenhaltung sowie weitgehenden Verzicht auf Bodenarbeit erheblich erschwert. Ein im Herdenverband aufgezogenes und im Offenstall gehaltenes Freizeitpferd ist in der Regel erheblich leichter erziehbar, und moderne Konzepte zur Vorbereitung des Anreitens vom Boden aus machen auch Rodeokenntnisse weitgehend überflüssig.

Die zur Arbeit mit dem Jungpferd notwendigen reiterlichen Fähigkeiten lassen sich leicht umreißen: Wichtig ist die möglichst perfekte Beherrschung der Hilfen zu den ganz konkreten Übungen. Um Ihrem Jungpferd zu vermitteln, auf Ihre Hilfen hin anzutreten, ist es eigentlich egal, ob Ihre eigenen Reitkenntnisse sich auf dem Niveau von Turnierklasse E oder S bewegen. Hauptsache, Sie kennen die korrekten Hilfen zum Anreiten und können sie einsetzen.

Mitunter ist es sogar gar nicht so schlecht, wenn ein Gelegenheitsausbilder nur über mittelmäßige Reitkenntnisse verfügt. Amateuren gelingt es oft besser, sich in die Lage des lernenden Pferdes hineinzuversetzen als versierten Reitern, die erstklassig geschulte Pferde gewöhnt sind. Sehr oft beobachtet man, wie erfolgreiche Turnierreiter ihr Nachwuchspferd mit einem Wust von Hilfen überfallen und sehr heftig reagieren, wenn das Tier nicht gleich versteht, was sie von ihm wollen. Freizeitreiter begegnen ihren Lieblingen dagegen häufig mit Engelsgeduld.

Grundfertigkeiten

An reinen Reitkenntnissen benötigen Sie zur Ausbildung Ihres jungen Freizeitpferdes kaum mehr als die Beherrschung von Gewichts-, Zügel- und Schenkelhilfen zum Antreten, Antraben und Angaloppieren, Abwenden und Durchparieren in langsamere Gangarten oder zum Stand. Diese Grundfertigkeiten sollten aber wirklich sitzen! Wenn Sie nicht zügelun-

abhängig reiten können, es nicht schaffen, Ihre Beine einigermaßen ruhig zu halten und Hilfen an den richtigen Stellen des Pferdekörpers anzubringen, so lassen Sie besser die Finger von der Pferdeausbildung! Das Ergebnis wäre nur unbefriedigend für Sie und Ihr Jungpferd, und unter Umständen könnten Ihre Reitversuche auch gefährlich werden.

Im übrigen haben Sie ja auch noch viel Zeit, Ihre Reitkünste zu verbessern, während Sie Ihr Fohlen vom Boden aus arbeiten. Verschieben Sie das Anreiten im Zweifelsfall um ein Jahr und belegen Sie ein paar Kurse oder Reitstunden. Sehr bewährt hat sich auch eine „Ausbildungsbegleitung" bei einem Reitlehrer Ihrer Wahl, der Ihnen zunächst Tips zur Bodenarbeit gibt und dann das Anreiten und die Arbeit unter dem Sattel überwacht. Reitschulen für Freizeitreiter wie etwa das FS-Testzentrum in Reken bieten auch spezielle Kurse zum Anreiten junger Pferde an.

Was die Sattelfestigkeit angeht, so brauchen Sie zwar keine Stuntman-Ausbildung, aber einen gelegentlichen Hopser Ihres jungen Pferdes sollten Sie schon aussitzen können. Die Bodenarbeit beugt Buckeleien beim Anreiten zwar weitgehend vor, aber Sie haben es immerhin mit einem jungen, lebensfrohen Pferd zu tun. Garantiert wird es ab und zu einen Freudensprung in den Geländegalopp einbauen, sobald es erst einmal gelernt hat, Ihr Gewicht auszubalancieren. Fallen Sie dabei herunter, so könnten Sie Angst vor dem Reiten entwickeln, und das führt schnell in einen verhängnisvollen Teufelskreis.

Angst

Das Aufkommen von Angst vor dem Reiten oder auch nur dem Umgang mit dem jungen Pferd gefährdet den Erfolg Ihrer

Sie sollten sich auf die Arbeit mit Ihrem jungen Pferd freuen. Wenn Sie sich davor fürchten, läuft etwas schief!

Pferdeausbildung erheblich. Die Hauptgefahr besteht hier darin, nicht mehr zwischen begründeten und irrationalen Ängsten unterscheiden und letztere unter Kontrolle halten zu können. Das fällt um so schwerer, je deutlicher man sich seiner reiterlichen Grenzen bewußt ist. Wer im Aussitzen von Hopsern geübt ist, wird sich weniger davor fürchten als jemand, der schnell herunterfällt. Wer viel Erfahrung mit unterschiedlichen Pferden gesammelt hat, entwickelt keine irrationalen Ängste vor dem Ritt auf Pferd A, weil Pferd B gestern gescheut hat.

Beim Gelegenheitsausbilder führt Angst im leichtesten Fall zu „Vermeidungsreaktionen" – das Pferd hat heute vor einer Bank gescheut und gebuckelt, also reitet man morgen einen anderen Weg. Schwieriger wird es, wenn der ängstliche Ausbilder zu „vorbeugenden" Reaktionen neigt. Statt am nächsten Tag locker auf die Bank zuzureiten, wird der Zügel fest angenommen, und man verkrampft sich in Erwartung des Bucklers. Das Pferd spürt dann die Nervosität des Reiters, und die Wahrscheinlichkeit eines erneuten Scheuens ist groß. Besonders Männer versuchen Angst auch gern zu überspielen, indem sie betont forsch mit dem Pferd umgehen und es unter Anschreien, hartem Zügel- und Gerteneinsatz auf die Bank zutreiben. Hier kann das Pferd mit Verärgerung und daraus resultierender Aggressivität reagieren – es springt nun nicht mehr in einer Schreckreaktion von der Bank weg, sondern wehrt sich gezielt gegen den Schmerz und damit gegen den Reiter. Fällt der dabei hinunter, hat es eine wichtige Erfahrung gemacht: ‚Wenn der Typ da oben mich ärgert, kann ich ihn abbukkeln!'

Es ist sehr häufig zu beobachten, wie sich aus einem harmlosen Freudenbuckler oder einem zufälligen Scheuen der Teufelskreis von Angst – Hilfszügeleinsatz – Schmerz – Auflehnung entwickelt. Im Extremfall kann das Pferd dabei zu einem schweren Problemfall werden, der einer Korrektur durch geübte Reiter bedarf. Prüfen Sie sich also genau auf versteckte Ängste, bevor Sie sich an die Ausbildung eines jungen Pferdes heranwagen. Es ist verständlich, wenn Ihnen vor dem ersten Aufsteigen etwas mulmig ist, aber im Grunde sollten Sie sich auf die Arbeit mit dem Pferd freuen und nicht jedes Mal nervös sein, wenn Sie mit Halfter und Strick in den Auslauf gehen.

VOM UMGANG MIT ÄNGSTEN

Gelegentliche Ängste im Umgang mit Pferden kennt jeder, und natürlich stellen sie sich bei der Arbeit mit Jungtieren häufiger ein als bei der Alltagsroutine mit erwachsenen Pferden. Ein gänzliches Abstellen solcher Ängste ist nicht möglich und wäre auch gar nicht wünschenswert – die meisten wirklich „furchtlosen" Reiter sind eine Strafe für ihre Pferde, denn sie zeichnen sich oft auch allgemein durch eine gewisse Gefühllosigkeit aus. Wichtig ist aber, seine Ängste so weit im Griff zu haben, daß sie die Arbeit mit dem Jungpferd nicht oder so wenig wie möglich behindern.

Dazu ist es dringend nötig, sich und sein Pferd nicht zu isolieren, sondern mit Menschen zusammen zu arbeiten, denen man seine Furcht gestehen kann, die Verständnis aufbringen und helfen. Außerdem sollten Sie rationale Überlegungen dazu anstellen, wann es sinnvoll ist, Ihre Furcht überwinden zu wollen,

Manchmal ist es nicht möglich, angstbesetzte Situationen zu umgehen.

und wann Sie die angstbesetzte Aufgabe besser delegieren. Wenn Sie sich zum Beispiel davor fürchten, Ihr Pferd an den Straßenverkehr zu gewöhnen, so wäre es absoluter Unsinn, sich trotzdem todesmutig mit ihm an eine Bundesstraße zu stellen. Das Tier würde Ihre Ängste sofort spüren und seinerseits mit Nervosität reagieren. Hier ist es besser, Sie bitten jemand anderen, Ihrem Pferd die Autos zu zeigen.

Ängstigen Sie sich dagegen vor dem im Text beschriebenen Scheuen beim Passieren einer Parkbank, so ist eine Vermeidungsreaktion sinnlos – schließlich können Sie und Ihr Pferd nicht die nächsten zwanzig Jahre mit dem Umgehen von Bänken verbringen! Hier können Sie sich helfen, indem Sie eine/n Freund/in bitten, Sie mit einem erfahrenen Pferd beim Heranreiten an die Bank zu begleiten. Wahrscheinlich wird sich Ihr Jungtier an dem erwachsenen Begleiter orientieren und die Bank problemlos passieren. Eine Sternstunde in Ihrer Pferdeausbildung!

Im ersten Lebensjahr

Im ersten Lebensjahr eines Fohlens werden die Grundlagen für vertrauensvollen Umgang mit dem Menschen gelegt. Das Fohlen orientiert sich dabei an den anderen Pferden seiner Herde – allen voran an seiner Mutter – und natürlich daran, ob sich ihm der Mensch als freundliches oder gefährliches Mitgeschöpf nähert. Insofern ist es sinnvoll, das Fohlen in einer menschenfreundlichen Herde aufwachsen zu lassen und gemeinsam mit seiner Mutter öfter zum Putzen, Schmusen und später auch zum Mitlaufen beim Ausritt herauszuholen. Die wichtigsten Grundfertigkeiten trainieren sich dabei wie von selbst.

Wichtige Fertigkeiten

In den ersten Monaten seines Lebens sollte das Fohlen mit dem Halfter vertraut gemacht werden. Es muß lernen, die Hufe zu geben und sich führen und anbinden zu lassen. Letzteres braucht natürlich nicht so weit zu gehen, daß man es auf längere Spaziergänge weg von der Herde mitnimmt oder stundenlang unbeschäftigt anbindet. Führen von einer Weide zur anderen oder auch einmal über ein kleines Bodenhindernis in Sichtweite der anderen Pferde und Anbinden während des Putzens und Hufereinigens sollten aber schon klappen.

Wie eine solche Grundausbildung korrekt verläuft, habe ich in meinem Buch „Ein Fohlen aus unserer Stute" minutiös geschildert. Hier also nur eine kurze Wiederholung der wichtigsten Inhalte.

Aufhalftern und Führen

Idealerweise beginnt die Halftergewöhnung eines Fohlens in seinen ersten Lebenstagen. Es beobachtet, wie Sie seine Mutter aufhalftern und führen, und lernt,

UMSTRITTEN – DIE IMPRINT-METHODE

Die Imprint-Methode kommt aus Amerika. Sie zielt darauf, ein Fohlen auf den Menschen und den Umgang mit ihm zu „prägen", indem man es gleich nach der Geburt mit Berührungen, Halfter und anderen Begleiterscheinungen des Pferdelebens konfrontiert. Wie bei vielen angeblich so neuen und bahnbrechenden Methoden zum Umgang mit Pferden wird auch diese kaum ruhig diskutiert, sondern entweder emphatisch verteidigt oder empört abgelehnt.

Objektiv gesehen gab es in der langen Pferd-Mensch-Geschichte schon immer Kulturen, in denen Menschenkontakt gleich nach der Fohlengeburt als wertvoll angesehen wurde. Denken Sie nur an die vielen Legenden rund um das arabische Pferd, das angeblich sein Leben lang auf seinen gleich nach der Geburt ins Ohr geflüsterten „geheimen" Namen reagierte, und ähnliche Stories aus dem Indianerbereich!

Andererseits werden die meisten Fohlen aus menschenfreundlichen Müttern auch ohne mitternächtliche Berührungsaktionen zu umgänglichen Pferden. An Fohlen aus weniger menschenfreundlichen Müttern versagt dagegen auch die Imprint-Methode, denn hier kommt der Mensch gar nicht erst an das Fohlen heran.

Ganz sicher ist es sinnvoll, in den ersten Lebenstagen eines Fohlens soviel

Zeit wie möglich mit ihm und seiner Mutter zu verbringen. Das Fohlen soll ganz selbstverständlich akzeptieren, daß Menschen zu seinem Leben gehören. Soweit die Mutterstute es zuläßt, kann man das Fohlen auch durchaus anfassen und kraulen, ihm die Hufe heben und bald mit dem Halftertraining beginnen.

Die meisten Pferdekinder genießen diesen Umgang mit dem Menschen. Sie

Die meisten Fohlen lassen sich gern anfassen.

gleich nach der Geburt mit Dingen wie einer Schermaschine vertraut zu machen und ihnen die Finger in alle Körperöffnungen zu stecken, halte ich jedoch für übertrieben. Der Erfolg ist hier auch sehr zweifelhaft. Wenn die Imprint-Methode nicht genau nach Lehrbuch durchgeführt wird, kann es gut sein, daß Ihr Fohlen sich der Reizüberflutung in den ersten Lebensstunden verschließt und alles vergessen hat, wenn Sie am nächsten Tag in den Stall kommen.

sich anfassen und kraulen zu lassen. Um nicht gleich das empfindliche Köpfchen mit Halfter und Führstrick zu traktieren, macht man das Fohlen am besten zunächst mit einem dicken, weichen Baumwollstrick als Halterersatz bekannt. Nachdem man ihn dem Fohlen gezeigt und ihn beim Kraulen des Fohlenkörpers in der Hand behalten hat, legt man ihn in einer losen Schlinge um den Hals. Im Zuge weiteren Streichelns und Kraulens schiebt man diese Strickschlaufe schließ-

lich zum Nacken des Fohlens hinauf und legt eine weitere um die Nase. Damit trägt das Fohlen jetzt bereits ein behelfsmäßiges Strickhalfter. Nachdem man das Anlegen und Abnehmen dieser Konstruktion während mehrerer Übungssequenzen wiederholt hat, ist das Überziehen des Fohlenhalfters kein Problem mehr.

Auch beim ersten Führtraining leistet der Baumwollstrick hervorragende Dienste, da man das Fohlen mit seiner Hilfe in die erwünschte Richtung „schieben" kann.

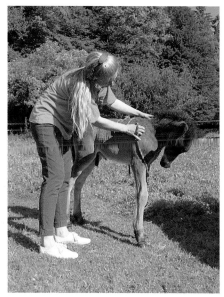

Kraulen schafft Vertrauen.

Eine weiche Baumwollschlinge um den Hals bereitet auf das Halfter vor.

Die zweite Schlinge wirkt beim Führen als „Komm-mit".

Aufhalftern – nach all den Vorübungen kein Problem

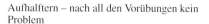

Die Arbeit damit setzt ein, sobald das Fohlen gelernt hat, die Strickschlinge um den Hals zu dulden. Formen Sie eine zweite Schlinge aus dem Ende des Baumwollstricks und legen Sie diese um den Körper des Fohlens. Sie soll unterhalb des Schweifs am „Oberschenkel" des Pferdes entlang verlaufen. Um das Fohlen antreten zu lassen, üben Sie nun etwas Druck mit dem Strick hinter dem Fohlenschweif aus und geben zugleich das Kommando, mit dem Sie in Zukunft arbeiten wollen, zum Beispiel „Los!" oder „Marsch!". Der Druck am Fohlenschenkel löst einen Reflex aus. Ein Pferd, das man hier berührt, sollte sich in Bewegung setzen, und Ihr Fohlen wird das sicher auch tun, wenn Sie nicht versehentlich gleichzeitig die Halsleine annehmen und gegen die Fohlenbrust drücken. Auch darauf erhalten

Führen mit der Doppelschlinge

Sie nämlich eine instinktmäßige Reaktion: Ein Druck auf die Brust bedeutet „Halt!".

Sobald die Arbeit mit dem Zwei-Schlaufen-Strick klappt, ersetzen Sie zunächst die vordere Schlaufe durch das Fohlenhalfter. Die hintere löst etwas später eine lange Gerte ab, mit der Sie den „Sensorpunkt" unter dem Fohlenschweif antippen.

Natürlich führen Sie das Fohlen zunächst nur neben der Mutter her oder gehen hinter der Stute. Für Gehorsamsübungen wie Wegführen von der Mutter oder Anhalten, während sich die Stute entfernt, ist es viel zu früh. Auch das Anbinden an den Bauchgurt der Mutterstute sollte erst erfolgen, wenn das Fohlen gut am Halfter mitgeht. Ansonsten kommt es hier nämlich schnell zu einem gewaltsamen Mitziehen des Fohlens, und eben das soll ja vermieden werden!

Anbinden

Es ist absolut unnötig, aus dem ersten Anbindetraining einen Machtkampf zu machen, indem man das Fohlen mit Strick und Anbindebalken „kämpfen" läßt. Sanftes Anbindetraining erspart dem Jungtier Traumata und sehr oft auch Verletzungen.

Die allererste Übung zum Anbinden können Sie bereits durchführen, bevor das Fohlen auch nur mit einem Halfter vertraut ist. Kraulen Sie es im Hals- und Nackenbereich und üben Sie dabei sanften Druck auf seinen Nacken aus, eben an der Stelle, wo später das Halfter sitzt. Das Fohlen sollte auf diesen Druck reagieren, indem es den Kopf senkt. Tut es das, so loben Sie es. Wirft es statt dessen unwillig den Kopf hoch, kraulen Sie weiter, bis es sich entspannt. Das Pferd lernt bei dieser Übung, Nackendruck nach unten-vorwärts auszuweichen, statt sich dagegen zu

Ein sanfter Nackendruck, und Glaumur senkt den Kopf.

wehren – eine grundlegende Erfahrung, die vom Führtraining bis zum späteren Longieren und Anreiten jeden Umgang mit dem Pferd erleichtert.

Mit dem konkreten Anbindetraining beginnen Sie, sobald Ihr Fohlen gelernt hat, das Halfter zu akzeptieren. Sie schlingen den Anbindestrick dazu zunächst um einen Balken oder ziehen ihn durch einen Anbindering und halten sein Ende fest. Dann bestimmen nämlich Sie, wieviel Druck das Fohlen im Nacken bekommt, und Sie fühlen auch sofort, wann dieser Druck einsetzt. Geht das Fohlen nun also einen Schritt zurück und der Strick zieht sich stramm, so geben Sie ihm mit der Gerte oder der anderen Hand den Impuls, vorzutreten und dem Druck damit nach vorwärts-abwärts auszuweichen. Wenn Sie das ein paar Mal gemacht haben, sollte das Fohlen begriffen haben, wie es sich Nackendruck korrekt entzieht. Sie können es jetzt mit einem Sicherheitsknoten anbinden. Bleiben Sie aber auf jeden Fall bei ihm, damit Sie Hilfestellung leisten können, falls es doch einmal in Panik gerät und das Gelernte zu vergessen droht.

Hufe geben

Je früher man damit anfängt, dem Fohlen die Hufe zu heben, desto einfacher ist es. Warten Sie damit also nicht bis nach der Halftergewöhnung, sondern fangen Sie möglichst schon in den ersten Lebenstagen damit an. Kraulen Sie das Fohlen, während Sie seine Hufe aufnehmen, und sprechen Sie mit ihm. Schon jetzt kann ein Kommando wie „Huf!" oder „Fuß!" eingeführt werden. Meistens ist es ganz einfach, die Fohlenhufe hochzunehmen. Heben Sie sie aber nur um wenige Zentimeter an und halten Sie sie nur wenige Sekunden fest. Übertreiben Sie es, so wird das Fohlen steigen oder zappeln. Schimpfen Sie dann auf keinen Fall, sondern warten Sie kurz, bis sich das Fohlen beruhigt hat, und versuchen Sie es dann vorsichtiger noch einmal.

Wenn das Fohlen gelernt hat, sich anbinden zu lassen, heben Sie ihm die Hufe, während es am Anbinder steht. Die ersten Male ziehen Sie dabei einen Helfer hinzu. Viele Fohlen neigen nämlich dazu, sich beim Hufegeben in ihr Halfter zu hängen. Wenn man dann mit ihren Hinterbeinen beschäftigt ist, erkennt man oft nicht rechtzeitig, wann sie Gefahr laufen, in Panik zu geraten.

GRUNDSÄTZLICHES ZUR BESCHÄFTIGUNG MIT FOHLEN UND JUNG-PFERDEN

1. Arbeiten Sie nie zu lange! Ein Fohlen kann sich nur wenige Minuten konzentrieren.
2. Arbeiten Sie in ruhiger Atmosphäre und auf überschaubarem Raum.
3. Falls es sich um ein Saugfohlen handelt, binden Sie die Mutterstute immer an, während Sie mit dem Fohlen arbeiten. Haben Sie einen Absetzer vor sich, so arbeiten Sie in Sichtweite anderer Pferde, damit das Tier sich nicht isoliert fühlt und ängstigt. Die anderen sollten allerdings nicht frei herumlaufen, sondern nebenan stehen oder angebunden sein.
4. Sprechen Sie viel mit dem Fohlen und loben Sie es überschwenglich, wenn es eine Aufgabe zu Ihrer Zufriedenheit erledigt hat.
5. Strafen Sie das junge Fohlen nie! Es kennt den Unterschied zwischen richtig und falsch, erwünschten und unerwünschten Handlungen noch nicht. Sein ganzes Verhalten wird von Instinkt und Reflexen bestimmt. Auch der mit wenig Menschenkontakt aufgewachsene Absetzer weiß nicht, was er tun muß, um Sie zufriedenzustellen – er hat ja noch nicht einmal begriffen, daß überhaupt eine Notwendigkeit dafür besteht, sich gut mit „seinem" Menschen zu stellen! Im Zuge der ersten Arbeit mit ihm stellen Sie die Weichen dafür, ob er in Zukunft aus Angst oder aus Freude an Lob und Belohnungen arbeiten wird. Gehen Sie also freundlich, aber bestimmt mit ihm um!

Das zugekaufte Fohlen

Bei den bisherigen Tips zur Grundausbildung bin ich davon ausgegangen, daß Ihr Fohlen bei Ihnen geboren und aufgewachsen ist. Etwas anders stellt sich die Situation oft dar, wenn das Fohlen als Absetzer oder als Jährling zugekauft wurde. Dabei gerät man nämlich manchmal an einen kleinen Wildling, dem die Grundbegriffe des Umgangs mit dem Menschen nicht in den ersten Lebenswochen vermittelt worden sind. Das jetzt nachzuholen ist nicht ganz einfach, denn das Fohlen ist inzwischen größer und stärker – und obendrein vielleicht verängstigt und scheu.

LOHNT SICH DER KAUF EINES ABSATZFOHLENS?

Besonders wenn das erträumte Nachwuchspferd einer relativ hochpreisigen Rasse angehört, erscheint es vielen Reitern als gutes Geschäft, ein Absatzfohlen anstelle eines erwachsenen Pferdes zu erstehen. Schließlich hat man genügend Weiden – und das bißchen Fohlenaufzuchtfutter steht erst recht in keinem Verhältnis zum Preis eines erwachsenen Pferdes. In der Theorie drängt sich diese

Rechnung tatsächlich auf. Die Praxis gestaltet sich dagegen meist ganz anders. Das fängt schon damit an, daß oft nur die reinen Futterkosten, nicht aber die Preise für Wurmkuren, Impfungen, Hufkorrekturen und andere Routinebehandlungen eingerechnet werden. Hinzu kommen unkalkulierbare Kostenfaktoren wie etwa Tierarztbesuche bei Erkrankungen oder Unfällen.

Falls Ihr Fohlen eine Stute oder ein Hengstanwärter ist, so können noch weitere Ausgaben auf Sie zukommen. Zuchttiere werden auf Schauen nämlich oft nicht ihrer wirklichen Qualität entsprechend rangiert, sondern danach, wie gekonnt sie vorgestellt werden. Unter Umständen werden hier also Ausbildungskosten fällig, noch bevor das Pferd drei Jahre alt ist.

Gerade bei Spezialrassen braucht man auch beim Anreiten häufiger professionelle Hilfe. Soll das Pferd – etwa zum Zweck einer Zuchtleistungsprüfung –

früh turnierfertig werden, so ist der Kontakt zum Bereiter fast unumgänglich. Addiert man all diese Kosten, so kommt man fast immer auf einen höheren Betrag als den Preis für ein vergleichbar gut beurteiltes, angerittenes Pferd. Hinzu kommt, daß das Ergebnis der aufwendigen Aufzucht den Ansprüchen an das ersehnte Traumpferd nicht unbedingt entsprechen muß. So mancher sitzt letztlich auf einem Pferd, für das er sich nach ausführlichem Probereiten niemals entschieden hätte …

Der Kauf eines Fohlens lohnt folglich nur, soweit ideelle Überlegungen deutlich über finanziellen rangieren. Wenn Sie grundsätzlich Freude an der Arbeit mit jungen Pferden haben und wenn es zwischen Ihnen und dem Fohlen „funkt“, so werden Sie mit ziemlicher Sicherheit glücklich mit Ihrem Adoptivfohlen. Ein Kauf mit Blick auf die Papiere bringt dagegen selten das erwünschte Traumpferd.

Fohlenaufzucht ist nicht billig!

Die ersten Tage

Natürlich ist es wichtig, versäumte Erziehungsgrundlagen möglichst bald zu vermitteln, aber gleich nach der Ankunft im neuen Stall sollten Sie das Fohlen nun doch nicht damit überfallen. Ein Absetzer oder Jährling in einer neuen Herde hat in der Regel nichts zu lachen. Insbesondere wenn es sich nicht um eine reine Jungpferdeherde, sondern eine gemischte Gruppe von jungen und erwachsenen Pferden handelt, wird er von den anderen Pferden abgelehnt, muß sich ständig vor Attacken in Sicherheit bringen und trauert obendrein um den Verlust seiner Mutter und seiner alten Bezugsgruppe. Hier ist es nicht angebracht, sich gleich als Erzieher zu präsentieren.

Nähern Sie sich dem Fohlen statt dessen

Die Eingewöhnung in die neue Herde ist nicht ganz einfach.

freundlich und versuchen Sie, über Kraulen und Futtergabe einen ersten Kontakt zu ihm herzustellen. Dabei registrieren Sie auch schon, wie aufgeschlossen es sich zeigt. Läßt das Tier sich gern streicheln und genießt das Zusammensein mit dem Menschen, so ist seine Erziehung sicher kein Problem. Höchstwahrscheinlich ist sie sogar schon erfolgt. Zeigt das Fohlen Scheu oder hält es gar einen Fluchtabstand zum Menschen, so wird es schwieriger.

Berührungen

Es gehört zu den Grundvoraussetzungen für Lerninhalte wie etwa das Hufegeben, daß sich das Fohlen furchtlos am ganzen Körper berühren läßt. Das ist selbst bei halfterzahmen Jungtieren nicht immer der Fall. Besonders bei Fohlen aus Gestütshaltung wird die Grunderziehung meist darauf beschränkt, dem Fohlen das Anlegen des Halfters und die Grundlagen des Führens zu vermitteln. Zum Putzen und Hufe kratzen läßt der Gestütsbetrieb keine Zeit mehr.

Solche Fohlen lassen sich dann oft brav aufhalftern und an Kopf und Hals berühren, reagieren aber unsicher, sobald man ihrem Rücken, ihrem Bauch oder gar ihren Hinterbeinen zu nahe kommt. Wenn man das erst einmal erkannt hat – und nicht fälschlich annimmt, die Wehrigkeit beim Griff nach den Hinterhufen beruhe auf Trotz oder Bosheit –, ist es leicht zu korrigieren.

Binden Sie das Fohlen an, sofern es das bereits gelernt hat, oder bitten Sie einen Helfer, es festzuhalten. Dann streichen Sie seinen Körper sanft mit der flachen Hand ab. Beginnen Sie, indem Sie dem Fohlen die rechte Hand flach auf die Brust legen und mit der linken über Rücken, Rippenbereich und Bauch streichen. Erregt sich das Fohlen dabei und tänzelt, so lassen Sie die Hand an einer Körperstelle liegen, bis es sich beruhigt hat. Sprechen Sie dabei ruhig und freundlich auf das Tier ein und schimpfen Sie auf gar keinen Fall. Steht das Fohlen still, streicheln Sie weiter. Wenn Sie sich schließlich zur Hinterhand des Pferdchens vortasten, wandert Ihre rechte Hand in den Widerristbereich. Eventuell greifen Sie leicht über den Rücken des Fohlens. Sie spüren dann eventuelle Abwehrbewegungen im Vorfeld und haben außerdem die Gewähr dafür, sicher zu stehen. Das Fohlen kann Sie nicht treffen, wenn es in einem Abwehrreflex nach Ihrer streichelnden Hand schlägt.

Klappen alle Berührungen, so wiederholen Sie die Streichelprozedur von der anderen Seite des Fohlens – nun mit der linkenen Hand vor der Brust, während die rechte streichelt. Im allgemeinen gewöhnt sich das Fohlen sehr schnell an die Berührungen Ihrer Hand und lernt, sie als ange-

Das Fohlen muß lernen, Berührungen zu dulden.

Keine Angst vor der Gerte!

Gefühl gefragt! Überfordern Sie das Fohlen beim ersten Hufegeben nicht!

nehm zu empfinden. Sie können nun auch anfangen, es mit Stricken oder Lappen abzustreichen und natürlich, es zu putzen. Außerdem sollten Sie es so bald wie möglich an das Abstreichen mit der Gerte gewöhnen. Schließlich soll es das Stöckchen als Verlängerung Ihrer Hand kennenlernen. Falls es in den ersten Monaten schlechte Erfahrungen damit gemacht haben sollte, gilt es, diese so schnell wie möglich abzubauen!

Erlaubt das Fohlen erst einmal Berührungen am ganzen Körper, so ist es wahrscheinlich nicht schwer, ihm das Hufegeben beizubringen. Dabei gehen Sie ebenso vor wie beim jüngeren Fohlen, arbeiten aber sofort mit dem angebundenen oder von einem Helfer gehaltenen Pferd. Im Freilauf würde sich der Absetzer der Prozedur wahrscheinlich entziehen.

Auch hier gilt es wieder, am Anfang vorsichtig vorzugehen, und sich zunächst auf ein Hufeheben um wenige Zentimeter zu beschränken. Außerdem ist auf absolutes Ruhigstehen bei der Arbeit zu achten. Ergreifen Sie nicht den zufällig erhobenen Huf des zappelnden Fohlens, sondern warten Sie, bis es ruhig steht, achten Sie darauf, daß es stillhält, während Sie den Huf umfassen, und heben Sie dann konsequent an. Versucht das Fohlen jetzt, Ihnen den Huf zu entziehen, ist Ihr Gefühl gefragt. Sie müssen entscheiden, ob hier leichte Nervosität oder Aufmüpfigkeit die Ursache ist oder ob sich das Tier wirklich fürchtet. Liegt ersteres vor, so halten Sie den Huf fest, ohne ihn „strafend" höher zu ziehen, und sprechen Sie auf das Pferd ein, bis es sich wieder beruhigt. Dann setzen Sie das Bein ab und belohnen das Fohlen. Haben Sie jedoch den Eindruck, das Pferd geriete wirklich in Panik, so lassen Sie lieber los und wiederholen die Übung. Dabei heben Sie das Bein noch vorsichtiger, während Ihr Helfer das Fohlen im Nackenbereich oder im Rücken krault, damit es sich beruhigt.

Der kleine Wildling

Sehr viel schwieriger wird der Umgang mit Ihrer Neuerwerbung, wenn Sie sich für ein Fohlen entschieden haben, das sich vor jedem Kontakt mit dem Menschen fürchtet. Lassen Sie sich hier auf keinen Fall vom Verkäufer einreden, so etwas gäbe sich von selbst! Tatsächlich verfestigt es sich meist eher, wenn Sie das Fohlen jetzt auch noch auf eine Aufzuchtweide stellen und einen weiteren Sommer sich selbst überlassen.

Ein scheues Fohlen gehört in eine menschenbezogene Herde, auch wenn die vielleicht nur aus erwachsenen Pferden besteht. Es sollte zunächst auf beschränktem Raum, zum Beispiel Offenstall und

WAS TUN, WENN DAS FOHLEN KNEIFT?

Ein Pferdekind neigt dazu, alles in sein Mäulchen zu nehmen und darauf herumzuknabbern. Das geschieht im Zuge seines natürlichen Bedürfnisses, die Welt zu entdecken und in „eßbar" und „nicht eßbar" einzuteilen. Dabei macht das Fohlen vor dem Menschen nicht halt. Es greift gern nach seiner Kleidung oder auch seiner Hand – zumal wenn es festgestellt hat, wie oft sich darin ein Leckerbissen verbirgt.

Außerdem gehört es zum Spielverhalten vor allem männlicher Fohlen, andere Pferde durch Kneifen und Anstupsen zum Rennen und Toben aufzufordern. Später wird daraus die körpersprachliche Gebärde des Zusammentreibens oder Wegtreibens. Wenn der Mensch sich vertraut in der Pferdeherde bewegt, muß er darauf gefaßt sein, daß sich ihm das Fohlen nähert wie einem Artgenossen und dabei vielleicht auch einmal zufaßt.

Anschauen erlaubt, Kneifen verboten!

Kneifen ist also kein Ausdruck eines Charakterfehlers, sondern ein ganz natürliches Verhalten. Das Fohlen muß allerdings möglichst bald lernen, es im Umgang mit dem Menschen zu unterlassen. Die korrekte Reaktion des Ausbilders auf sein Kneifen orientiert sich an seinem Alter. So schiebt man zum Beispiel das wenige Tage alte Saugfohlen freundlich, aber bestimmt weg und tadelt mit einem deutlichen „Nein!" Der aufmüpfige Jährling, der eigentlich längst weiß, wie unerwünscht seine Zudringlichkeiten sind, darf dagegen ruhig einmal einen Klaps erhalten.

Wichtig ist, niemals hektisch oder übertrieben zu reagieren. Solange das Fohlen nur an Ihnen riecht oder interessiert mit der Nase über Ihre Schuhbänder fährt, tut es nichts Böses. Erst wenn es Anstalten macht zu kneifen, wird es getadelt oder gestraft. Natürlich ist Konsequenz das A und O. Wer heute tadelt und morgen über den Übermut des Fohlens lacht, wird nichts erreichen.

Die Arbeit zwischen zwei Gerten – kleine Wildlinge verhalten sich hier meist nicht so ruhig
wie die längst handzahme Grainné.

Sandauslauf, gehalten werden. Hier überläßt man es in den ersten Tagen weitgehend sich selbst und bedrängt es nicht mit
Einfangversuchen. Der ,,Fluchtabstand‟
wird sich von selbst verringern, wenn es
täglich von Ihnen gefüttert wird und sieht,
wie vertraut die anderen Pferde mit Ihnen
umgehen. Vielleicht nimmt das Fohlen
bald schon einen Leckerbissen aus Ihrer
Hand. Die Wahrscheinlichkeit, daß es sich
in absehbarer Zeit kraulen oder gar aufhalftern und am ganzen Körper berühren
läßt, ist aber nicht sehr hoch. Dann müssen Sie die ersten Kontakte ,,erzwingen‟,
bevor sich das Fohlen zu sehr in seine
Angst hineingesteigert hat und so groß
und stark geworden ist, daß es nur noch

mit Zwangsmitteln gehalten werden
kann.

Nehmen Sie das Fohlen dazu in eine Box
oder einen kleinen Auslauf, auf jeden Fall
in einen Raum, aus dem es nicht in Panik
herausspringen kann und der auch keine
verletzungsträchtigen Ecken, Futterrau-
fen oder ähnliches aufweist. Zur Beruhigung können Sie auch ein älteres Pferd
mit hineinnehmen, idealerweise eines,
das gern ruhig herumsteht und sich auf
keinen Fall von Panik anstecken läßt. Am
besten füttern Sie es in einer Ecke des
Raums, verzichten aber darauf, es anzu-
binden. Das junge Pferd könnte ihm sonst
in Angst in den Strick rennen und sich dabei verletzen.

Nun nehmen Sie zwei lange Gerten als
Verlängerung Ihrer Arme mit in den Raum
und versuchen Sie, das Fohlen damit zu
berühren. Dazu halten Sie eine Gerte vor

Die vordere Gerte verhält das Pferd.

seine Brust, womit Sie es auffordern stehenzubleiben. Mit der anderen beginnen Sie, seinen Körper zu streicheln. Wahrscheinlich wird das Fohlen nun flüchten, um dieser Berührung zu entkommen – wenn Sie Glück haben, geht es nur im Schritt weg, aber unter Umständen setzt es sich gleich in Galopp oder buckelt. Versuchen Sie in diesem Fall, die Gerte auf seinem Rücken liegen zu lassen und mitzugehen, wenn es wegläuft. In der kleinen Box sind seine Bewegungsmöglichkeiten ja beschränkt. Sprechen Sie dabei ruhig und freundlich auf das Tier ein. Wahrscheinlich wird es sich sehr bald mit der Berührung der Gerte abfinden, vielleicht, nachdem es sich neben seinen älteren

Freund geflüchtet hat. Dann beginnen Sie wieder mit dem Streicheln. Duldet das Tier diese Berührungen, so können Sie anfangen, es zwischen den beiden Gerten zu arbeiten: Anticken mit der vorderen Gerte vor der Brust bedeutet „Halt", sanftes Klopfen auf das Hinterteil „Losgehen". Damit gewöhnen Sie das Fohlen an erste Berührungen und körpersprachliche Signale. Wahrscheinlich wird es Sie bald näher heranlassen, und Sie können mit dem Kraulen und der Halftergewöhnung beginnen.

Sollte die „Zähmung" mit den Gerten, die übrigens der TT. E. A. M.-Methode entnommen ist, wider Erwarten nicht funktionieren, müssen Sie andere Möglichkeiten finden, das Fohlen zur Duldung von Berührungen zu zwingen. Dabei greifen Sie aber bitte nur im äußersten Notfall zu roher Gewalt á la Dülmener Wildpferdefang! Eine bessere Vorgehensweise bietet etwa das *Gentling* des englischen Pferdeausbilders Henry Blake. Er stellte Wildlinge mit mehreren ruhigen, sehr mit ihm vertrauten Pferden in einen kleinen Stall, begab sich dann in das Pferdegewühl und streichelte und kraulte scheinbar wahllos in die Menge. Dabei näherte er sich zwangsläufig irgendwann auch dem scheuen Pferd, das zwischen all den anderen Pferden kaum Ausweichmöglichkeiten fand. Mit einem speziellen System von Berührungen, das der Körpersprache zwischen Pferd und Pferd nachgeahmt war, fand er schnell sein Vertrauen. Die Lektüre von Henry Blakes Beschreibungen seiner Arbeit und seiner Forschungen zur Kommunikation mit Pferden sind übrigens ein Muß für jeden, der sich ernsthaft mit Pferdeausbildung beschäftigt!

Das Führen

Die meisten Reiter halten es für eine Selbstverständlichkeit, daß ein Pferd artig neben ihnen herläuft, sobald sie es am Führstrick halten. Tatsächlich ist das aber keineswegs so. Im natürlichen Verhaltensprogramm des Pferdes ist Nebeneinandergehen sogar eher eine Ausnahme. Man beobachtet es zum Beispiel, wenn zwei sehr miteinander vertraute Tiere in brenzligen Situationen „aneinander kleben" und sich dann fast synchron nebeneinander bewegen. Im Normalfall gehen Pferde lieber hintereinander, wobei die Reihenfolge von der Rangordnung geregelt wird.

Wenn das Pferd nun also, ohne zu stürmen und ohne sich ziehen zu lassen, am Strick neben Ihnen hergehen soll, so muß es das lernen. Und da es in der Pferdesprache keinen natürlichen Ausdruck für „Geh jetzt bitte neben mir!" gibt, müssen Sie zumindest zum Teil auf vereinbarte Zeichen zurückgreifen, um es ihm verständlich zu machen.

Grundkenntnisse

Um das Pferd auf die richtige Führposition zu fixieren, brauchen Sie treibende und verhaltende Hilfen. Für ihren korrekten Einsatz ist eine Verlängerung der Hand erforderlich. Sie benötigen also eine Gerte, um das Pferd im Zweifelsfall „anzuschieben". Das Fohlen trägt zum Führtraining ein stabiles, gut sitzendes Halfter, in das ein Führstrick oder eine Führkette eingeschnallt ist. Direktes „Ins Halfter fassen" ist schlechter Stil und macht jede körpersprachliche Einwirkung unmöglich. Wer sich darauf einläßt, baut allein auf rohe Kraft.

Ziehen verboten!
Wenn Sie einem Pferd, das noch kein Führtraining durchlaufen hat, einen Strick ins Halfter schnallen und von vorn daran zupfen, so wird es Ihnen normalerweise nicht folgen. Statt dessen weicht es dem Druck des Halfters im Nacken und unter dem Kinn, indem es den Kopf hebt. Damit sind die Weichen für eine Bewegung nach oben-rückwärts gestellt, und wahrscheinlich wird das Fohlen auch unwillig zurücktreten, sobald aus Ihrem Zupfen ein Zug wird.

Um das Fohlen nun in die gewünschte Richtung zu *zerren*, würden Sie erheblich mehr Kraft brauchen, als Menschen gemeinhin aufbringen, und mit freundlicher, verständnisvoller Pferdeausbildung hätte das nichts mehr zu tun.

Ziehen als Hilfe bleibt folglich tabu. Das junge Pferd muß in die richtige Richtung geschoben oder getrieben werden. Wie ersteres mit Hilfe einer Strickkombination

Fast synchron bewegen sich Grainné und Merle
nebeneinander. Der Grund dafür ist Unsicherheit in neuer Umgebung.

Auf jedes Ziehen reagiert ein Pferd mit Gegendruck.

Die Gerte schiebt Merle an.

Vorstürmen

Gerät ein junges Pferd in der Pferdeherde neben ein ranghöheres Tier, so muß es damit rechnen, gebissen zu werden. Es wird also versuchen, diese gefährliche Position so schnell wie möglich wieder zu verlassen: entweder indem es sich zurückfallen läßt oder indem es die Flucht nach vorn antritt. Letzteres kann eine „Verzweiflungstat" sein, ist aber oft auch Zeichen hohen Selbstbewußtseins und manchmal sogar von Aufmüpfigkeit. Das Fohlen provoziert das ranghöhere Pferd und testet seine Grenzen aus. Oft flüchtet es gleich nach dem „Überholvorgang" hinter seine Mutter oder einen ranghohen Beschützer in der Herde.

Sofern Ihr Fohlen Sie als ranghöheres „Mitpferd" kennengelernt hat, erscheint es ihm möglicherweise suspekt, beim Führen neben Ihnen zu gehen. Dann wird es sich so verhalten wie eben beschrieben, in der Regel, indem es zurückbleibt und sich ziehen läßt. Schimpfen Sie in diesem Fall nicht, sondern sprechen Sie das Tier ermutigend an und treiben Sie mit Ihrer Gerte. Das Fohlen wird schnell verstehen, daß ihm von Ihnen keine Gefahr droht.

Bleibt das Fohlen nicht zurück, sondern stürmt es vor, so haben Sie die Möglichkeit, die Reaktion des ranghöheren Pferdes auf einen versuchten Überholvorgang nachzuahmen. Schieben Sie Arm und Gertenknauf energisch vor die Nase Ihres Fohlens und verweisen Sie es in seine Schranken. Drängelt es ernsthaft, so können Sie ihm durchaus einen kleinen Klaps mit dem Gertenknauf geben – zunächst im Brustbereich, bei weiterer Aufmüpfigkeit auch auf die Nase. Erwachsene Pferde in der Herde sind im Umgang mit frechen Fohlen auch nicht zimperlich. Halten Sie Ihrem Frechdachs beim Weitergehen die Gerte vor und signalisieren Sie damit „Bis hierher und nicht weiter!". Der Führ-

erfolgt, haben Sie im Kapitel „Grundausbildung" gelesen. Bei einem Jährling oder einem noch älteren Fohlen ist es aber sinnvoller, gleich treibende Hilfen einzusetzen. Sie stellen sich also nicht vor das Pferd, sondern in die korrekte Führposition neben das Fohlen und zupfen mit leichter Vorwärts-Abwärtstendenz am Führstrick. Achten Sie dabei darauf, keinen Druck unter dem Kinn auszuüben. Dazu touchieren Sie das Pferd mit der Gerte am Hinterschenkel. Gewöhnlich wird es sich nun in Bewegung setzen, woraufhin Sie das Zupfen am Halfter sofort einstellen. Das Pferd soll am durchhängenden Strick neben Ihnen hergehen.

Überholen verboten!   So ist es richtig.

strick soll dabei durchhängen oder höchstens zu leichtem Zupfen angenommen werden. Letztlich hält Ihre Körpersprache das Fohlen an seinem Platz, nicht Ihr Führstrick.

Anhalten

Auch korrektes Anhalten am Führstrick will gelernt sein, damit es nicht in Ziehen und Zerren ausartet. Die Hilfen dazu ähneln denen, die das Fohlen am Überholen hindern. Sie nehmen den Strick leicht an, schieben Ihren Körper und Ihre Gerte vor das Fohlen und geben ein Kommando wie „Ho" oder „Halt". Am Anfang trainieren Sie das am besten neben einem Zaun oder

auf dem Hufschlag einer begrenzten Reitbahn. Dann bleibt das Fohlen nämlich gerade stehen und fällt nicht mit der Hinterhand aus. Je jünger das Pferd ist, desto schwerer fällt es ihm, korrekt neben Ihnen anzuhalten und dann womöglich noch längeres Stillstehen zu üben. Veranstalten Sie also keine Marathons mit dem Jährling, sondern beschränken Sie sich darauf, ihn auf seinem Platz zu halten, während Sie zum Beispiel bis 10 zählen. Am besten stellen Sie ihn dazu wieder neben den Zaun, oder Sie streicheln ihn mit der Gerte und hindern ihn damit mit der Andeutung eines Touchierens am Zappeln. Das alles verlangt ein bißchen „Feeling". Sei-

Ruhiges Stehenbleiben fällt lebhaften Jungpferden schwer.

en Sie also nicht verärgert und schimpfen
Sie auf keinen Fall mit dem Fohlen, wenn
es nicht gleich klappt.
Bei geduldiger Erziehung werden aus den
ersten fünf Sekunden Ruhigstehen bis
zum Anreiten mehrere Minuten. Anschreien beim Führtraining oder beim
Herumzappeln am Anbinder erzeugt dagegen nervöse Pferde, die sich auch unter
dem Reiter schnell aufregen.

Abstand halten!
Junge Pferde neigen dazu, beim Führen
nah bei ihrem Menschen zu bleiben. Da
fühlen sie sich sicherer und näher am Zen-
trum des Geschehens. Beim Führtraining

Die Gerte weist Merle auf den Hufschlag.

Grainné hält artig Abstand.

auf der heimischen Wiese ist das kein Problem und fällt dem Ausbilder wahrscheinlich kaum auf. Wenn Sie die Ausflüge aber in die weitere Umgebung ausdehnen, kann es dahingehend ausarten, daß Ihnen das Fohlen pausenlos auf den Füßen steht. Wo sein Mensch hintritt – daran glaubt es felsenfest! –, wird der Boden nicht einstürzen.

Dieser an sich schöne Vertrauensbeweis kann in der Praxis lästig werden. Es ist deshalb sinnvoll, schon im Rahmen des ersten Führtrainings ein Verlängern und Verkürzen des Führstricks einzuüben. Das Fohlen soll lernen, auf Ihr Gebot hin mehr oder weniger Abstand zu halten. Die Hilfen für diese schwierige Übung geben Sie wieder mit Führstrick und Gerte. Nehmen Sie dazu die Gerte in die rechte und den Führstrick in die linke Hand und gehen Sie etwas seitlich neben dem Fohlen her. Um das junge Pferd auf Abstand zu bringen, ,,schlenkern" Sie in Parelli-Ma-

nier leicht mit dem Strick und touchieren das Fohlen mit der Gerte im Rückenbereich. Mit Führkette ist es einfacher, denn hier wird das junge Pferd schon auf ein ,,Klingeln" an der Kette reagieren.

Zumindest am Anfang werden Sie diese Hilfen beibehalten müssen, solange Sie das Fohlen auf Abstand führen wollen, und vielleicht müssen Sie auch Ihren Schritt erheblich beschleunigen, damit es Sie nicht überholt und sich wieder an Sie annähert, indem es Ihnen den Weg abschneidet. Übertreiben Sie diese Übung vor allem am Anfang nicht, bauen Sie sie aber immer wieder ins Trainingsprogramm ein. Auf die Dauer lernt Ihr junges Pferd dabei, seine Position am Führstrick ganz genau von Ihnen bestimmen zu lassen und schließlich auch artig hinter Ihnen zu gehen.

Das Einordnen hinter dem Menschen ist schon eine Aufgabe für Fortgeschrittene.

Vorauslaufen lassen sollten Sie es höchstens dann, wenn es diese Lektionen wirklich perfekt beherrscht, denn erstens könnte es die Erlaubnis dazu als Eingeständnis Ihrer Schwäche mißdeuten – in Pferdeherden lassen sich schließlich nur Rangniedrige überholen. Zweitens haben Sie kaum die Möglichkeit, ein von der vorderen Position aus durchgehendes Pferd am Halfter oder auch an der Führkette zu halten. Bei einem plötzlichen Erschrecken Ihres Fohlens könnten Sie folglich unliebsame Überraschungen erleben!

Spiel mit mir!
Es gehört zum Spielverhalten vor allem männlicher Fohlen, neben einem vertrauten Kumpan herzulaufen und ihn in Hals und Flanke zu kneifen oder zu stoßen. Diese Aufforderung zum Spiel könnte Ihr Jungpferd auch bei Ihnen anbringen, sobald es gelernt hat, angstfrei am durchhängenden Führstrick neben Ihnen herzugehen.

Meist greift es dazu nach Ihrer Gerte oder Ihrer Hand am Führstrick. Natürlich wehren Sie es in einem solchen Fall konsequent ab – manchmal genügen ein Schimpfen und eine Handbewegung in Richtung des schnappenden Mauls, manchmal ist ein Klaps mit dem Gertenknauf angebracht. Deuten Sie die Spielaufforderung des Fohlens aber nicht nur als strafbaren Übermut, sondern auch als Hinweis darauf, daß ihm das einfache Führtraining langweilig wird.

Es wird Zeit, ein paar Bodenhindernisse aufzubauen, um Ihren aufgeweckten Schüler geistig stärker zu fordern!

FÜHRTIPS FÜR GANGPFERDE

Die Führausbildung des jungen Gangpferdes unterscheidet sich im Prinzip nicht von der des Dreigängers. Allerdings ist Vorsicht geboten, wenn Ihr jungen Pferd beim ersten Antraben an der Hand keinen Trab, sondern Paß anbietet. Im Paß kann es sich nämlich nicht biegen, und es geht auch nur in den seltensten Fällen entspannt.

Typisch ist hier folgender Ablauf: Man zupft am Führstrick, das Fohlen folgt zunächst nicht, sondern nimmt den Kopf hoch – und paßt aus dieser Situation heraus an. Lassen Sie sich darauf auf keinen Fall ein! Auch Ihr Gangpferdefohlen muß lernen, an der Hand (und später als Handpferd) zu traben, sonst legen Sie jetzt schon den Grundstock für spätere Ausritte im Paß!

Arbeiten Sie das paßveranlagte Fohlen zunächst im Schritt über Bodenhindernisse. Es soll lernen, entspannt, mit gesenktem Kopf und durchhängendem Führstrick zu gehen. Die Gerte soll es als treibendes Hilfsmittel, aber nicht als „Angstmacher" kennenlernen.

Bei den ersten Trabreprisen ziehen Sie einen Helfer zu, der mit der Gerte treibt, bevor sich der Führstrick spannt. Mitunter wirkt ein Anticken der Kruppe hier trabfördernder als das Treiben hinter dem Pferd. Trabt das Fohlen dann an, so lassen Sie es möglichst lange traben, damit es sich entspannt einläuft. Es könnte wieder zum Paß tendieren, wenn es ständig auf den Befehl wartet durchzuparieren. Vermeiden Sie am Anfang auch, um scharfe Kurven zu traben. Auch dabei fällt das Fohlen nämlich leicht in Paß.

Hat ein unerwünschter Gangartenwechsel bereits stattgefunden, so parieren Sie am Anfang zum Schritt durch und traben noch einmal an. Später verhalten Sie das paßgehende Jungpferd ein wenig, bis Sie genau neben ihm laufen, geben ihm deutlich mehr Führstrick und treiben mit der Gerte von hinten. Es wird dann nach wenigen Schritten wieder umspringen. Je häufiger Sie ein solches Training durchführen, desto sicherer wird Ihr junges Pferd im Trab. Im Rahmen dieser Ausbildung ist es deshalb sehr sinnvoll, das junge Gangpferd auf entspannte Ritte als Handpferd mitzunehmen. Es sollte dabei allerdings traben. Längeres Mitlaufen im Paß ist eher schädlich als nützlich.

Eine weitere lockernde und die Körperbeherrschung fördernde Übung ist das Schulterherein. Das junge Pferd sollte täglich einige Schritte in jede Richtung seitwärts geführt werden.

Schulterherein fördert die Körperbeherrschung und erleichtert dadurch letztlich das „Sortieren" der Gangarten.

Bodenhindernisse

Das Pferdeauge gestattet unseren Vierbeinern fast Rundumsicht. Dabei können sie in einem relativ kleinen Bereich direkt vor dem Kopf klar sehen, ansonsten ist das Gesichtsfeld eher verschwommen. Dem Fluchttier Pferd kam es schließlich hauptsächlich auf die Wahrnehmung von Bewegung an. Die Identifikation des Angreifers war relativ egal.

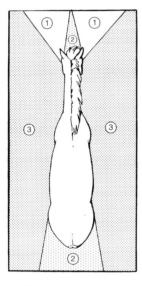

So sieht das Pferd:
1. Scharfe Sicht
2. Toter Winkel
3. Sicht mit jeweils einem Auge – unscharf

Eines kann das Pferdeauge jedoch nicht, nämlich sehen, wohin das Pferd seine Hinterbeine setzt. Ein sehr anschauliches Beispiel dafür liefern uns viele besonders „reinliche" Wallache und Hengste: Nachdem sie regelrechte Verrenkungen unternommen haben, damit beim Strahlen ja kein Tropfen auf ihren Hinterbeinen landete, setzen sie den Hinterhuf beim ersten Antreten nach dem Urinieren mit Schwung in die Pfütze!

Auch die genaue Betrachtung seiner Hinterhand und damit die Chance, sich ein ungefähres Bild von der eigenen Gestalt zu machen, ist für das Pferd mit einigen Schwierigkeiten verbunden. Viele Pferde haben deshalb nur sehr unklare Vorstellungen von den eigenen Abmessungen, was in freier Wildbahn unwichtig ist, in unseren verwinkelten Ställen, beim Ein- und Aussteigen in den Pferdehänger und vielen anderen Situationen im Zusammenleben mit dem Menschen aber durchaus Bedeutung gewinnt.

Oft genug tadelt man ein Pferd, weil es beim raschen Verlassen seiner Box ständig mit der Tür kollidiert, oder straft es, wenn es unschlüssig vor dem engen Hängerabteil steht und sich fragt, ob es da überhaupt hineinpaßt. Im Rahmen der TT.E.A.M.-Ausbildungsmethode hilft der TTouch dem Pferd, ein besseres Körperbewußtsein zu gewinnen. Zudem schult die Arbeit an Bodenhindernissen die sogenannte Huf-Auge-Koordination. Sie macht das Pferd damit trittsicherer und fördert seine allgemeine Geschicklichkeit und Biegsamkeit. Insofern ist das Führen über Bodenhindernisse eine hervorragende Grundübung für jedes Pferd, egal, in welcher Disziplin es später geritten und in welcher Reitweise es weiter ausgebildet werden soll.

Auch im Rahmen des Scheutrainings haben Bodenhindernisse, vor allem Plane und Wippe, ihren Platz.

Wann kann man anfangen?
Für die Arbeit an Bodenhindernissen gibt es keine Altersbeschränkung. Während man bei fast allen anderen Übungen nicht nur die geistige, sondern auch die körperliche Entwicklung des Jungpferdes im Auge behalten muß und oft Gefahr läuft,

es diesbezüglich zu überfordern, kann man hier schon in den allerersten Lebensmonaten beginnen.

Natürlich müssen die Übungszeit und der Schwierigkeitsgrad der Übungen dem Alter des Fohlens angepaßt werden. So wäre es zum Beispiel übertrieben, bereits ein Jährlingsfohlen mit auf einen TT.E.A.M.-Kurs zu nehmen, wo es mehrmals täglich mit einer Fülle von Reizen konfrontiert würde. Gelegentliches, fünfminütiges Üben an einem Hindernis reicht hier völlig, um das Denkvermögen und die Huf-Auge-Koordination des Fohlens zu trainieren. Einen solchen ersten Einblick in die vertrauensvolle Zusammenarbeit zwischen Mensch und Pferd kann man sogar schon Saugfohlen vermitteln.

Huf-Auge-Koordination

Hinschauen, wo es hintritt – das lernt ein Fohlen am besten beim Übertreten von Stangen. Dabei ist eine einzige auf den Boden gelegte Stange aber noch keine

Schon sehr junge Pferde können einfache Aufgaben spielerisch bewältigen.

Auch die Hinterhufe dürfen nicht anstoßen!

Herausforderung. Interessanter sind mehrere Stangen hintereinander, die unterschiedlich hoch gelegt werden und/oder unterschiedliche Abstände voneinander aufweisen.

Ein sehr schönes und unbeschränkt variierbares Bodenhindernis zur Huf-Auge-Koordination ist zum Beispiel der „Rost". Dazu brauchen Sie vier bis sechs Stangen sowie mindestens eine Auflage pro Stange. Mögliche Auflagen sind Holzklötze, Ziegelsteine oder Autoreifen. Eimer kann man natürlich auch nehmen, aber sie lagern die Stange recht hoch, erfordern also schon fortgeschrittenes Können. Legen Sie die Stangen nun hintereinander auf den Boden, zunächst ganz flach und etwa eine Schrittlänge auseinander. Sie müssen auch nicht gleich alle Stangen hinlegen, sondern können mit zwei oder drei beginnen.

Nun führen Sie das Fohlen auf das Hindernis zu, wobei Sie darauf achten, daß es nicht einfach irgendwie über die Stangen tappt, sondern sich konzentriert mit der Aufgabe auseinandersetzt. Das Fohlen muß den Kopf senken und die Stange genau ansehen, über die es gleich treten soll. Weisen Sie ihm den Weg dorthin mit dem Gertenknauf und beugen auch Sie sich herab zu der Stange. Dann schaut das Fohlen schon deshalb genau hin, weil es sehen will, was die Aufmerksamkeit des „Herdenchefs" erregt hat. Loben Sie es für sein Interesse und erst recht, wenn es die Stangen sauber übertreten hat.

Nun können Sie das Hindernis variieren, zum Beispiel, indem Sie jede zweite Stange etwas höher legen. Noch schwieriger wird es, wenn die Stangen nur einseitig auf die Auflagen gelegt werden, also schief liegen. Das erschwert das genaue Taxieren. Der höchste Schwierigkeitsgrad ist erreicht, wenn die erste Stange rechts, die zweite links, die dritte wieder rechts

hochgelegt wird, und so fort. Hier muß das Fohlen schon sehr gut hinschauen und sich genau merken, wie hoch es seine Hinterhufe jeweils heben muß, um sauber darüberzukommen. Später kann man auch die Abstände zwischen den Stangen verändern. Das Fohlen muß dann etwa einen Schritt zwischen Stange 1 und 2, zwei Schritte zwischen 3 und 4 und so weiter machen.

Überflüssig zu sagen, daß man all diese Varianten nicht an einem Tag einübt! Eine Veränderung pro Übungssequenz genügt besonders beim Jährling oder gar Saugfohlen völlig.

Ein weiteres, sehr interessantes Stangenhindernis ist der sogenannte „Stern". Dazu braucht man etwa 6 Stangen, die sternförmig rund um einen Autoreifen gelegt werden. Sie liegen also im Inneren des Sterns höher und dichter aneinander, im Außenbereich niedriger und mit weiteren Abständen. Für Pferd und Ausbilder ermöglicht das abwechslungsreiche Arbeit. Je nach Größe und Ausbildungsstand des Pferdes kann weiter innen oder außen im Stern gearbeitet werden. Die Schwierigkeit liegt hier darin, die Abstände und vor allem die Schräge der Stangen abzuschätzen. Kommt ein Pferd hier ganz um die Runde, ohne anzustoßen, so hat es schon eine bemerkenswerte Leistung vollbracht. Setzen Sie sich also gerade mit dem sehr jungen Fohlen keine zu hochgesteckten Ziele. Wenn es zwei oder drei Stangen korrekt übertritt, genügt das schon.

Beim fortgeschrittenen Pferd kann man auch hier noch weitere Schwierigkeiten einbauen, zum Beispiel indem man jede zweite Stange mit Hilfe einer Auflage höher legt, das Pferd also dazu zwingt, auch noch auf unterschiedliche Höhen der Stangen zu achten.

Übrigens eignet sich der Stern auch besonders gut dazu, das Führen von links zu trainieren. Wir Menschen neigen dazu, den Führstrick mit unserer Lieblingshand, also meist mit rechts, zu führen. Das erzieht das Pferd zu einer gewissen Einseitigkeit. Sie sollten sich deshalb angewöhnen, grundsätzlich jede Führübung, die mit rechts klappt, auch „andersrum" zu trainieren. Das ist am Anfang ungewohnt, wird bei konsequenter Einhaltung des Arbeitsplans aber schnell zur Selbstverständlichkeit.

Über Plane und Teppich
Veränderte Bodenbeschaffenheiten machen ein Pferd nervös. Das ist kein Wunder, mußte das Wildpferd doch ständig damit rechnen, in Schwemmsand oder Moorlöcher zu geraten. Auch wenn beim Aufsetzen des Hufs plötzlich ungewöhnliche Geräusche erklingen, erschrickt das Pferd. Es bringt den hohlen Ton schließlich nicht unbedingt damit in Verbindung,

Ein kurzes Zögern …

… dann überwindet Rosi die Plane.

daß es soeben eine Brücke betritt. Im Zuge der Bodenarbeit sollten Sie Ihr Pferd hier desensibilisieren. Es soll genügend Vertrauen gewinnen, Ihnen auch über ungewohnte Bodenbeschaffenheiten zu folgen und später, unter dem Sattel, mutig vorauszugehen.

Das klassische Bodenhindernis für dieses Training ist die Plastikplane. Sie gewöhnt das Pferd an spiegelnden Boden, ein glattes Gefühl unter den Hufen und obendrein Knistern beim Überqueren. Auch an der Plastikplane kann schon das Saugfohlen arbeiten. Idealerweise führt man es hinter seiner Mutter hinüber.

Wichtig beim Aufstellen des Hindernisses ist, die Plane möglichst sicher zu beschweren, damit sie nicht flattert, wenn das Pferd darübertritt. Idealerweise fixiert man sie mit Stangen, die dann eine Gasse bilden.

Möglicherweise wird sich das junge Pferd zuerst fürchten, die Plane zu betreten. Lassen Sie ihm viel Zeit, sie anzusehen und zu beriechen, und legen Sie ruhig ein paar Leckerli auf die Plane. Wenn es die frißt, ist schon viel gewonnen. Es spricht nichts dagegen, es zuschauen zu lassen, wie ein erfahrenes Pferd über die Plane geführt und dann dafür gelobt wird. Beim ersten Mal darf es dem älteren Freund auch durchaus nachlaufen. Vergewissern Sie sich aber, daß das zugezogene Lehrpferd die Aufgabe wirklich beherrscht! Es ist eine sehr unangenehme Situation, mit seinem lernwilligen Fohlen neben einem unerzogenen Reitpferd zu stehen, dessen Besitzer es mit Schimpfen und Schlagen über die Plane zu treiben versucht. Das gilt auch für andere Erfahrungen wie etwa die Wassergewöhnung oder das Hängertraining und kann gerade bei letzterem tiefsitzende Ängste zur Folge haben! Kann sich Ihr Fohlen absolut nicht entschließen, die Plane zu betreten, so bitten

Sie einen Helfer dazu und holen eine zweite Plane. Zwischen diesen Planen wird das Fohlen nun hergeführt. Zunächst wird es wahrscheinlich ängstlich sein und nicht wissen, ob es zuerst nach rechts oder nach links scheuen soll, aber im allgemeinen gewöhnen Pferde sich sehr schnell an neue Reize. Mit zunehmender Beruhigung schiebt Ihr Helfer die Planen immer näher aneinander, bis sich schließlich zwei Ecken berühren. Wahrscheinlich wird Ihr Pferd dieses Hindernis zunächst springen, dürfte aber mit jeder Überquerung ruhiger und sicherer werden. Auf diese Weise „tasten" Sie sich mit ihm an das einfache Betreten der Plane heran – natürlich unter viel Lob und Leckerbissen.

In Situationen wie den oben geschilderten rät die TT. E. A. M.-Methode übrigens zu einer etwas anderen Führposition. Im sogenannten „Dingo" steht man seitlich *vor* dem Pferd, zupft an der Führkette und streichelt mit der Gerte über Rücken und Kruppe des Pferdes. Letztere wird dann auch touchiert. Die Dingo-Position erlaubt eine genauere Beobachtung der Reaktion des Pferdes und gibt ihm mehr Sicherheit. Sie beugt dem fehlerhaften Hochwerfen des Kopfes und Ausweichen nach rückwärts-oben noch besser vor. Erfahrungsgemäß brauchen Fohlen aber selten ein so aufwendiges Training. Die meisten von ihnen vertrauen ihrem Pfleger genug, um ihm über die Plane zu folgen. Echte, schwer überwindliche Angst vor dem Neuen findet man eher bei älteren, verdorbenen Pferden.

Wenn das Fohlen die Plane betritt, ist das erste Teilziel erreicht. Bei der weiteren Arbeit konzentrieren Sie sich nun darauf, dem jungen Pferd Sicherheit zu geben. Es soll nicht eilen, sondern ruhig und gelassen über die Plane treten. Schließlich lernt es, darauf stehenzubleiben: mit den Vorderhufen, mit allen vier Hufen und letzt-

So führt man ängstliche Pferde an die Plane heran.

endlich mit den Hinterhufen. Diese Übung fällt dem ungeduldigen Jungpferd meist am schwersten. Wenn nur noch die Hinterhufe auf der Plane stehen, ist die Übung schließlich schon fast beendet, die Belohnung lockt, und Stehenbleiben hält nur auf. Überlegen Sie sich also, ob Ihr Jungpferd schon die nötige Reife hat, diese Geduldsprobe zu bestehen. Klappt es gar nicht, so verschieben Sie die Sache aufs nächste Jahr.

Übrigens sollten Sie sich bei der Gewöhnung an ungewöhnlichen Untergrund nicht auf die Arbeit mit der Plane beschränken. Auch ausgediente Teppiche, Folien und ähnliches bieten interessantes Übungsmaterial. Wenn eben möglich sollte das Fohlen auch über Bretter gehen lernen und schwankenden Boden kennen-

lernen, indem Sie es über eine Wippe oder über ein über Autoreifen gelegtes Brett führen.

Leider finden sich diese Möglichkeiten nicht in jeder Pferdehaltung. In einem solchen Fall verschieben Sie die Übungen, bis Sie einmal an einem TT.E.A.M.-Kurs teilnehmen oder mit Ihrem Pferd bei einem Westernausbilder Urlaub machen können. Für die allgemeine Ausbildung hat der Verzicht auf diese Hindernisse keine Bedeutung. Sofern Sie Ihrem Pferd die anderen, ohne größeren Aufwand durchzuführenden Führübungen mit Geduld und viel Lob nahegebracht haben, dürften Wippe und Brücke kein Problem darstellen.

Rückwärts

Schon ein wenige Monate altes Fohlen kann lernen, am Führstrick rückwärtszugehen. Mit körpersprachlichen Hilfen ist das leicht zu vermitteln. Am besten arbei-

Auf einen Impuls mit der Gerte tritt Grainné zurück.

Seitwärts

Eine Übung für Fortgeschrittene ist das Seitwärtsgehen, besser gesagt das Schulterherein an der Hand. Es genügt, wenn Ihr Fohlen das mit drei Jahren, kurz vor dem Anreiten, lernt. Dann ist es eine unschätzbar wertvolle Übung zur Stärkung der Rückenmuskulatur.

Um das Pferd nach links seitwärts gehen zu lassen, nehmen Sie es mit der linken Hand am Führstrick, etwa eine Hand breit unter dem Halfter. Die rechte Hand hält die Gerte und touchiert es damit im Flankenbereich. Dabei ist es entscheidend, das Verhalten mit dem Führstrick und das Treiben mit der Gerte genau aufeinander abzustimmen. Hindert der Führstrick das Pferd nicht am Vortreten und treibt die Gerte nicht deutlich seitwärts, sondern

Gwen konzentriert sich auf die Hilfen mit Gerte und Führstrick.

ten Sie zunächst auf dem Hufschlag einer Reitbahn oder neben einem Zaun, damit das Fohlen gerade zurücktritt. Stellen Sie sich vor das Pferd, üben Sie mit dem Halfter leichten Druck auf seine Nase aus und touchieren Sie seine Brust mit der Gerte an. Am Anfang genügt ein Schritt rückwärts, um sich ein Lob zu verdienen, aber sehr schnell wird das Fohlen mehrere Schritte machen und auch auf angedeutete Hilfen reagieren.

Nach hinten auszuweichen, wenn der Ranghöhere einem von vorn entgegentritt, ist für Pferde das Natürlichste von der Welt. Sie müssen nur aufpassen, daß Sie die Übung nicht zu oft abfordern und das Fohlen damit langweilen oder überfordern. Dann könnte es sich nämlich eines Tages aus Trotz verweigern, und Sie müßten sich mit Hilfe von Zwangsmitteln durchsetzen.

Schulterherein
linksherum:
Auf drei Hufspuren
mit 30° Schrägstel-
lung und auf zwei
Hufschlägen mit
45° Schrägstellung

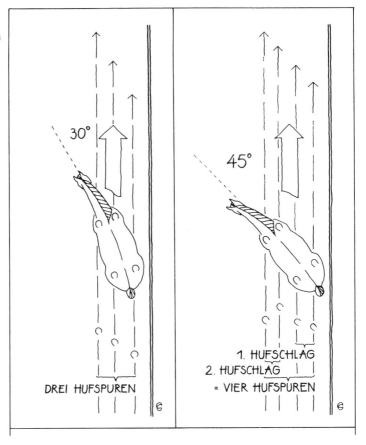

eher vorwärts, weicht das Pferd nach vorn aus. Auch die Abstellung ist wichtig. Das Pferd darf nicht zu steil stehen, und es soll sich im ganzen Körper und nicht nur im Hals biegen. Für den Ausbilder selbst ist das alles auf einmal kaum zu kontrollieren. Bitten Sie deshalb einen Helfer, Ihnen zuzusehen und die Abstellung Ihres Pferdes mit Hilfe der Grafiken zu kontrollieren.

Zum Erlernen der Übung hilft es oft, das Training in ein Stangen-U zu verlegen. Das bietet dem Pferd bei den ersten Versuchen eine leichte Begrenzung. Fortgeschrittene Ausbilder führen das Pferd

dann seitwärts über eine Stange, eine Übung, bei der es sowohl mit den Vorder- als auch mit den Hinterbeinen deutlich übertreten muß. Natürlich arbeitet man auch beim Schulterherein möglichst gleichmäßig in beide Richtungen, auch wenn das Führen mit rechts und das Touchieren mit links zunächst etwas schwierig erscheint.

Gasse, L und Labyrinth
Hindernisse, bei denen es darauf ankommt, sich geschickt zwischen Stangen zu bewegen, schulen die Aufmerksamkeit des Pferdes auf seinen Führer, machen es

biegsam und fördern die Huf-Auge-Koordination.

Das einfachste Hindernis ist hier die Gasse: Man legt zwei Stangen nebeneinander (der Abstand differiert nach Schwierigkeitsgrad und Größe des Pferdes) und führt das Pferd zwischen ihnen hindurch. Natürlich kann man auch mehrere Stangen verwenden und zum Beispiel einen Zickzackkurs legen.

Etwas schwieriger wird dann das L, das immerhin eine 45°-Wendung verlangt. Die anspruchsvollste, aber auch effektivste Aufgabe bietet das Labyrinth. Ein erwachsenes Freizeitpferd sollte diese Hindernisse sowohl an der Hand als auch unter dem Sattel vorwärts und rückwärts beherrschen. Ihr Fohlen führen Sie natürlich

Das Stangen-L vorwärts und rückwärts – einfach für Glaumur

erst vorwärts hindurch. Dabei kommt es wieder mehr auf Genauigkeit als auf Geschwindigkeit an. Das Fohlen muß hinsehen und begreifen, was es tut. Mit einem raschen ,,Durchlavieren" ist nichts gewonnen. Lassen Sie das Pferd also zwischendurch immer wieder stehenbleiben, das Hindernis genau ansehen, einen Schritt vor und einen zurück machen. Dabei lenken Sie es auf keinen Fall nur über das Halfter oder die Kette, sondern weisen ihm mit der Gerte den Weg, indem Sie die Beine touchieren, die als nächstes vor- oder zurückgesetzt werden sollen. Sehr bald wird das junge Pferd auf Andeutungen reagieren. Das Labyrinth ist also eine hervorragende Vorübung für alle späteren Aufgaben, die mit Touchierhilfen verbunden sind, zum Beispiel Seitengänge oder Doppellongenarbeit.

Übungen verbinden

Um die Arbeit interessanter zu machen, lassen sich alle oben beschriebenen Hindernisse variieren und miteinander verbinden. So kann man zum Beispiel den Stangenrost über einer Plane oder einem Teppich aufbauen, bei fortgeschrittenen Pferden auch Planen oder Stoff über die Stangen legen. Eine derart ,,verkleidete" Stange zu übertreten erfordert gleich neue Aufmerksamkeit!

In der ,,Planengasse" lassen Sie das Jungpferd auf die Plane treten und rückwärts wieder hinunter. Bauen Sie die Stangengasse auch einmal über die Plane hinaus und lassen Sie das Pferd hindurchgehen. Nachdem es die Plane passiert hat, lenken Sie es rückwärts wieder auf die Plane.

Solche Übungen sowie verschiedene Bodenbeschaffenheiten auch beim Rückwärtsgehen nicht zu fürchten ist sehr wichtig für das Verladetraining. Möglicherweise sind Ihnen schon junge Pferde begegnet, die problemlos in den Hänger

Rosi im Labyrinth

So wird die Gasse interessant!

kletterten, aber nur herunterzubekommen waren, wenn man die Trennwand entfernte und ihnen erlaubte, sich im Hänger umzudrehen. Dieses Verhalten beruht auf der Angst, aus dem Hängerinneren rückwärts auf die Klappe zu treten. Ein paar „Trokkenübungen" mit Planen und Brettern lösen das Problem meist innerhalb weniger Arbeitssequenzen.

Führen im Gelände

Bodenhindernisse simulieren Geländeschwierigkeiten. Beim Spaziergang wird das Fohlen dann mit der Wirklichkeit konfrontiert. Ob das Spaß macht oder zu gefährlichen Situationen führt, hängt von verschiedenen Faktoren ab. So müssen Sie zum Beispiel entscheiden, wie lang die Strecken sind, die Sie Ihrem Jungpferd zumuten können, beziehungsweise wie lange Sie es von den anderen Pferden seiner Herde trennen können. Ein Fohlen unter einem Jahr ist zum Beispiel überfordert, wenn es sich außer Sichtweite seiner Mutter oder anderer, vertrauter Pferde

Zu zweit macht's mehr Spaß, und die Fohlen fühlen sich sicherer.

begeben soll. Ein Jährling wagt sich höchstens ein paar Minuten fort, während der Zwei- und Dreijährige auch längere Spaziergänge genießen kann.

Natürlich können Sie diese Trennungsängste des Fohlens einfach übersehen und die „Ich, der Chef, befehle dir!"-Haltung einnehmen, aber dann wird das Fohlen mehr Energie in Widersetzlichkeit stekken als in sinnvolle Auseinandersetzung mit seiner Umwelt. Beim nächsten Mal wird es nicht mit auf den Spaziergang wollen, es wird wiehern und sich ängstigen, und letzten Endes erziehen Sie einen Kleber. Es ist also besser, Sie fördern das Pferd im Rahmen seiner Möglichkeiten und loben es, wenn es heute mehr Mut aufbringt, mit Ihnen fortzugehen, als gestern. Vielleicht können Sie die ersten

Spaziergänge auch in Begleitung eines älteren Pferdes machen, das Ihr Fohlen gut kennt. Das ist besonders empfehlenswert, falls mit dem Ausflug eine Gewöhnung an den Straßenverkehr verbunden werden soll.

Natürlich sollten Sie sich erst ins Gelände wagen, wenn Ihr Fohlen die grundlegende Führarbeit – Antreten, Anhalten, eventuell Rückwärtsgehen – gut beherrscht und am durchhängenden Strick neben Ihnen hergeht. Idealerweise sollten Sie es vorher auch mit ein paar Bodenhindernissen vertraut gemacht haben. Bei der ersten Bodenveränderung, einem kleinen Auf- oder Absprung wird sich das bezahlt machen. Ihr Fohlen reagiert hier nämlich nicht mehr mit Nervosität und Hochwerfen des Kopfes, sondern bleibt interessiert vor der neuen Aufgabe stehen, senkt den Kopf, um sich die Sache genauer anzusehen, und setzt sich damit auseinander. Wenn Sie nun etwas treiben, wird es mit ziemlicher Sicherheit vorwärtsgehen, aber Vorsicht: Vielleicht macht es einen Hupfer! Darauf sollten Sie gefaßt sein und den Führstrick im richtigen Moment locker lassen. Sonst bestrafen Sie den Mut des Fohlens ja mit einem Ruck im Halfter. Selbstverständlich nehmen Sie auch die Gerte mit auf den Spaziergang mit Ihrem Jungpferd. Als Verlängerung Ihrer Hand ist sie unerläßlich, wenn das Fohlen etwas getrieben werden muß, und falls es vorstürmt, bremsen Sie es damit schonender und effektiver als mit Halfter und Führstrick.

Als Gertengrundhaltung hat es sich bewährt, die Gerte mit der linken Hand etwas unterhalb des Griffs zu fassen und so zu halten, daß der Knauf etwas hinter Nasenhöhe des Fohlens getragen wird. Der Knauf zeigt eher zum Pferdekopf, das Gertenende eher etwas vom Pferd weg. In dieser Position begrenzt die Gerte die Bewegungsfreiheit des Fohlens dahingehend, daß es nicht versuchen wird, seinen Führer wegzudrängen. Eine Drehung der Hand bringt sie an die Fohlenflanke, wenn treibende Einwirkung nötig wird. Ein Vornehmen des Arms schiebt sie verhaltend vor die Fohlennase, falls es zu schnell wird.

Beim Spaziergang mit dem Fohlen gehen Sie zügig im Schritt vorwärts. Natürlich wird Ihr Lehrling gelegentlich stehenbleiben wollen, weil er irgend etwas genau ansehen muß oder sich vor einer anderen Sache etwas fürchtet. Das können Sie erlauben, aber Sie sollten auf keinen Fall durchgehen lassen, daß Ihr Fohlen Sie zum nächsten Grasbüschel schleift und frißt. Der Spaziergang mit Ihnen ist Arbeit, und dabei sollte Futteraufnahme nur dann erlaubt sein, wenn Sie einen Belohnungsleckerbissen geben.

FÜHREN MIT KETTE – JA ODER NEIN?

Viele Freizeitreiter hegen eine übertriebene Furcht vor dem Einsatz von Zwangsmitteln. Mitunter wird schon die Gerte als Hilfe zum Führtraining abgelehnt, und beim Anlegen einer TT.E.A.M.-Kette über der Pferdenase befürchtet man, das Pferd unsensibel gegenüber leichten Hilfen zu machen. Viele Ausbilder konkurrierender Methoden bestärken die Pferdebesitzer in dieser Meinung und arbeiten selbst nur mit Halfter und Strick. Bevor Sie sich daran orientieren, sollten Sie allerdings folgendes bedenken:

1. Die meisten Ausbilder, die Ketten als Führhilfe ablehnen, sind kräftige Männer. Sie haben einem aufmüpfigen Jungpferd auch am Halfter einiges entgegenzusetzen und beherrschen zudem die Körpersprache mit Gerte und Longe perfekt. Dazu arbeiten sie schwerpunktmäßig mit relativ sensiblen Tieren wie Barockpferden oder Quarter Horses, und sie trainieren bevorzugt in geschlossenen Reitbahnen. Die Mehrzahl der Freizeitreiter und Gelegenheitsausbilder sind dagegen Frauen, die abgesehen vom täglichen Ausmisten keiner körperlichen Arbeit nachgehen. Kräftemäßig ist ihnen meist schon das Saugfohlen, spätestens der Absetzer haushoch überlegen. Ihre Pferde sind oft robuste Ponys oder Kreuzungen – gelassene, freundliche und eigentlich recht leicht erziehbare Tiere, aber etwas unsensibel und mitunter stur, wenn es darum geht, ihren Dickkopf durchzu-

Die Kette richtig eingeschnallt

Verschnallung von links

Bei sehr kleinen Pferdeköpfen bewirkt diese
Verschnallung präzisere Einwirkung.

setzen. In Ermangelung anderer
Möglichkeiten, aber auch um sie auf
ihr späteres Leben als Geländepferde
vorzubereiten, werden sie häufig
außerhalb geschlossener Reitbahnen
gearbeitet. Wenn sich nun ein solches
Pferd entschließt, den Waldspazier-
gang eigenmächtig abzubrechen und
nach Hause zu stürmen, hat seine Besitzerin keine Chance, es am schlichten Halfter daran zu hindern. Die
Kette gibt ihr dagegen bessere Ein-
flußmöglichkeiten und kann als
,,Notbremse" wirken.

2. Jede Zäumung ist nur so hart, wie die
Hand am anderen Ende des Zügels.
Diese Reiterweisheit trifft auch auf
den Umgang mit der Kette zu. Eine
korrekt gebrauchte Führkette wird so
gut wie nie angenommen, erst recht
wird nicht daran gezogen. In der Regel zupft man nur an der Kette, um

dem Pferd die Richtung anzugeben oder „klingelt" daran, um es aufmerksam zu machen. So eingesetzt wirkt sie erheblich präziser als das einfache Halfter und hält das Pferd sensibel gegenüber Einwirkungen im Nasenbereich. Natürlich kann man in Ausnahmefällen auch damit strafen – aber das wird ein geschulter Ausbilder nur tun, wenn das Pferd sich einem Befehl widersetzt, den es längst verstanden hat.

Das einfache Halfter erlaubt dagegen keine präzise Einwirkung und bietet auch keine Möglichkeit, die Befolgung der damit gegebenen Anweisungen durchzusetzen. Das Pferd macht schnell die Erfahrung, daß es auf Halfterzug reagieren *kann*, aber nicht muß. Der Ausbilder fängt dann unweigerlich an, zu ziehen und zu zerren, und erreicht damit genau das, was er durch Weglassen der Kette vermeiden wollte: Er desensibilisiert das Pferd.

Ein kategorisches Ja oder Nein zur Kette ist folglich nicht angebracht. Besser ist, im Einzelfall zu entscheiden. So wird man zum Beispiel beim Saugfohlen und möglichst auch noch beim Jährling auf die Kette verzichten. Viele Freizeitreiter lehnen sie auch bei besonders hautsensiblen Pferden wie Arabern ab. Hier würde ein TT.E.A.M.-Ausbilder zwar argumentieren, daß bei korrektem Einsatz der Kette keine Verletzungsgefahr besteht. Der ist beim Anfänger aber nicht immer gegeben, und solange das Pferd keine massiven Führprobleme zeigt, ist es insofern besser, es lernt ein paar weniger präzise Hilfen kennen, als Scheuerstellen davonzutragen. Alternative zur Kette ist hier vielleicht ein rundgenähtes Halfter, wie es etwa in der Parelli-Methode eingesetzt wird.

Bei Warmblütern, robusten Ponys und Kreuzungen machen Sie dagegen bestimmt nichts falsch, wenn Sie zum Führtraining an Bodenhindernissen oder auf Spaziergängen eine TT.E.A.M.-Kette einschnallen (siehe Abbildungen). Am besten entschließen Sie sich dazu, bevor das Pferd bemerkt hat, wie leicht es sich der reinen Halftereinwirkung entziehen kann.

Schwierige Situationen

Besonders wenn Ihre Spaziergänge mit dem Fohlen länger werden und sich nicht mehr im unmittelbaren Stallumkreis abspielen, können Sie dabei mit unerwarteten Hindernissen konfrontiert werden. Plötzlich liegen Äste über dem Weg; ein Auf- oder Absprung wird nötig; das Fohlen deutet eine Pfütze als lebensgefährliche „Wasserdurchquerung", oder jemand hat seinen Sperrmüll, einschließlich eines knallroten Sofas, mitten auf dem Reitweg abgeladen.

Auf solche Krisen reagiert Ihr Fohlen entweder mit Flucht oder mit Verweigerung: Es rammt die Hufe in den Boden und erklärt, keinen Schritt weitergehen zu wollen.

Im Falle einer Flucht müssen Sie Ihr Pferd zunächst anhalten und beruhigen. Idealerweise sollte das auch gar nicht erst passieren, denn schließlich haben Sie schon bei der Vorarbeit an Bodenhindernissen darauf hingearbeitet, Fluchtverhalten durch Auseinandersetzung mit der neuen Situation zu ersetzen. Es kommt allerdings vor, daß Ihr Fohlen diese neue Fertigkeit angesichts der „Gefahr" vorübergehend vergißt. Manchmal besteht zwischen Theorie und Praxis eben doch ein beträchtlicher Unterschied!

Steht Ihr Fohlen nun steif und angespannt, den Kopf hoch erhoben und die Nüstern gebläht vor dem „Hindernis", so nutzt es zunächst nichts, treibend darauf einzuwirken. Das Pferd ist im Angesicht der Gefahr „erstarrt", es kann nicht mehr denken und adäquat reagieren. Linda Tellington-Jones nennt diesen Zustand den *freeze reflex*. Er muß zunächst gebrochen werden, bevor sich das Pferd wirklich mit der Situation beschäftigen kann. Eine Möglichkeit, das Pferd zu lockern, ist die schon beim Thema Anbinden erwähnte Übung, es durch Massage im Nacken zum Senken des Kopfes zu bewegen. Auch Füttern kann helfen, denn Kauen wirkt entspannend. Klappt das alles nicht, so sollten Sie das Pferd einen Schritt zur Seite führen beziehungsweise schieben. Sobald es sich bewegt, ist die Starre im allgemeinen gebrochen.

Schnell vorbei! Sobald das Hindernis auf Schulterhöhe liegt, beschleunigt das ängstliche Pferd.

Nun müssen Sie es dazu bringen, sich dem angsteinflößenden Gegenstand oder der Geländeschwierigkeit mit gesenktem Kopf zu nähern und sie zu untersuchen. Besser als die oben beschriebene Führ-Grundhaltung ist hier ein Führen aus der bereits erklärten „Dingo"-Position. Stellen Sie sich seitlich vor das Fohlen, Gesicht zum Pferd. Streicheln Sie mit der Gerte über seinen Rücken und ticken Sie es auf der Kruppe sanft an. Jeder Schritt vorwärts wird gelobt.

Geht es nur um das Passieren eines scheuträchtigen Gegenstandes, so wird das Pferd sich sehr bald zum Vorbeigehen entschließen. Bereiten Sie sich aber darauf vor, daß es ins Stürmen kommt, sobald seine Schulter daran vorbei ist – jetzt rechnet es nämlich mit einem Angriff des roten Sofas von hinten! Je nachdem, wieviel Zeit Sie noch haben – behalten Sie die Konzentrationsfähigkeit Ihres Fohlens immer im Auge! –, können Sie das Hindernis jetzt noch einmal passieren oder

das mutige Fohlen loben und die Sache auf sich beruhen lassen. Im letzteren Fall sollten Sie allerdings am nächsten Tag wiederkommen und das Ganze wiederholen, bis sich die Furcht des Pferdes vollständig gelegt hat.

Handelt es sich um ein Hindernis, das zu überspringen oder zu übersteigen ist, dauert es wahrscheinlich länger, bis das Fohlen seine Abwehrhaltung aufgibt. Es tastet sich hier sehr langsam vor, und meist finden Sie sich irgendwann in der Situation, daß Sie auf der einen Seite des Hindernisses stehen und das Fohlen auf der anderen. Wenn es Ihnen nun folgt, heißt es aufpassen! Das springende Fohlen wird genau den Platz ansteuern, auf dem Sie gerade stehen, denn nur da weiß es sich in

Spaß beim Spaziergang – solche Einlagen lok-
kern auf und machen das Fohlen geländesicher.

Sicherheit. Achten Sie also darauf, es
nicht auf Ihren Füßen landen zu lassen.
Mitunter wird das Jungpferd auch gar keinen Mut zum Springen finden. Verzichten
Sie in diesem Fall auf einen Zieh- und
Zerrmarathon! Besser ist, Sie geben sich
nach einigen Minuten mit den ersten Erfolgen – das Pferd ist zum Beispiel bis
zum Graben mitgekommen und hat daran
geschnuppert – zufrieden und brechen
den Spaziergang für diesen Tag ab. Am
nächsten Tag können Sie es noch einmal
versuchen oder einen anderen Reiter bitten, Sie mit seinem erfahrenen Geländepferd zu begleiten. Das Beispiel des erwachsenen Pferdes wird das Fohlen
höchstwahrscheinlich ermutigen, nun
auch selbst den Sprung zu wagen. Sollte

sich Ihr junges Pferd aber auch dann noch
nicht entschließen können, den Graben zu
passieren, so ist es geistig wahrscheinlich
noch nicht reif genug für diese Aufgabe.
Sie tun sich selbst und Ihrem Fohlen einen
Gefallen, wenn Sie die Beschäftigung damit um einige Monate, wenn nicht gar um
ein Jahr verschieben.

Hilfe, mein Fohlen ist frei!
Es sollte nicht passieren, aber es wird passieren. Irgendwann scheut Ihr Fohlen vor
einem aufspringenden Hasen, und Sie lassen seinen Strick los. Oder Sie stolpern,
fallen hin und verlieren den Führstrick.
Auf jeden Fall gibt es keinen Jungpferde-
ausbilder, der noch nie mit leeren Händen
dastand, während sein Fohlen mit hinter-
herschleifendem Strick oder Führkette
davonsprang.
Was hier ganz sicher nicht hilft, ist Schrei-
en, Fluchen oder Rennen. Im Gegenteil:

Das Fohlen sollte möglichst früh lernen, sich in dieser Situation nicht vor dem Strick zu fürchten.

Die einzig richtige Reaktion ist Ruhe und Besonnenheit. Es ist nämlich relativ selten, daß sich ein junges Pferd, berauscht von plötzlicher Freiheit, spontan Richtung Heimat in Galopp setzt. Für ein artgerecht aufgezogenes Jungpferd ist Freiheit eine Selbstverständlichkeit und die Zusammenarbeit mit dem Menschen eine interessante Abwechslung. Flucht liegt dem Fohlen also fern, es sei denn, Sie bestätigen es durch Rennen und Jagen in seinem Schrecken vor dem aufgesprungenen Reh oder dem roten Sofa. Bleiben Sie hingegen ruhig und folgen ihm langsam unter freundlichem Zuspruch, so bleibt es mit sehr hoher Wahrscheinlichkeit am nächsten Grasbüschel stehen. Sehr menschenbezogene Fohlen drehen oft sogar um und kommen, sobald man sie ruft. Ganz allein in fremdem Gelände fühlen sie sich schließlich alles andere als sicher. Der Zusammenschluß mit dem Menschen, der obendrein gerade in die Tasche mit den Leckerli greift, ist da die wesentlich bessere Alternative.

Um das Fohlen im Fall der Fälle besser einfangen zu können, sollten Sie auf gemeinsamen Spaziergängen immer ein paar Leckerbissen dabei haben. Außerdem ist es eine sinnvolle Vorbeugung gegen Panikanfälle, das Fohlen schon sehr früh an hinterher schleifende Stricke zu gewöhnen. Interpretiert es den Führstrick nämlich als verfolgende Schlange, wird es ganz sicher nicht stehenbleiben, sondern kopflos flüchten. Dann können Sie nur hoffen, daß es in Richtung auf den heimischen Stall läuft und nicht zur nächsten Bundesstraße!

Die Arbeit als Handpferd

Es gibt keine angenehmere und natürlichere Art, einem Fohlen die Welt zu zeigen, als es auf einen Ausritt als Handpferd mitzunehmen. Das Führpferd als vertrauter Artgenosse nimmt dem jungen Handpferd ganz selbstverständlich die Furcht vor Lastwagen, Hochsitzen und roten Sofas. Es geht vor, wenn es um die Überquerung gefährlicher Hindernisse wie Bäche oder Gräben geht, und zeigt dem Fohlen, wie einfach es ist, sich vom Menschen reiten und lenken zu lassen.

Bei der Arbeit im Handpferdegespann läuft man auch nicht Gefahr, das Fohlen körperlich zu überanstrengen und vorzeitigem Verschleiß auszusetzen wie etwa bei der Longenarbeit. Schließlich fordert man ja nichts anderes als einfaches Geradeauslaufen. Der Bewegungsapparat wird nicht mehr beansprucht als beim Toben auf der Weide. Natürlich besteht theoretisch die Gefahr, das junge Pferd durch zu lange Touren zu überanstrengen, aber an sich ist es nicht zu übersehen, wenn ein Handpferd müde wird. Hat man das „quengelnde" Fohlen dann einmal fünf Kilometer weit hinter sich hergezerrt, wird man beim nächsten Mal garantiert daran denken, die Strecke kürzer zu gestalten.

Handpferdereiten will gelernt sein!

Die Fähigkeit zur Arbeit im Handpferdegespann, sei es als Handpferd oder Führpferd, ist dem Pferd nicht in die Wiege gelegt. Beide Pferde müssen auf ihre Aufgaben vorbereitet werden, bevor man sich zum ersten Mal ins Gelände wagt. Auch der Reiter sollte kein vollständiger Anfänger sein. So ist zum Beispiel ein zügelunabhängiger Sitz ein absolutes Muß. Das Gleichgewicht darf nicht in Gefahr gera-

Erste Voraussetzung: ein leichttrittiges Führpferd

ten, wenn man dem Handpferd etwa den Kopf zuwendet oder ihm mit der rechten Hand Zeichen gibt. Die Hilfengebung auf dem Führpferd sollte so in Fleisch und Blut übergegangen sein, daß man sich gegebenenfalls ganz auf das Handpferd konzentrieren kann.

Vor der Ausbildung des Fohlens zum Handpferd muß auf jeden Fall eine umfassende Führausbildung erfolgen. Hat das junge Pferd alle im vorigen Kapitel beschriebenen Übungen durchlaufen, dürfte die Umstellung vom Führen vom Boden aus zum Führen von einem anderen Pferd aus kein großes Problem darstellen.

Das richtige Führpferd

Das ideale Führpferd für die Jungpferdeausbildung ist erwachsen und gut zugerit-

Vor der gemeinsamen Arbeit müssen Reitpferd und Handpferd einander kennenlernen.

ten. Es muß gelände- und verkehrssicher, gelassen und zuverlässig sein, damit das Fohlen nur Gutes von ihm lernen kann. Das junge Pferd wird sich nämlich stark an diesem Leittier orientieren – und zwar an den erwünschten wie den unerwünschten Verhaltensweisen!

Es erleichtert den Umgang mit dem Handpferd kolossal, wenn das Führpferd sich gut einhändig reiten läßt, also auf Gewichtsverlagerung und leichtes Anlegen des losen Zügels reagiert. Zwar kann man auch aus beidhändiger Zügelführung heraus ein Handpferd führen oder ein aufgetrenntes Handpferd mit getrennten Zügeln arbeiten, aber das sind Aufgaben für Fortgeschrittene. Für das junge Handpferd braucht man eine freie Hand.

Vor der gemeinsamen Arbeit sollten Führpferd und Handpferd unbedingt die Möglichkeit erhalten, einander gut kennenzulernen. Am besten bringt man sie gemeinsam in einer Haltungsanlage unter. Die Zusammenarbeit zwischen zwei einander fremden Pferden verlangt ein Höchstmaß an Disziplin und Vertrauen zum Menschen. Wenn Ihr Führpferd die Bereitschaft dazu zeigt, können Sie sich gratulieren. Vom Nachwuchspferd kann man aber noch nicht verlangen, seine Instinkte so vollständig dem Gehorsam unterzuordnen.

Die Position des Handpferdes

Bei der normalen Arbeit im Handpferdegespann läuft das Handpferd auf Schulterhöhe des Führpferdes. Das entspricht sowohl dem natürlichen Verhalten des Pferdes – wie gesagt läßt ein ranghöheres Pferd das rangniedrige nur bis auf Schul-

Das Handpferd läuft auf Schulterhöhe des Reitpferdes.

terhöhe ungestraft auftraben – als auch
dem Bedürfnis des Reiters, Hand- und
Führpferd gleichermaßen unter Kontrolle
zu halten.
Läuft das Handpferd vor dem Führpferd,
so reicht die Kraft des Reiters meist nicht
aus, es im Zweifelsfall zu halten. Bleibt es
zurück, verläßt es schnell die Reichweite
der treibenden Gerte und kann ein heillo-
ses Durcheinander hervorrufen, indem es
einfach stehenbleibt. In der Position neben dem Führpferd hat der Reiter es dagegen immer im Blick und kann es je nach
Bedarf zurückhalten oder treiben.
In unserem straßendurchzogenen Gelände wird das Handpferd grundsätzlich
rechts, also von der Straße abgewandt geführt. Das hat es nach kurzer Zeit begriffen und ordnet sich dann schon von selbst
rechts ein. Bringen Sie es also nicht
durcheinander, indem Sie es beim Üben
einmal von rechts, einmal von links führen. Auch wenn es im Gelände durch Zu-
fall nach links herüberkommt, darf das
nicht geduldet werden. Ein Handpferd,
das selbst über seine Position bestimmen
will, ist nicht nur lästig, sondern kann im
Straßenverkehr zu einer echten Gefahr
werden.
In Engpässen, auf Brücken oder bei ver-
gleichbaren Geländeschwierigkeiten kann
es notwendig werden, die Pferde hintereinander gehen zu lassen. Das Handpferd
folgt dann immer dem Führpferd, nicht
umgekehrt! Man muß ihm also möglichst
schon im Rahmen der vorbereitenden
Übungen beibringen, sich auf ein Zeichen
des Reiters hinter dem Reitpferd einzuordnen und ebenso selbstverständlich
wieder aufzutraben, wenn das Hindernis

Oben: In Engpässen geht das Handpferd hinter dem Reitpferd – nicht umgekehrt!

Unten: Die Gerte „schwebt" zwischen den Kruppen der Pferde.

bewältigt ist. Auch das ist leichter, wenn das Pferd bereits bei der Führarbeit über Bodenhindernisse gelernt hat, auf Zeichen mit der Gerte hin die Position zu ändern.

Die Hilfengebung

Die Hilfengebung beim Handpferdereiten erfolgt mit Gerte und Führstrick und gleicht im wesentlichen der beim Führen. Hauptunterschiede sind, daß der Reiter Gerte und Führstrick in der Grundposition in einer Hand hält und daß seine eigene Position im Sattel statischer ist als beim Führen zu Fuß. Das Pferd sollte also schon gelernt haben, auf leichtere Hilfen als die natürliche Körpersprache zu reagieren.

Idealerweise lenkt der Reiter das Führpferd mit der linken Hand und hält die rechte etwas tiefer, etwa auf Schulterhöhe des Führpferdes, dem Handpferd zugewandt. Die lange Gerte greift er etwa eine Handbreit unterhalb des Griffs. Damit kann sie wieder verwahrend in Richtung Fohlennase geschoben werden, wenn das Handpferd zu schnell wird, oder sie senkt sich treibend auf die Kruppe des Hand- oder Führpferdes.

Das Treiben des Handpferdes aus dieser Grundposition heraus funktioniert aber nur sehr bedingt, da Führstrick und Gerte in einer Hand liegen und ein zu starkes Zurücknehmen der Hand zum Treiben mit der Gerte ein gleichzeitiges Annehmen des Führstrickes und damit Verwahren bedeuten würde. Bleibt das Handpferd also deutlich zurück und verlangt eine klare treibende Hilfe, so wechselt der Führstrick in die linke Hand, und die rechte wird frei für die Gerte.

Die richtige Gertenhaltung in der Grundposition will geübt sein. Im Gegensatz zur normalen Gertenhaltung, bei der die Gerte nach unten, Richtung Flanke des Reit-

Zum „Abbremsen" zeigt der Gertenknauf in Richtung Handpferdenase.

pferdes, zeigt, muß sie hier über den beiden Pferden schweben. Ansonsten erhielte das Handpferd ständig treibende Hilfen.

Viel Training erfordert auch die Abstimmung der Hilfengebung beim Reit- und Handpferd. Schließlich sollten die beiden idealerweise gleichzeitig antraben oder zum Schritt durchparieren. Hat man ein erfahrenes, gut gerittenes Führpferd, so kann man sich mit ihm zunächst am Handpferd orientieren, also zuerst dem jungen Pferd die Hilfe zum Antraben ge-

Heranholen des zögernden Pferdes: Der Führstrick wandert in die linke Hand und die rechte
treibt mit der Gerte.

ben und das Reitpferd in Gang setzen, sobald dieses Anstalten macht, den ersten
Trabtritt zu tun. Später sollte das natürlich
umgekehrt verlaufen. Endziel ist ein
Handpferd, das sich dem Reitpferd ganz
ohne Mithilfe des Reiters anpaßt. Grundsätzlich sollte beim Gangartenwechsel
erst eine Stimmhilfe, dann die treibende
oder verwahrende Hilfe mit Gerte und
Strick erfolgen.

Das Training als Handpferd

Hat man sein Fohlen selbst gezogen, so
wächst es im allgemeinen ganz von selbst
in die Rolle des Handpferdes hinein.
Schließlich nimmt man es in diesem Fall

schon als Saugfohlen auf Ausritte mit. Bei
Straßenüberquerungen wird das freilaufende Fohlen selbstverständlich eingefangen und als Handpferd mitgeführt.
Lernt es dann nebenbei noch korrektes
Führen vom Boden aus, so dürfte es kein
Problem sein, es schließlich nicht mehr
nur von der Mutter aus, sondern auch von
jedem anderen Pferd aus zu führen.
Ein zugekauftes Fohlen kann man theoretisch an die Arbeit als Handpferd gewöhnen, sobald es sich eingelebt und an die
erwachsenen Pferde der Herde ange-
schlossen hat. Man arbeitet es dann gemeinsam mit dem Pferd, zu dem es am
meisten Vertrauen gefaßt hat. Praktisch ist
es hier aber sinnvoll zu warten, bis es mindestens ein Jährling, besser eineinhalb
Jahre alt ist. Es ist nämlich fast unmöglich, Ausritte auf die beschränkte Konzentrationsfähigkeit eines sehr jungen Fohlens abzustimmen.

Mit dem Jährling werden dann Kurzausritte von zehn bis fünfzehn Minuten möglich, der Zweijährige macht schon mindestens eine halbe Stunde lang begeistert mit, und der Dreijährige schafft ruhige Einstundenritte. Hat man sich bei der Länge der Ritte verkalkuliert, so wird das Fohlen „quengelig" wie ein Kleinkind. Es läßt sich dann ziehen, trabt unwillig vor, kaut am Führstrick oder versucht, in den Steigbügel oder den Stiefel des Reiters zu beißen. Ermahnungen wirken hier nur wenige Sekunden. Die Konzentrationsfähigkeit des Fohlens ist ja längst erschöpft. Insofern ist es sinnvoll, sich mit Schimpfen oder gar Strafen zurückzuhalten und das Fohlen nur so schnell wie möglich nach Hause zu bringen. Beim nächsten Ausritt hat es die Unarten wahrscheinlich längst vergessen, oder man kann es zur Ordnung rufen, solange es noch wach genug dafür ist.

Erste Schritte

Zum Handpferdereiten trägt das junge Pferd ein stabiles, gut sitzendes Stallhalfter. Als Führstrick haben sich handelsübliche Stricke mit Karabiner- oder Panikhaken bewährt. Dünnere Leinen liegen besser in der Hand als sehr dicke, Baumwollstricke sind griffiger als Nylonmodelle. Die Länge des handelsüblichen Führstricks reicht gewöhnlich aus, das Fohlen mit etwas Abstand neben und auch bequem hinter dem Führpferd gehen zu lassen. Längere Leinen sind höchstens dann sinnvoll, wenn an Geländehinder-

Oben: Ein stabiles Stallhalfter und ein griffiger Strick sind die richtige Ausrüstung für das junge Handpferd.

Unten: Die gebißlose Zäumung – hier ein Vosal – schützt Glaumur vor ungewollt harter Zügeleinwirkung.

nissen wie Bachdurchquerungen gezielt geübt werden soll. Dann empfiehlt es sich aber, einen Helfer mitzunehmen, der dem zurückbleibenden Fohlen treibende Hilfen geben kann. Ansonsten verleitet der lange Strick nur zum Ziehen.

Versehen Sie Ihren Führstrick unbedingt mit einem Knoten am Ende. Sonst könnte er Ihnen beim Verlängern der Leine unbemerkt durch die Hand rutschen.

Das Führpferd trägt beim Handpferdereiten seinen gewohnten Sattel und eine möglichst leichte Zäumung. In den ersten Stunden könnte das vorstürmende oder zurückbleibende Fohlen abrupte Stopps oder ungewollt harte Zügelhilfen verursachen. Eine gebißlose Zäumung oder eine dicke Trense machen solche Pannen erträglicher für das Führpferd als etwa eine Westernstange.

Die erste Übungsstunde mit Hand- und Führpferd sollte auf jeden Fall auf eingezäuntem Gelände, also auf der Weide oder auf einem Reitplatz stattfinden. Am besten bitten Sie einen Helfer dazu.

Sie beginnen die Arbeit, indem Sie Reit- und Handpferd eine Runde lang nebeneinander her führen. Idealerweise sollten die beiden bereits gelernt haben, sich gleichzeitig führen zu lassen. Wenn nicht, schieben Sie eine entsprechende Übungsstunde vor. Schon in dieser Phase sollten Sie merken, ob das Fohlen eher zum Vorziehen oder zum Zurückbleiben neigt. Bei ersterem arbeiten Sie zunächst auf der rechten Hand, damit es außen geht und die längeren Wege hat, bei letzterem auf der linken. In den meisten Fällen wird letzteres der Fall sein.

Als nächstes steigen Sie auf Ihr Reitpferd, und der Helfer führt das Fohlen auf Schulterhöhe neben Ihnen her. Das klappt im allgemeinen problemlos, so daß er den Führstrick meist schon nach einer oder einer halben Runde an Sie übergeben kann. Auf den ersten Metern kann er dann noch zwischen den beiden Pferden bleiben, danach hält er sich zurück.

Dieses Zurückbleiben könnte das Fohlen irritieren, woraufhin es in der Regel stehenbleibt. Verhalten Sie Ihr Reitpferd dann auch, sprechen Sie mit dem Fohlen und geben Sie ihm einige Minuten Zeit,

Zuerst werden die Pferde gemeinsam geführt.

Die ersten Schritte werden von einer Helferin überwacht …

… die aber bald zurückbleiben kann.

sich mit der neuen Situation ('Mein Mensch auf meinem Stallgefährten – mein Führstrick zwischen mir und meinem Stallgefährten?') auseinanderzusetzen. Dann geben Sie den Befehl zum Antreten, und Ihr Helfer treibt mit der Gerte.

Es ist völlig normal, wenn sich Ihr Fohlen zunächst zögerlich bewegt, vielleicht auch mit höher getragenem Kopf läuft, um Sie auf dem Reitpferd zu beobachten. Loben Sie es für jeden Schritt, den es mitgeht. Meistens wird es dann nach ein bis zwei Runden sicherer und wagt sich bis zur korrekten Führposition vor. Dann können Sie auch beginnen, es selbst mit der Gerte zu treiben. Falls Sie die Arbeit auf der linken Hand begonnen haben, achten Sie darauf, mit großem Abstand zur Umzäunung zu reiten. Wenn sich das Fohlen zwischen Reitpferd und Zaun eingezwängt fühlt, wird es ängstlich werden und versuchen zurückzubleiben.

Sehr viel seltener als zu zögern wird Ihr Fohlen vorstürmen und versuchen, Ihr Reitpferd möglichst schnell zu überholen. Das ist meist ein Zeichen dafür, daß es sich vor dem älteren Artgenossen fürchtet und sich neben ihm nicht sicher fühlt. Möglicherweise kennen die beiden sich einfach noch nicht gut genug, um zusammen zu arbeiten. In diesem Fall ist es nicht sehr sinnvoll, mit dem Handpferdetraining weiterzumachen. Das Ganze soll ja nicht zur Angstpartie für den Nachwuchs ausarten. Gehen Sie hier besser einen Schritt zurück und üben Sie zunächst das gemeinsame Führen.

Handwechsel

Wenn das Fohlen nun entspannt im Schritt neben Ihnen geht, versuchen Sie einen Handwechsel. Das ist verhältnismäßig einfach, sofern Sie sich auf der rechten Hand befinden. Sie beschleunigen dann nur Ihr Reitpferd und „umrunden" das Fohlen. Beginnen Sie dabei mit großräumigen Wechseln wie etwa durch die ganze Bahn oder aus dem Zirkel. Engere Biegungen könnten das Fohlen in der ersten Stunde überfordern. Beim Wechsel auf die linke Hand ist wieder auf ausreichenden Abstand zwischen Zaun und Fohlen zu achten.

Befinden Sie sich auf der linken Hand, so muß das Fohlen beim Handwechsel die längere Strecke zurücklegen. Treiben Sie

Bei der Wendung nach rechts wird das Fohlen umrundet.

Beim Abwenden nach links braucht der Nachwuchs meist eine treibende Hilfe.

es dazu leicht an und verhalten Sie Ihr Reitpferd, damit es einfacher wird. Loben Sie gründlich, wenn die Aufgabe geschafft ist.

Nach einer Runde auf der neuen Hand sollten Sie die erste Übungsstunde beenden. Dazu halten Sie beide Pferde an – das Handpferd stoppt auf ein Zupfen am Führstrick und eventuell ein Vorschieben der Gerte – und loben ausgiebig. Wenn die beiden Pferde sich gut verstehen, ist jetzt auch ein Leckerli angebracht. Verteilen Sie das aber nur vom Pferd aus, wenn Sie sicher sind, daß keines der Pferde aus Eifersucht eine Keilerei anfängt!

Anhalten

Idealerweise sollten Handpferd und Reitpferd beim Stopp ruhig nebeneinander stehenbleiben. In den ersten Übungsstunden mit Ihrem Fohlen wird das aber kaum klappen. Wenn Ihr Lehrling beim Führtraining vom Boden aus gelernt hat, auf Kommando anzuhalten, wird er zwar stoppen, dann aber vor Aufregung über die neue Situation herumtanzen, den Kopf über den Hals des Führpferdes legen oder am Sattelzeug schnuppern.

Seien Sie hier am Anfang nicht zu streng. Das Fohlen muß ja nicht alles auf einmal lernen. In den ersten Übungseinheiten konzentrieren Sie sich darauf, dem Fohlen beizubringen, ruhig und am durchhängenden Strick auf beiden Händen neben dem Reitpferd herzugehen. Erst wenn ihm auf diese Weise die Grundposition völlig vertraut ist, beginnen Sie mit konkretem Training zum Anhalten.

Am besten stoppen Sie zunächst so, daß das Fohlen zwischen Führpferd und Zaun

Merle stoppt auch ohne Zaunbegrenzung korrekt.

zum Stehen kommt. Dann kann es nicht mit der Hinterhand ausfallen. Erst danach üben Sie auch auf der anderen Hand, aber bitte nicht stundenlang! Bevor Ihr junges Handpferd gelassen eine Viertelstunde neben dem Führpferd stehenbleibt, während Sie mit der Nachbarin plauschen, wird noch viel Zeit vergehen! Vorerst genügt es, wenn die Pferde ruhig stehenbleiben, während Sie langsam bis zehn zählen.

Antraben

Sobald Ihr Fohlen im Schritt willig mitgeht und auch bei Wendungen und Handwechseln, beim Stoppen und Wiederantreten gut mitarbeitet, können Sie Ihr Ge-

spann zum ersten Mal antraben. Falls Ihr Führpferd gut dressurmäßig geritten ist und sich im Trab in der Bahn tempomäßig hundertprozentig regulieren läßt, können Sie auch diese Übung in der Bahn veranstalten. Wenn nicht, kann es sinnvoller sein, den ersten Trab auf eine gerade Strecke im Gelände zu verlegen. Vielleicht kann Sie ein anderer Reiter als Helfer begleiten.

Orientieren Sie sich beim ersten Antraben auf jeden Fall an Ihrem Handpferd. Wenn Sie Ihr Führpferd einfach beschleunigen, wird der Lehrling mit ziemlicher Sicherheit nicht sofort mitlaufen, er erhält dann einen ungewollt harten Ruck am Führstrick und wird wahrscheinlich irritiert stehenbleiben. Dann müssen Sie entweder loslassen oder Ihr Reitpferd hart verhalten – auf jeden Fall ein schlechter Start für Ihre Trabarbeit.

Oben: Vor dem Antraben wird das Handpferd in
die richtige Position gebracht.

Unten: Merle bleibt auch beim Antraben an
Birnas Schulter.

Ein Engpaß auf dem Hufschlag

Statt dessen treiben Sie Ihr Führpferd in einen rascheren Schritt und geben dem Handpferd, notfalls mit der Gerte, das Kommando zum Antraben, das es schon aus der Führarbeit vom Boden kennt. Macht das Handpferd nun den ersten Trabschritt, so lassen Sie auch das Reitpferd antraben. Die beiden kommen dann etwa gleichzeitig in die schnellere Gangart, der Führstrick hängt weiterhin durch. Möglicherweise wird das junge Pferd im Trab bald etwas schneller. Dann müssen Sie mit Gerte und Führstrick verhalten. Gestalten Sie die Trabreprisen am Anfang nicht zu lang. Es ist sehr anstrengend für das junge Pferd, sich dem Trabtempo des anderen anzupassen.

Beim Durchparieren zum Schritt geben Sie beiden Pferden gleichzeitig das Kommando, ruhiger zu werden, passen sich aber beim „Ausbremsen" dem Tempo des jungen Pferdes an.

Engpässe
Auf die Dauer muß Ihr Handpferd lernen, sich auf ein Handzeichen hin auch hinter dem Führpferd einzuordnen. Das ist aber eine Aufgabe für Fortgeschrittene, die Sie frühestens mit dem Zweijährigen, besser erst mit dem Drei- oder Vierjährigen üben sollten. Jüngere Fohlen könnten Sie damit leicht überfordern. Das bedeutet natürlich nicht, mit ihnen jeglichen Engpaß im Gelände zu umgehen. Bei natürlichen „Fahrbahnverengungen" versteht selbstverständlich auch der Jährling, daß man hier nicht nebeneinander durchkommt. Nach der Durchquerung nimmt man sich dann einfach etwas Zeit, die Leinen wieder zu ordnen.
Eine gekonnte Passage durch den Engpaß gestaltet sich da eleganter. Hier erkennt man die Notwendigkeit einer Positionsveränderung schon vor dem Durchgang und zeigt das dem Pferd an, indem man die rechte Hand mit Führstrick und Gerte langsam nach hinten führt und sich auf den Rücken legt. Diese Hilfe hat sich sehr

Der freistehende Engpaß ist eine Übung für
Fortgeschrittene ...

Im Gelände ist die Übung leichter verständlich.
Grainné ordnet sich brav hinter Glaumur ein.

bewährt, denn sie zeigt dem Pferd nicht
nur leichtverständlich an zurückzubleiben, sondern legt auch noch die Gerte als
visuelle Schranke hinter den Reiter. Das
Pferd läßt sich nun zurückfallen, passiert
an zweiter Position den Engpaß und
kommt wieder nach vorn, sobald der Reiter die Hand in Normalposition zurück-
führt.

Man trainiert diese Hilfengebung zunächst in der Bahn oder auf der Weide mit
künstlichen Engpässen, zum Beispiel in
einer Gasse aus Sattelböcken oder Schub-
karren. Idealerweise baut man dieses Hindernis zunächst an der Bande auf und reitet auf der linken Hand an, damit das
Pferd nicht auf die Idee kommt, rechts
daran vorbeizulaufen. Später genügt eine

Gasse aus Stangen, und schließlich sollte das Pferd auch allein auf Handzeichen die Position wechseln – egal, ob da ein Engpaß ist oder nicht.

Hindernisse

Mitunter sind auch beim Handpferdereiten Gräben zu überqueren oder Auf- und Absprünge zu überwinden. Das ist selbst dann schwierig, wenn beide Pferde das Hindernis kennen, denn ihr Absprung muß ja synchron erfolgen. Stellen Sie die Pferde in diesem Fall gerade nebeneinander vor das Hindernis und wecken Sie die Aufmerksamkeit des Handpferdes durch Ansprechen oder Anticken mit der Gerte. Es muß darauf vorbereitet werden, daß gleich eine Hilfe kommt. Wenn es vor dem entscheidenden Treiben verträumt in die Gegend schaut, kann es nicht schnell genug reagieren.

Nun treiben Sie das Handpferd mit der Gerte an, fordern es zum Sprung auf und geben Ihrem Reitpferd die Hilfe zum Abspringen, sobald sich das Handpferd zum Absprung anspannt. Ihr Reitpferd kommt dann Sekundenbruchteile nach dem Handpferd auf der anderen Seite an, aber Sie sollten trotzdem noch die Möglichkeit haben, beide Pferde sanft auszubremsen, das Handpferd also nicht in den Führstrick rennen zu lassen oder es gar mit einem Halfterzug auf der Nase für den gelungenen Sprung zu „strafen".

Wenn Sie das Jungpferd beim Handpferdereiten mit einem neuen Geländehindernis vertraut machen wollen, empfiehlt es sich, einen längeren Führstrick mitzunehmen. Dann kann es auf der einen Seite des Hindernisses warten und „überlegen", während das Reitpferd den Sprung bereits überquert hat.

Bitten Sie in einem solchen Fall aber am besten einen Helfer mit einem weiteren geländesicheren Pferd dazu. Der kann dem Fohlen zwischendurch mehrfach demonstrieren, daß die Sache wirklich keine Gefahren birgt, und er kann von hinten treibend einwirken. Stehen Sie dagegen allein, sieben Meter entfernt von Ihrem Fohlen im Gelände, und der Nachwuchs entschließt sich plötzlich, nach hinten zu zerren oder gar umzudrehen und nach Hause zu laufen, haben Sie schlechte Karten!

An der Longe

Der Sinn der Longenarbeit für die Ausbildung des jungen Reitpferdes wird besonders in konventionellen Reitställen weit überschätzt. Dort ist diese einfachste Art, das Pferd ohne Reiter zu bewegen, im Grunde die einzige Vorbereitung auf seine spätere Arbeit als Reitpferd. Der Nachwuchs wird oft schon als Absetzer anlongiert und dann bis zu seinem dritten Lebensjahr immer wieder an die Longe genommen. Abwechslung schafft allenfalls der differierende Einsatz von Hilfszügeln. Für die Psyche des jungen Pferdes und erst recht für seinen im Wachstum begriffenen Bewegungsapparat ist eine solche „Ausbildung" allerdings eher schädlich. Die Anzahl der Kommandos, die ein Pferd an der einfachen Longe lernen kann, ist zu begrenzt, um das Tier über Jahre zu beschäftigen. Sobald es Grundgangarten und Anhalten perfekt beherrscht, das Ganze aber zum dritten Mal in einer Woche wiederholen soll, wird es sich langweilen und Unarten entwickeln, um die Stunde interessanter zu gestalten. Greift der Mensch dann zum Hilfszügel als Strafmaßnahme, ist der Weg in den Dauerstreit zwischen Pferd und Ausbilder geebnet.

Hinzu kommt, daß sich das Pferd an der Longe ständig auf einer Kreisbahn be-

Junge Pferde sollten auf großen Zirkeln longiert werden.

wegt, der Bewegungsapparat also einseitig belastet wird. Natürlich versucht man, das zu mildern, indem man häufig die Hand wechselt, aber das bedeutet nur abwechselnde Mehrbelastung und keinen Verzicht darauf. Wenn überhaupt, so sollten sehr junge Pferde deshalb nur auf sehr großen Zirkeln longiert werden – was allerdings kaum funktioniert, wenn man sich in den oben skizzierten Dauerstreit begibt! Zeigt das Pferd nämlich erst einmal Widersetzlichkeiten, so wird der Zirkel erfahrungsgemäß immer kleiner, der Ausbinder immer kürzer, das Tempo immer höher … ein Teufelskreis, dem man eigentlich nur dann entgehen kann, wenn man den Stellenwert des Longierens im Rahmen der Gesamtausbildung drastisch reduziert.

Ein junges Pferd braucht keine künstliche Bewegung an der Longe. Es sollte seine Muskeln, Sehnen und Gelenke im Spiel mit anderen Pferden auf der Weide trainieren und nicht beim stupiden Im-Kreis-Gehen. Reitmeister wie Guérinière vermittelten diese schlichte Weisheit übrigens schon im 18. Jahrhundert. Sie empfahlen, das Pferd erst kurz vor dem Anreiten an die Longe zu nehmen, und rieten zu Arbeitssequenzen von fünf bis zehn Runden auf jeder Hand!

Wann ist Longieren sinnvoll?

Allen Bedenken zum Trotz ist es durchaus sinnvoll, das Pferd mit drei bis vier Jahren anzulongieren. An der langen Leine lernt es, seine Gangarten auseinanderzuhalten und auf Kommando zu zeigen. Es trainiert die Reaktion auf Stimmkommandos und kann an der Doppellonge oder mittels Fahren vom Boden aus lernen, sich auch dann lenken zu lassen, wenn der Ausbilder nicht vor oder neben, sondern hinter ihm geht. Zudem gehört es hierzulande einfach zur Grundausbildung eines Reitpferdes, sich annehmbar longieren zu lassen. Das wird zum Beispiel wichtig, wenn eine Tierarztuntersuchung unter Belastung ansteht, oder wenn man nach überstandener Lahmheit sehen will, ob das Pferd klar geht.

Ausrüstung

In konventionellen Reitställen wird meist mit Trense, Longiergurt und Ausbinder longiert. Das mag für ein erwachsenes Pferd sinnvoll sein, ein junges Pferd in der ersten Ausbildungsphase überfordert es nur. Beginnen Sie die Arbeit mit Ihrem Dreijährigen deshalb mit einem gut sitzenden Halfter, in dessen seitlichen Ring Sie eine einfache Longe oder auch einen mit Karabinerhaken versehenen runden Strick einhängen. Noch besser wäre die Verwendung eines Kappzaums, der genauere Einwirkung ermöglicht und später auch die Trensengewöhnung erleichtert. Wichtig sind eine lange Longierpeitsche, mit deren Schlag Sie das Pferd von der Mitte des Zirkels aus erreichen können,

---

DER RICHTIGE KAPPZAUM

Die Anschaffung eines Kappzaums zum Longieren, für eventuelle Doppellongenarbeit und vielleicht auch als erste Reitzäumung ist auf jeden Fall empfehlenswert. Wählen Sie aber unbedingt ein stabiles, gut sitzendes Ledermodell. Billigkappzäume aus Nylon verrutschen leicht und wirken dann nur schärfer, aber nicht präziser als das Halfter.

Für Ponys und Kleinpferde sind handelsübliche Kappzäume oft zu groß. Zumindest wirken sie sehr massig an den zierlichen Pferdeköpfen. Gefälligere, oft sehr schön verarbeitete Modelle gibt es im englischen Reitsportbedarf. Den meisten nordischen Ponys passen die Zäume für Cobs. Man erhält solche Kappzäume zum Beispiel auf Messen, auf denen englische Reitsportgeschäfte vertreten sind. Falls der Händler gerade keine bei sich hat, läßt sich eine Bestellung arrangieren. Auch im Islandpferdebereich werden gelegentlich Kappzäume für Kleinpferde angeboten – meist ebenfalls englische Modelle. Hier lohnt sich jedoch ein Preisvergleich. Wer direkt beim Engländer kauft, kann oft viel Geld sparen.

Der Kappzaum wirkt etwas voluminös an Flamencas kleinem Kopf, ist aber richtig verschnallt.

Longierzirkel schnell abgesteckt

und ein Longierzirkel. Er hilft dem jungen Pferd, sich bei der Arbeit auf der Kreisbahn zu konzentrieren. Unarten wie Umdrehen, Wegstürmen und Sich losreißen wird dabei von vornherein vorgebeugt. Das Pferd lernt leichter und schafft sich

und seinem Ausbilder schneller Erfolgserlebnisse.

Dabei braucht der Übungszirkel nicht gleich Round Pen-Qualität zu haben. Gewöhnlich genügt ein Kreis aus Elektrozaunstäben und Flatterband. Auf einem Stück abgefressener Weide und erst recht auf einem Reitplatz ist er in wenigen Minuten abgesteckt und ebenso schnell wie-

---

DER SCHNELLE ZIRKEL – ROUND PEN BLITZSCHNELL ABGESTECKT

Um schnell einen Longierzirkel abzustecken, brauchen Sie 7 bis 9 möglichst leichte Elektrozaunstäbe, eine etwa 7 Meter lange Longe sowie Flatterband aus dem Baumarkt.

Fixieren Sie zunächst den Mittelpunkt Ihres Zirkels, indem Sie einen Zaunstab einsetzen. Um diesen Stab legen Sie die Schlaufe am Ende der Longe. Nun straffen Sie die Longe und setzen in 7 Meter Entfernung zum Mittelpunkt den ersten E-Stab ein. Dann umrunden Sie den

Mittelpunkt mit der gespannten Longe und setzen die anderen Stäbe in möglichst gleichmäßiger Entfernung. Schließlich brauchen Sie nur noch den Mittelstab zu entfernen und die Außenstäbe mit Flatterband zu verbinden.

Bei der ersten Begegnung mit diesem Zirkel wird Ihr Pferd vielleicht das Flatterband fürchten. Geben Sie ihm in diesem Fall etwas Zeit, sich damit auseinanderzusetzen, bevor Sie mit der Arbeit beginnen.

der zusammengeräumt. Soll der Zirkel länger stehenbleiben oder ist das Pferd als etwas unsensibel bekannt, befestigen Sie Ihre Begrenzung mit Strohballen und darübergelegten Stangen.

Im geschlossenen Longierzirkel sind im übrigen auch Freiarbeit nach Art der Round Pen-Methode sowie Übungen zum Rückwärts- und Seitwärtsgehen möglich. Halten Sie das Pferd im beschriebenen „Einfachst-Round Pen" aber immer beschäftigt. Hat es erst einmal begriffen, wie leicht sich Flatterband zerreißen und aufgelegte Stangen abwerfen lassen, so beendet es die Arbeitssequenz nach eigenem Ermessen!

Vorwärts in den Grundgangarten

Theoretisch können Sie Ihr Pferd im Longierzirkel ganz ohne Hilfe anlongieren. Sie führen es dazu zunächst auf den Huf-

schlag, lassen es dann mit den schon beim Thema „Führen" beschriebenen Hilfen größeren Abstand von Ihnen halten und entfernen sich langsam zunächst nach hinten-seitwärts, dann ganz in die Mitte des Zirkels. Einfacher ist es natürlich, das Pferd in den ersten ein oder zwei Arbeitssequenzen von einem Helfer betreuen zu lassen. Sie bleiben dann gleich in der Mitte oder fast in der Mitte des Zirkels stehen, und der Helfer zeigt dem Lehrling den Weg über den Hufschlag.

Das Anlongieren wird deutlich erleichtert, wenn Sie sich dabei Erkenntnisse aus der Round Pen-Methode, also „Redewendungen aus dem Bereich der natürlichen Körpersprache" zu eigen machen. Das heißt, Sie treiben das Pferd nicht einfach von der Mitte des Zirkels aus mit der Peit-

Zunächst führt eine Helferin das Pferd.

sche an, sondern begeben sich seitwärts hinter das Tier, um es in Gang zu bringen. Knallen Sie dabei nicht mit der Peitsche und schreien Sie das Pferd nicht an. Richtig ist ein ruhiges, aber bestimmtes Kommando, möglichst eines, das dem Pferd schon aus dem Führtraining bekannt ist.

Tritt das Pferd nun im Schritt an, so begeben Sie sich auf die Höhe seiner Schulter. Das bedeutet dem Lehrling, diese Gangart und Geschwindigkeit beizubehalten. Bleiben Sie aber nicht starr in der Mitte des Zirkels stehen, sondern wandern Sie in einem kleinen Kreis mit. Das entspricht zwar nicht der Longierordnung, die etwa Voltigierausbildern beigebracht wird, ist aber pferdefreundlich und ermöglicht einen deutlicheren Einsatz der Körpersprache.

Um das Pferd anzutraben, treten Sie wieder seitlich hinter Ihren Lehrling und treiben mit der Peitsche, nachdem Sie das gewohnte Stimmkommando gegeben haben. Sobald das Pferd trabt, gehen Sie in die Grundposition auf Schulterhöhe.

Nun wird all das nicht immer so idealtypisch verlaufen, wie es hier geschildert wurde. Vielleicht haben Sie ein etwas phlegmatisches und zudem auch noch ein wenig respektloses Pferd, das sich nicht aus der Ruhe bringen läßt, nur weil Sie sich gerade mal in Treibposition begeben. In diesem Fall müssen Sie die Peitsche mit etwas mehr Elan einsetzen. Touchieren Sie Ihr Pferd dazu zunächst mit dem Peitschenschlag an der Hinterhand. Arbeitet es dann immer noch nicht, obwohl es das Kommando zum Antraben von der Führarbeit her kennt, so geben Sie ihm einen kräftigen Klaps.

Die treibende Position – noch dominieren körpersprachliche Hilfen.

Die neutrale Position auf Höhe der Pferdeschulter – das Pferd sollte seine Geschwindigkeit jetzt nicht verändern.

Hier wie bei jeder Gewaltanwendung in der Pferdeausbildung gilt: so selten wie möglich, aber wenn, dann auch wirklich konsequent!

Ihr Pferd soll bei der ersten Widersetzlichkeit lernen, daß Sie sein Spiel nicht mitspielen. Unterlassen Sie die deutlichen Hilfen, so haben Sie bald einen Lehrling, der sich jedesmal langsam in den Trab hinein „touchieren" läßt und kein Kommando befolgt, ohne auszuprobieren, ob Sie sich auch wirklich durchsetzen. Denken Sie an das ranghöhere Pferd in der Herde, das auch nicht zweimal droht, bevor es seinen Untergebenen mittels Biß in Gang setzt!

Vielleicht reagiert Ihr Pferd aber auch be- sonders stark auf Ihre treibenden Hilfen und setzt sich gleich in Trab, wenn Sie es eigentlich nur in den Schritt bringen wollten. Dann gilt es zunächst, es wieder zu beruhigen, indem Sie die Peitsche sinken lassen und sich auf Halshöhe des Pferdes begeben. Je weiter nach vorn Sie gehen, desto langsamer sollte das Pferd werden. Rennen Sie aber nicht, um diese Position zu erreichen, sondern bleiben Sie gegebenenfalls lieber stehen, bis das Pferd Sie einmal umrundet hat, und wirken Sie dann wieder beruhigend ein. Beim nächsten Versuch muß die treibende Hilfe dann erheblich vorsichtiger und verhaltener erfolgen.

Ob Sie das Pferd an der Longe galoppieren oder sich in den ersten ein oder zwei Jahren auf Schritt und Trab beschränken, hängt von der Gangveranlagung Ihres Lehrlings ab, die wiederum oft rassebedingt ist. So bieten zum Beispiel die mei-

Galopp auf dem Zirkel verlangt gute Körperbeherrschung.

sten Araber einen langsamen, quasi „hin-
getupften" Galopp an der Longe an, der
aus dem ruhigen Trab oder aus dem
Schritt heraus leicht zu erarbeiten ist.
Man treibt das Pferd auf keinen Fall aus
einem hohen Trabtempo heraus hinein,
sondern gibt einen plötzlichen Impuls anzuspringen, verbunden mit einem deutlich auffordernden Kommando wie etwa
„Hopp!".
Andere Pferderassen, allen voran Gangpferde und schwere Barockpferde wie
etwa Friesen oder Kladruber, tun sich
schwer mit dem Galopp an der Longe. Als
geborene Trabpferde beziehungsweise
Pferde, die für mittlere Gangarten gezüch-
tet wurden, brauchen sie ein gehöriges
Maß an Schwung, um in die gesprungene

Gangart zu kommen. Das ändert sich
zwar, wenn sie im Verlauf ihrer Ausbildung lernen, sich versammeln zu lassen
und ihr Gewicht verstärkt mit der Hinterhand aufzunehmen, aber ein dreijähriges
Jungpferd ist damit erheblich überfordert.
Es gerät auf der Kreisbahn leicht ins Rennen und ins Rutschen, fällt womöglich hin
oder gerät in Panik. Galoppieren an der
Longe außerhalb eines Longierzirkels endet in den meisten Fällen mit Peitschen-
knallen und Geschrei des Ausbilders, rasenden Galoppaden um die Kurven, Aus-
fall der Hinterhand und letztlich Kreuz-
oder Vierschlaggalopp.
Sofern Ihr Pferd also keinen ruhigen Galopp im Longierzirkel anbietet und falls es
Anzeichen von Gangveranlagung erkennen läßt, wie etwa gelegentliches Paßge-
hen im Schrittempo, so verzichten Sie vorerst auf den Galopp. Entscheidend wichtig
für die Gymnastizierung und Vorberei-

tung auf die Arbeit unter dem Sattel ist sowieso die Arbeit im Trab.

Übrigens ist rudimentäre Gangveranlagung in vielen Pferderassen angelegt, die man gemeinhin nur als Dreigänger kennt. So findet man sie unter anderem beim Friesen, aber auch in britischen Ponyrassen wie etwa Tinker und Welsh Cob. In Ausbildungsanweisungen für deutsche Warmblutpferde nahmen die Hinweise zum Training gegen den Paßgang noch vor fünfzig Jahren viel Raum ein, und sicher hat man auch heute noch gelegentlich einen paßveranlagten Warmblüter. Machen Sie sich also nichts daraus, wenn Ihr Pferd scheinbar „aus der Art schlägt", sondern seien Sie stolz darauf, dieses kleine Problem zu erkennen, statt Ihr Pferd aus Unkenntnis mit Strafen und falschem Trainingsaufbau zu traktieren.

Anhalten und Wenden

Im Grunde ergibt sich die körpersprachliche Hilfe zum Anhalten schon aus dem oben Gesagten. Wenn das Pferd immer langsamer wird, je weiter vorn man neben ihm hergeht, so wird es stoppen, sobald man es überholt.

Der „natürliche" Stopp im Rahmen des Round Pen-Trainings besteht denn auch darin, dem Pferd buchstäblich „in den Weg zu laufen". Man fixiert die Stelle, an der das Pferd in einigen Sekunden sein wird, und begibt sich dorthin. Das Pferd hält an. Später genügt es, sich einfach in die Richtung zu bewegen und das Kommando zum Anhalten zu geben. Wenn Sie gut vorgearbeitet haben und das Pferd dieses Kommando schon aus der Führ- und Handpferdearbeit kennt, so klappt das wahrscheinlich auf Anhieb.

„SPRACHREGELUNGEN"

Überlegen Sie sich die Kommandos für Schritt, Trab und Galopp, bevor Sie mit der Longenarbeit beginnen, und weichen Sie später nicht davon ab. Das Pferd kann nicht heute auf „Hopp!" und morgen auf „Ga – lopp!" angaloppieren! Achten Sie dabei auf möglichst unterschiedlich klingende Worte. Es ist sehr schwierig für ein Pferd zum Beispiel „Ho" für „Halt" und „Los!" für „Schritt" auseinanderzuhalten. Zudem möchten Sie das Pferd ja auch einmal aus dem Trab in den Schritt zurückholen, und dann werden Sie kaum das Kommando „Los" verwenden wollen. Reden Sie während der Arbeit auch nicht ständig auf das Pferd ein. Auf eine „Dauerberieselung" mit mehr oder weniger unverständlichen Worten reagiert es wie ein Schulkind: Es hört gezielt weg, und die wenigen wichtigen Kommandos kommen nicht an. Besser ist, Sie entscheiden sich für ein paar prägnante Worte, mit denen Sie loben oder tadeln, und sprechen das Pferd nur dann an, wenn es wirklich etwas zu sagen gibt.

Vielleicht finden Sie all diese Anweisungen sehr simpel und absolut überflüssig, aber ihre Nichtbeachtung ist der Grund für fast alle Probleme mit Pferden, die „einfach nicht auf Stimmkommandos hören wollen" und ihre Besitzer damit in jeder Longenstunde enttäuschen. Theoretisch ist es möglich, ein Reitpferd allein auf Stimmkommandos abzurichten. Wenn das bei uns allen nicht funktioniert, so liegt das ausschließlich an unserer mangelnden Konsequenz.

Einfache Wendung auf der Hinterhand

Das ist sehr wünschenswert für Sie, denn das Anhalten durch in den Weg Stellen gestaltet sich nicht ganz einfach, wenn man dabei mit Longe und Peitsche herumhantiert. Am besten übt man es in Freiarbeit, sofern das Pferd den selbstgebauten Round Pen akzeptiert. Hat das Anhalten funktioniert, so gehen Sie zu Ihrem Pferd und loben und belohnen es. Treiben Sie es aber energisch von sich weg, wenn es dann bei Ihnen bleiben möchte, sobald Sie es wieder antreten lassen.

Idealerweise sollte Ihr Pferd beim Longieren auf der Kreisbahn bleiben und auf Sie warten, wenn es angehalten wurde, um belohnt oder auf die andere Hand geschickt zu werden. Versierte Ausbilder holen es dazu aber auch mittels „Appell" in die Mitte oder binden das Kommando zum Wenden in die Hilfengebung an der Longe ein.

Im Rahmen der Freiarbeit ist letzteres ganz einfach: Sie treten vor das Pferd, als ob Sie es stoppen wollten, geben aber kein Kommando zum Anhalten, sondern bilden mit Hand und Peitsche eine Art Sperre, die es in die umgekehrte Richtung lenkt. An der Longe wird das allerdings durch die Leine erschwert. Während Profis hier sehr geschickt hantieren, finden sich Anfänger und Pferd meist schnell in einem wahren Longengewirr wieder. Aber auch hier gilt: Übung macht den Meister.

„Appell", wenn auch noch nicht in vollkomme-
ner Manier: Gwen wendet zur Mitte hin ab ...

... und wird „durch den Zirkel" auf die andere
Hand geschickt (unten).

Widersetzlichkeiten

Wie gesagt hält man das Pferd zum Wenden am besten an, geht zu ihm und lenkt es in die neue Richtung. Nicht immer ist das jedoch im Sinne des Pferdes! Genau wie wir Menschen Links- oder Rechtshänder sind, haben auch fast alle Pferde eine bevorzugte Seite und bewegen sich folglich lieber auf der rechten beziehungsweise linken Hand. Arbeitet man sie andersherum, so machen sie oft Anstalten, die Richtung selbständig wieder zu wechseln. Wenn ihnen das gelingt, sind wir als Longenführer in einer reichlich ungünstigen Position. Schließlich hat uns das Pferd nicht nur übertölpelt, was das menschliche Selbstbewußtsein meist nicht gut verkraftet, sondern es freut sich auch noch sichtlich an dem gelungenen Coup und trabt oft mit aufgestelltem Schweif vergnügt in seine Lieblingsrichtung. Klar, daß es nie etwas von einem Kommando zum Anhalten gehört hat! Obendrein ist die Longe jetzt falsch verschnallt, und unser Ziehen und Zerren nutzt gar nichts. Freuen Sie sich in einem solchen Fall über Ihren Longierzirkel, denn sonst wäre Ihr Pferd jetzt wahrscheinlich nicht nur auf der „falschen Spur", sondern auch noch auf dem Weg zum Stall. So aber bleibt es wenigstens in erreichbarer Nähe und kann ohne großen Aufwand gestoppt werden.

Falls Sie sich ausführlich mit der „natürlichen" Körpersprache beschäftigt haben, sollten Sie das Pferd mit dem entsprechenden in den Weg Laufen anhalten können. Weniger geschickte Zeitgenossen verkürzen die Longe, wobei sie sich unweigerlich ihrem Pferd nähern, und bringen es damit auf die Dauer zum Stehen. Schimpfen Sie jetzt nicht – es würde doch nichts nützen! –, sondern drehen Sie das Pferd wortlos wieder in die richtige Richtung und passen Sie von nun an besonders gut auf. Zum zweiten Mal darf dem Pferd die Wende nicht gelingen. Gehen Sie also leicht hinter ihm und treiben Sie es energisch in flotten Trab. Sobald es Anstalten macht, sein Tempo zu reduzieren oder sich aus vollem Speed herumzuwerfen, tadeln Sie empört und touchieren mit dem Peitschenschlag. Wenn Sie dann noch einige Tage etwas länger auf der ungeliebten Hand longieren als auf der bevorzug-

---

VIERECK STATT LONGIERZIRKEL?

Für viele Ausbilder ist es einfacher, sich ein Quadrat für die Arbeit mit ihrem Jungpferd abzustecken als einen Kreis. So kann man zum Beispiel eine Weideecke oder eine Reitplatzecke nutzen. Manche Buchautoren und Reitlehrer fordern auch gezielt ein Viereck für den Einsatz ihrer Ausbildungsmethoden.

Im Prinzip können Sie die beschriebene Longenarbeit und auch jede Round Pen-Arbeit ebensogut in einem Viereck durchführen wie im Kreis. Sie müssen hier nur darauf achten, daß Ihr Fohlen sich nicht in einer Ecke „verkriecht", um sich den Hilfen zu entziehen. Das kann besonders bei Freiarbeit mit ängstlichen Pferden gefährlich werden, denn hier haben Sie kaum eine Möglichkeit, das Pferd wieder aus der Ecke zu holen, ohne sich in den Schlagbereich seiner Hinterhufe zu begeben. Gerät das Pferd in Panik und keilt, kann es Sie ernsthaft verletzen. Arbeiten Sie im Viereck also am besten nur an der Longe und vermeiden Sie es, das Pferd in den Ecken anzuhalten.

ten, sollte sich das Pferd an die Sache gewöhnt haben und das Umdrehen in Zukunft lassen. Aber Vorsicht: Es gibt begabte „Beidhänder", die ihre bevorzugte Richtung sehr häufig wechseln. Bei ihnen genügen schon wenige Arbeitssequenzen auf der ungeliebten Hand, um sie so zu gymnastizieren, daß sie zur Lieblingsrichtung avanciert. Später werden diese Experten Sie mit ständig wechselnder Bevorzugung von Rechts- und Linksgalopp und dauerndem Umsetzen beim Leichttraben überraschen. Ärgern Sie sich nicht darüber, sondern freuen Sie sich über Ihr von Natur aus geschicktes und bewegliches Pferd. Sie müssen hier nur besonders darauf achten, auf beiden Händen absolut gleichmäßig zu arbeiten.

Von der Körpersprache zur Peitschenhilfe

Die körpersprachlichen Hilfen aus der Round Pen-Arbeit helfen Ausbilder und Pferd, sich im Longierzirkel zu verständigen. Auf die Dauer soll das Pferd allerdings von der Mitte des Zirkels aus beeinflußt werden und sich auch außerhalb des Zirkels longieren lassen.
Reduzieren Sie die körpersprachlichen Hilfen also im Laufe der Ausbildung zugunsten von Stimmhilfen und Peitschenhilfen. So sollte es schließlich nur noch einer Peitschenbewegung in Richtung Kruppe bedürfen, um das Pferd anzutreiben. Die ruhig gehaltene Peitsche gewährleistet ein Beibehalten der Geschwindigkeit, Temporeduzierung und Anhalten funktioniert auf Stimmhilfe.
Natürlich können Sie auch die letzteren Befehle durch Peitschenhilfen unterstreichen – etwa indem Sie die Peitsche vor das Pferd halten oder auf seine Schulter zielen. Auf jeden Fall sollten Sie den Longierzirkel verlassen, sobald das Pferd auf

Ihre leichten Hilfen reagiert, keine Anstalten mehr macht umzudrehen und entspannt und schön gebogen auf der Kreisbahn arbeitet. Wahrscheinlich wird es nun auch außerhalb des Zirkels willig mitarbeiten. Verlegen Sie die ersten Übungssequenzen aber vorsichtshalber in einen umzäunten Bereich, idealerweise in die Ecke eines Reitplatzes oder einer Weide.

Hilfszügel

Viele Reiter sehen im Longieren schwerpunktmäßig die Chance, schon vor dem Anreiten an der Haltung des Pferdes zu arbeiten. Dazu kommen dann mehr oder weniger martialische Hilfszügel ins Spiel, die oft nur dazu dienen, das Pferd in eine scheinbar „schöne", dressurmäßige Haltung hineinzuzwängen. Viele Reiter sind sich ihrer genauen Wirkung überhaupt nicht bewußt. Hier deshalb etwas Theorie, die Ihnen helfen soll zu entscheiden, ob Sie Hilfszügel brauchen und welche Sie einsetzen.
Das Pferd ist zwar von Natur aus dafür geeignet, einen Reiter zu tragen, es wird aber nicht dazu geboren. Ebenso wie ein Mensch sich um korrekte Tragtechnik bemühen muß, wenn er über Jahre hinweg immer wieder schwere Lasten bewegen will, ohne körperlich Schaden zu nehmen, muß auch das Pferd dafür trainiert werden. Wichtig ist hier vor allem die Stärkung der Rücken- und Bauchmuskulatur und die Erarbeitung der richtigen Tragtechnik. Der Pferderücken soll den Reiter nicht aufnehmen wie eine Hängematte, sondern wie eine gelungene Brückenkonstruktion – elastisch, aber sicher und kraftvoll. Außerdem soll das Pferd lernen, sein eigenes Gewicht und das des Reiters nicht mit der Vorhand, sondern mit der wesentlich kräftigeren Hinterhand zu tragen, also schwungvoll unterzutreten.

Wenn schon Hilfszügel, dann flexible Konstruktionen wie das Gogue

Um all das zu ermöglichen, brauchen Wirbelsäule und Rückenmuskulatur eine gewisse Spannung. Sie entsteht durch das Zusammenwirken von Bauch-, Rücken- und Halsmuskulatur, vor allem mit Hilfe des elastischen Nackenbandes, das sich vom Nacken über den Hals des Pferdes zieht und ihn über die Dornfortsätze der Wirbel mit dem gesamten Rücken verbindet. Das Nackenband unterstützt die Streckmuskeln des Halses und spannt beim Abwärtsbiegen des Genicks und Strecken des Halses die Wirbelsäule. Es ist auch im Rückenbereich mit vielen Muskeln verbunden, unter anderem mit dem langen Rückenstrecker. Dieser stärkste Rückenmuskel kann dem Pferd das Untertreten erleichtern, indem er die Vorhand hebt. Untertreten, Tragfähigkeit und damit alle Voraussetzungen, den Reiter leicht und ohne Verschleißerscheinungen zu tragen, sind also von der Gesamthaltung des Pferdes abhängig. Insbesondere die Kopf-Hals-Haltung beeinflußt die Leistungsfähigkeit erheblich. Die edle, dressurmäßige Haltung, die wir bei gut gerittenen Pferden gern bewundern, ist insofern nicht Selbstzweck, sondern Voraussetzung für die von ihnen gezeigten Lektionen.

Leider ziehen viele Reiter aus dieser Erkenntnis den Schluß, man müsse ein Pferd nur irgendwie dazu bringen, die ideale Kopf-Hals-Haltung einzunehmen, dann käme alles andere wie von selbst. Sie zwingen es folglich möglichst von der ersten Longenstunde an in ein Korsett von Hilfszügeln und konzentrieren ihre gesamte Aufmerksamkeit auf die ersehnte „Beizäumung". Tatsächlich erreichen sie mit solchen Zwangsmethoden aber meist das Gegenteil, denn erstens reagiert ein Pferd auf Druck erst einmal mit Gegendruck und neigt folglich zur Widersetzlichkeit. Zweitens ist die Beizäumung, bei der die Anspannung des Nackenbandes durch Abknicken im Genick erreicht wird, eine Übung für fortgeschrittene Pferde. Sie kann erst über längere Zeit eingenommen werden, wenn Halsmuskulatur und Ohrspeicheldrüsen durch systematische Arbeit flexibel gemacht worden sind. Bei jungen, noch untrainierten Pferden erreicht man die Straffung des Rückens zunächst durch die Arbeit in Dehnungshaltung. Das Nackenband spannt sich nämlich auch dann, wenn sich das Pferd nach vorwärts-abwärts streckt. In dieser Haltung tritt die Hinterhand automatisch stärker unter und bereitet sich damit darauf vor, das Reitergewicht aufzunehmen.

Als Hilfszügel bei der Longenarbeit kommen folglich nur solche in Frage, die dem Pferd den Weg nach vorwärts-abwärts weisen, und auf keinen Fall Modelle, die es in die Beizäumung zwingen. So ist zum Beispiel der gebräuchliche Ausbindezügel sinnlos, während etwa das Gogue oder der zur Zeit sehr beliebte „Halsverlängerer" unterstützend wirken können.

Bevor Sie sich nun aber in Unkosten stürzen und all dieses Lederzeug anschaffen, beobachten Sie doch einmal Ihr Pferd beim freien Traben auf der Weide. In einigen Fällen wird es Ihnen dabei in Aufrichtung begegnen – zum Beispiel wenn es aufgeregt ist und Imponiergänge zeigt –, aber meist wird es mit eher gesenktem Kopf traben. Vielleicht trabt es auch mit leicht erhobenem Kopf, aber gewölbtem Hals freudig auf Sie zu. Nur sehr selten wird Ihnen dagegen ein Pferd unterkommen, das mit durchgedrücktem Unterhals und mürrischem Gesichtsausdruck über die Wiese trabt. Diese Erscheinung ist in aller Regel auf Reithallen und Longierplätze beschränkt und tritt hauptsächlich bei Pferden auf, deren Idealhaltung man

mittels Hilfszügeln fördern wollte. Vielleicht schließen Sie aus dieser Beobachtung, daß gar nicht so viel Aufwand nötig ist, das Pferd in die Wunschhaltung zu bringen …

Hier die einfachste Methode, Ihr Pferd in Dehnungshaltung zu arbeiten: Nehmen Sie sich zunächst Zeit, Ihr Jungpferd anzulongieren und mit dem Longierzirkel vertraut zu machen. In den wenigen Minuten, welche die ersten Arbeitssequenzen in Anspruch nehmen, wird es sich die Umzäunung ansehen, vielleicht etwas unsicher nach Ihnen oder den anderen Pferden schauen oder gar wiehern. Es muß lernen, die Hilfen zu verstehen, und wird seine Aufmerksamkeit dabei zwischen Ihnen und Ihrem Helfer hin und her wandern lassen. Die sehr entspannte Dehnungshaltung nimmt es dabei verständlicherweise nicht ein.

Nun sind jedoch die ersten Aufregungen vorbei, und das Pferd hat gelernt, auf dem Hufschlag zu gehen und Ihren von der Zirkelmitte aus gegebenen Hilfen zu folgen. Es geht entspannten Schlenkerschritt und macht einen ausgeglichenen Eindruck. Sie halten es an einer locker durchhängenden Longe. Wenn Sie das Pferd nun antraben, wird es wahrscheinlich erst wieder den Kopf heben und in die Gegend schauen. Erlauben Sie ihm das ein paar Runden lang und treiben Sie dann etwas intensiver mit der Peitsche, damit es stärker untertritt. In den allermeisten Fällen senkt Ihr Fohlen daraufhin Kopf und Hals und nimmt die perfekte Dehnungshaltung ein. Es geht mit schwingendem Rücken und weit untertretender Hinterhand. Loben Sie jetzt, lassen Sie das Fohlen ein paar Runden gehen und wiederholen Sie das Ganze auf der anderen Hand. Danach hat es für diesen Tag genug getan. „Longenmarathons" sind auf jeden Fall zu vermeiden!

Glaumur läuft gern mit sehr tiefer Nase.

Für das ,,normale" Freizeitpferd, mit dem Sie schwerpunktmäßig entspannte Ritte im Gelände anstreben, genügt ein solches Longieren in Dehnungshaltung zur Vorbereitung auf das Reiten. Sie können es später mit Sattel longieren und auch schon mal Trense und Zügel anlegen. Letztere werden dann locker am Sattel befestigt, damit Ihr Pferd sich ans Gebiß herantasten kann, wenn es das möchte, aber nicht in ,,Ausbinderhaltung" gezwungen wird.

Geht das Pferd mit Sattel entspannt an der Longe, so wird es wahrscheinlich auch unter dem Reiter keine Schwierigkeiten haben, die Dehnungshaltung einzunehmen.

Falls Sie die Longenarbeit intensiver betreiben und sich dabei auch schon etwas an die Arbeit in Aufrichtung herantasten möchten, ist die Beschäftigung mit der Doppellonge sinnvoller als das schlichte Einschnallen von Hilfszügeln.

EXTRATIPS FÜR GANGPFERDE

Ist Ihr Jungpferd stark paßveranlagt, so wird es unweigerlich Schwierigkeiten haben, sich auf der Kreisbahn im Trab auszubalancieren. Eventueller Zug an der Longe macht ihm das noch schwerer. Idealerweise sollten Sie Ihr Gangpferd deshalb zunächst auf großen Zirkeln im Freilauf arbeiten. Lassen Sie es dabei erst Schritt gehen und achten Sie darauf, daß es entspannt und nicht paßsig geht. Im Trab treiben Sie wieder energisch, auch wenn Sie dazu relativ nah hinter dem Pferd mitgehen müssen. Fällt das Pferd zwischendurch in den Paß oder tritt im Paß an, so geben Sie ihm etwas Zeit, in den Trab zurückzufinden. Es ist auf dem richtigen Weg dorthin, wenn es Anstalten macht, die Dehnungshaltung einzunehmen. Loben Sie in diesem Fall und treiben Sie weiter, bis es trabt. Bleibt das Pferd dagegen im verspannten Paß, so holen Sie es in den Schritt zurück und versuchen es noch einmal.

Mitunter werden Sie sehr viel Geduld brauchen, das junge Pferd auch nur zu einer ganzen Runde im Trab zu bewegen, aber Sie können sich damit trösten, daß Sie hier auf keinen Fall sinnlos Ihre Zeit vertun. Die Trabarbeit auf der

Arbeit unter dem Sattel. Die in Gangpferdekreisen derzeit sehr aktuelle Verwendung des ,,Smart Jock" oder ,,Spanischen Reiters" zur Doppellongenarbeit ist im Rahmen unseres Ausbildungskonzepts allerdings nicht akzeptabel. Der ,,Spanische Reiter" diente ursprünglich als Korrekturhilfe für Problempferde. Sein Einsatz beim jungen, unverdorbenen Pferd, dessen einziges

Cavalettiarbeit sichert den Trab.

Kreisbahn ist unschätzbar wertvoll für die Körperbeherrschung Ihres kleinen Paßgängers, und irgendwann lohnt er sie Ihnen mit weichem, lockerem Tölt oder Walk!

Doppellongenarbeit mit stark paßveranlagten Pferden fordert noch mehr Geduld und eine sehr sanfte, entgegenkommende Zügelführung. Falls Sie dieses Engagement aufbringen, ist sie jedoch eine ideale Vorbereitung auf die

Problem darin besteht, sich nicht in Rekordzeit zum Supertölter zu entwickeln, ist nicht im Sinne einer sanften, pferdefreundlichen Erziehung!

Achten Sie grundsätzlich darauf, jegliche Longenarbeit im Trab durchzuführen! Wenn Sie das Pferd Paß gehen lassen, schaden Sie der Gesamtausbildung mehr, als Sie ihr nutzen.

Falls das Pferd anbietet, die Aufgaben im Tölt zu erledigen, dürfen Sie sich freuen, denn dann wird es später sehr einfach sein, die Viertaktgangart unter dem Sattel abzurufen. Sie sollten das

Angebot aber nicht zu oft annehmen. Verbieten Sie den Tölt oder Walk nicht direkt, aber holen Sie das Pferd nach ein oder zwei Runden im sauberen Viertakt zurück in den Trab. Longenarbeit ist in erster Linie Gymnastizierung, und die

TRABARBEIT FÜR GANGPFERDE

Im Gegensatz zu Isländern und American Saddle Breds, die von jeher in mehreren mittleren Gangarten geritten und vorgeführt wurden, werden andere Gangpferderassen nur in den Viertaktgangarten gezeigt.

Das erweckt den Eindruck, Trab sei bei diesen Rassen fehlerhaft und sollte auch während der Ausbildung nicht gefördert werden. In der Praxis spricht allerdings alles gegen diese Annahme. Letztlich trägt nichts so sehr zu lockerem Tölt und

erfolgt im Trab. Eine Ballettänzerin, die ihre Übungen an der Stange sauber absolviert, wird später um so schöner tanzen. Und Ihr gut durchgymnastizierter Longentraber geht später um so klareren Tölt oder Walk!

erst recht zum korrekten Walk bei wie entspannte Trabarbeit in Dehnungshaltung.

Arbeiten Sie also ruhig auch Ihren jungen Tennessee Walker oder Paso nach den Anweisungen in diesem Buch, und lassen Sie sich nicht erzählen, bei diesen Rassen sei Trab genetisch nicht genügend fixiert, um ihn abfordern zu können. Eine reine Tölt- oder Walk-Veranlagung ist bei allen Gangpferderassen gleich selten.

Lenken von hinten

Der grundlegende Unterschied zwischen dem Reiten und dem Führen ist für das Pferd nicht nur das Gewicht im Rücken, sondern vor allem die veränderte Zügelführung. Es darf seinem „Leittier" Mensch jetzt nicht mehr einfach folgen, sondern soll vorausgehen und dessen Anweisungen selbständig ausführen.

In der „natürlichen" Körpersprache der Pferde untereinander gibt es dafür keine Vokabeln. Das Pferd muß also die Kunstsprache der Zügelhilfen erlernen. Da es selbstverständlich einfacher ist, sich langsam an neue Situationen heranzutasten und den Schüler Pferd beim Anreiten nicht gleichzeitig mit allen Neuerungen zu konfrontieren, gibt es im Rahmen verschiedener Ausbildungsmethoden Übungen zum Lenken von hinten. Die einfach-

ste dazu ist das sogenannte „Fahren vom Boden" aus der TT. E. A. M.-Methode und Leichten Reitweise. Auch viele Westernreiter bedienen sich ähnlicher Übungen, bleiben dazu aber oft im Round Pen. Bis zur Perfektion wird die Sache im Rahmen der klassisch-iberischen Ausbildungsmethode betrieben. Hier lernt das Pferd an der Doppellonge alle Hilfen zur Arbeit im Schritt und Trab kennen und beherrscht auch schon die ersten Seitengänge, bevor der Reiter zum ersten Mal aufsteigt.

Nun ist Doppellongenarbeit wie früher schon erwähnt schwierig und langwierig, und ihre ausführliche Erläuterung würde den Rahmen dieses Buches sprengen. Ich werde mich deshalb auf die Einführung des „Fahrens vom Boden" konzentrieren, Ihnen vorher aber ein oder zwei Vorübungen zur Doppellongenarbeit nahebringen. Für diese Anfangslektionen brauchen Sie

Spaziergänge am langen Zügel lockern die Alltagsarbeit auf.

noch keine spezielle Ausrüstung, sondern kommen mit einem einfachen Longiergurt und zwei schlichten, runden Stricken aus. Sollten Sie dabei Spaß an der Sache finden, wenden Sie sich am besten an einen guten Lehrer und belegen einen Kurs zur Einführung in die Kunst der Doppellongenarbeit.

Doppellongenarbeit

Ein Könner im Bereich der Doppellongenarbeit geht hinter oder leicht seitlich hinter dem Pferd und führt es am langen Zügel und mit Hilfe einer langen Gerte oder leichten Fahrpeitsche durch die schwierigsten Lektionen im Schritt, Trab und Zeitlupengalopp. Bis zu diesem Aus-

bildungsstand führt jedoch ein langer Weg, und die ersten Übungen dazu sind gänzlich unspektakulär. Über die einfache Longenarbeit gehen sie nur dahingehend hinaus, daß hier nicht mehr ausschließlich auf der Kreisbahn, sondern abwechselnd in der Biegung und auf der Geraden gearbeitet wird.

Bevor Sie mit der Arbeit an der Doppellonge beginnen, muß Ihr Pferd daran gewöhnt werden, einen Longiergurt zu tragen. Falls Sie keinen Kappzaum besitzen, sollte es auch schon mit der Trense vertraut sein. Am Stallhalfter durchgeführt bringt das Training wenig, denn hier kommen die Hilfen zu unpräzise an. Am besten gewöhnen Sie Ihr Pferd im Longierzirkel an die neuen Ausrüstungsgegenstände. Ein zutrauliches, nach den Anweisungen in diesem Buch ausgebildetes Jungpferd sollte dabei keine Schwierigkeiten machen. Schnallen Sie anschließend auch schon mal einen Strick in den äußeren Ring des Halfters oder der Trense und lassen Sie ihn über den Rücken des Pferdes oder unterhalb des Schweifs in der Beuge über dem Sprunggelenk entlanglaufen. Das gewöhnt das Pferd an die Doppellonge, bevor es sich auch noch auf Hilfen konzentrieren muß.

Im Rahmen der Arbeit im Longierzirkel hat Ihr Pferd gelernt, was an der Longe von ihm gefordert wird. Es wird nun auch ohne Begrenzung artig um Sie herumtraben. Klappt dieses einfache Longieren, so können Sie die Doppellonge einschnallen. In der ersten Zeit bedient man sich dazu der sogenannten V-Verschnallung des inneren Zügels. Dazu führen Sie die Longe zunächst von außen durch den seitlichen Ring des Kappzaums oder den

Trensenring und klinken die Longe dann am Longiergurt ein. Hat Ihr Longiergurt mehrere Ringe, so wählen Sie den obersten. Der äußere Zügel wird dagegen zunächst durch einen mittelhohen Ring des Longiergurtes gezogen und dann in den Trensenring oder seitlichen Kappzaumring eingeklinkt.

Mit dieser Verschnallung haben Sie innen eine Art „Schlaufzügelwirkung". Sie könnten Ihrem Pferd also erhebliche Unannehmlichkeiten bereiten, wenn Sie unsensibel zufassen. Vorsichtig geführt unterstützt die Longe dagegen die Dehnungshaltung und folgt dem Pferd auch in die Aufrichtung, sobald es sie anbietet.

Die V-Verschnallung fordert eine sichere, sanfte Hand. Falls Sie sich nicht zutrauen, das Pferd daran zu führen, verzichten Sie besser auf die Doppellongenarbeit und beschränken sich aufs einfache Longieren am Stallhalfter und „Fahren vom Boden".

Die V-Verschnallung

Nicht jeder muß den Klassikern nachstreben! Setzen Sie Ihr gutes Verhältnis zu Ihrem Pferd in Zweifelsfall nicht aufs Spiel. Wenn Sie sich für die Doppellongenarbeit entschieden haben, nehmen Sie das Pferd in der V-Verschnallung an die Longe und suchen Sie mit dem inneren wie mit dem äußeren Zügel sanfte Verbindung zum Pferdemaul. Sie können das zuerst im Longierzirkel üben, bevor Sie sich auf den Reitplatz wagen.

Als erste Doppellongenübung machen Sie sich dann an die Lektion des ,,Zirkel-Verschiebens". Longieren Sie das Pferd zunächst normal in einer Ecke des Reitplatzes. Wenn es auf die lange Seite hin abbiegt, nehmen Sie den äußeren Zügel leicht an, geben mit dem inneren nach, treiben vermehrt mit der Peitsche und richten das Pferd auf diese Art gerade. Wenn es einige Meter geradeaus gelaufen ist, lenken Sie es wieder auf eine Kreisbahn und lassen es erneut einige Male um sich herumgehen. Dann wiederholen Sie die Lektion so lange, bis Sie am anderen Ende des Reitplatzes angelangt sind. Nun können Sie umschnallen und das Ganze andersherum üben. Natürlich beginnen Sie das Training im Schritt. Letztlich sollte es aber auch im Trab klappen.

Im Schritt können Sie sich nun auch an eine Übung heranwagen, die der klassischen Doppellongenarbeit schon mehr ähnelt. Beginnen Sie das Longieren in einer Ecke des Reitplatzes und richten Sie das Pferd gerade, wenn es auf der langen Seite auf den Hufschlag kommt. Nun versuchen Sie, es durch vorsichtiges Spiel am äußeren Zügel und Treiben mit der Peitsche auf dem Hufschlag zu halten. Erst in der nächsten Ecke wird wieder auf der Kreisbahn longiert. Auf der kurzen Seite stellen Sie dann erneut gerade bis zur nächsten Ecke und arbeiten sich so durch das ganze Viereck.

Auch diese Übung können Sie natürlich im Trab durchführen, sobald sie im Schritt sicher funktioniert. Dazu brauchen Sie aber ein gehöriges Maß an Kondition, denn Ihr junges Pferd trabt natürlich noch nicht in Schrittgeschwindigkeit wie der Lipizzaner aus dem letzten Schaubild, sondern wird Sie beim Mitlaufen in Schwung halten. Passen Sie gut auf, daß dabei nicht die sanfte Zügelverbindung verlorengeht! Als Kompromißlösung können Sie Ihr Pferd auf den kurzen Seiten traben und auf den langen Schritt gehen lassen. Das schult auch gleich seine Aufmerksamkeit gegenüber treibenden und verhaltenden Hilfen. Selbstverständlich werden alle diese Übungen gleichmäßig auf beiden Händen durchgeführt. Die Longen müssen beim Handwechsel umgeschnallt werden, damit die V-Verschnallung innen bleibt.

Wie Sie sehen, ist eine Arbeitseinheit an der Doppellonge sehr variabel zu gestalten und damit erheblich abwechslungsreicher für Pferd und Longenführer als das einfache Longieren. Schon die eben skizzierten Anfangsübungen tragen zudem sehr zur Gymnastizierung des Pferdes – und nicht minder zu der des Reiters – bei.

Fahren vom Boden

Nach diesem Exkurs in die Anfangsgründe der klassischen Dressurarbeit wenden wir uns nun wieder der Grundausbildung zu, die jedes Freizeitpferd vor dem Anreiten durchlaufen sollte. Zum ,,Fahren vom Boden" braucht es weder Kappzaum noch Trense, sondern kann sein stabiles Arbeitshalfter anbehalten. Ein einfacher Longiergurt ist aber auch hier sinnvoll, sonst verheddern Pferd und Longenführer sich zu schnell in den Leinen. Als Longen haben sich runde Baumwollstricke aus dem Bootsbedarf, mindestens vier bis höchstens sieben Meter lang, bewährt. Sieben-Meter-Leinen sind zum Fahren vom Boden zwar ein wenig zu lang, können aber auch bei anderen Gelegenheiten, etwa zum Longieren, als Hilfen beim Verladen oder gelegentlich beim Handpferdereiten eingesetzt werden.

Die Stricke werden mit Karabinerhaken in die seitlichen Ringe des Halfters geklinkt und dann durch die (mittleren) Ringe des Longiergurtes nach hinten geführt Der Ausbilder geht hinter dem Pferd. Diese Position wird in konventionellen Reitställen zwar oft als gefährlich eingestuft, birgt bei einem gut vorbereiteten, mit dem Menschen vertrauten Freizeitpferd aber kaum Risiken. In den letzten drei bis fünf Jahren sollte Ihr Pferd Sie als ranghöheren Freund kennengelernt haben. Es vertraut Ihnen und käme nicht auf die Idee, nach Ihnen zu schlagen. Zudem arbeiten Sie

beim Fahren vom Boden entweder in relativ großem Abstand zum Pferd oder sehr nah hinter ihm. Beide Positionen machen Sie zu einem schlechten Angriffsziel. Lassen Sie sich also keine Angst einjagen!

In den ersten Übungssequenzen zum Fahren vom Boden sollten Sie einen Helfer zuziehen. Ihr Pferd wird nämlich äußerst irritiert sein, wenn Sie es plötzlich von hinten auffordern anzutreten. Auf Treiben mit der Gerte reagiert es meist, indem es sich umdreht und zu Ihnen strebt. Der Helfer kann es dagegen vorwärtsführen und ihm zeigen, was Sie von ihm wollen.

Im Gegensatz zur Doppellongenarbeit, die sehr präzise Einwirkung ermöglicht, bleiben die Hilfen beim Fahren vom Boden eher vage. Sie können dem Pferd zwar bedeuten, nach rechts oder links abzubiegen, aber saubere Bahnfiguren werden dabei wahrscheinlich nicht entstehen.

Am besten bringen Sie dem Pferd zunächst mit Hilfe Ihres Helfers bei, am langen Zügel auf dem Hufschlag des Reitplatzes oder einfach am Weidezaun ent-

Am Anfang geht ein Helfer neben dem Pferd.

Der Zaun begrenzt außen, die Gerte innen.

lang vorwärtszugehen. Die Gerte halten Sie dabei innen, um dem Pferd auch in diese Richtung eine Begrenzung zu bieten. Der Helfer geht zunächst am Kopf des Pferdes mit, läßt sich dann aber immer mehr zurückfallen. Wie schnell Ihr Pferd begreift, daß es seine Aufmerksamkeit nun auf die Hilfen von hinten zu richten hat, ist individuell sehr verschieden. Manchmal fällt der Groschen schon nach wenigen Minuten, andere Pferde brauchen mehrere Arbeitssequenzen. Versteifen Sie sich also nicht darauf, so lange zu arbeiten, bis es ohne Führer klappt, sondern beschränken Sie sich auf die individuelle Konzentrationszeit Ihres Pferdes. Es ist übrigens völlig normal, wenn ein junges Pferd beim Fahren vom Boden oder auch an der Doppellonge dazu neigt, Schlangenlinien zu gehen. Erstens bewegen sich freilaufende Pferde ohnehin selten strikt geradeaus, und zweitens ist Ihr

junger Lehrling in den ersten Arbeitssequenzen besonders unsicher. Sie arbeiten diesem Problem am besten entgegen, wenn Sie das Pferd in flottem Schritt vorwärtstreiben und dabei mit Gerte und Leinen versuchen, es auf der Geraden zu halten.

Klappt die Arbeit entlang dem Zaun, so versuchen Sie Wendungen und kleine Figuren, wobei Sie genau hinter dem Pferd gehen. Lassen Sie das Pferd in der Longenverschnallung zum Fahren vom Boden nicht wie beim normalen Longieren um sich herum gehen. Sie würden ihm damit den Kopf in Richtung Longiergurt zerren und unnötig harte, unpräzise Hilfen geben. Faustregel bei jeder grundlegenden Longenarbeit ist, daß die Verbindung zwischen Ausbilderhand und Pferdekopf eine möglichst direkte und gerade sein soll. Das gilt um so mehr, je weniger geübt der Longenführer ist und je schärfer die Züumung des Pferdes wirkt. Die Verschnallung beim Fahren vom Boden ist dahingehend angelegt, daß Sie hinter dem

Mit leichten Hilfen in die Wendung

Pferd bleiben und es mit sanften Hilfen am weichen Stallhalfter führen.

Ausflug ins Gelände

Fahren vom Boden auf der heimischen Weide oder auch auf dem Reitplatz wird sehr schnell langweilig. Im Gegensatz zur Doppellongenarbeit sind die möglichen Lektionen schließlich eingeschränkt, eine Perfektionierung der Arbeit ist infolge der eher unpräzisen Hilfengebung kaum möglich. Es spricht allerdings nichts dagegen, das Pferd an den langen Leinen mit auf Spaziergänge zu nehmen, wie es in England viel praktiziert wird. Es lernt dabei, auch außerhalb der Sicherheit der Weide gelassen vorwärtszugehen und sich ungewohnten Situationen und Anblicken zu stellen. Die Wahrscheinlichkeit, daß es Ihnen dabei durchgeht, ist nicht sehr hoch, denn Führleine und Lon-

giergurt können im Zweifelsfall einen sehr wirkungsvollen Flaschenzugeffekt hervorrufen. Falls Ihr Pferd also einmal losstürmt, lassen Sie einfach eine der beiden Leinen los oder sehr locker. Wenn sich die andere nun extrem spannt, unterbricht der Ring des Longiergurtes die gerade Verbindung zwischen Ihrer Hand und der Pferdenase. Der Kopf des Pferdes wird in Richtung Longiergurt gezogen. Gewöhnlich wird das Pferd auf diesen unangenehmen Effekt hin stehenbleiben oder zumindest auf eine Kreisbahn abwenden. Gehen Sie dann zu ihm, beruhigen Sie es, ordnen Sie Ihre Leinen und arbeiten Sie ohne viel Aufhebens und vor allem ohne Strafen weiter, als wäre nichts geschehen. Das Pferd hat sich selbst zur Genüge gestraft und wird sich den nächsten Blitzstart gut überlegen.
Natürlich soll es solche Strafen wenn eben möglich nur für Unbotmäßigkeiten erleiden, nicht für verständliches Erschrecken. Aber über das Stadium der blinden Flucht beim Anblick des roten

Lenken von hinten – sinnvolle Vorbereitung auf das Anreiten

Sofas auf dem Reitweg dürfte es so kurz vor dem Anreiten ohnehin längst hinaus sein!

Anreiten

In den letzten zwei bis vier Jahren hat Ihr Pferd gelernt, Ihnen artig am durchhängenden Führstrick zu folgen. Es geht auf Kommando neben Ihnen, hinter Ihnen, vertraut sich Ihrer Führung selbst auf schwankenden Brücken und Wippen an, es ist sogar bereit, vor Ihnen her zu marschieren und Ihren von hinten gegebenen Befehlen zu folgen. Ihr Pferd kennt die Kommandos für Schritt und Trab, hält auf Zuruf an und geht rückwärts und seitwärts. Rote Sofas im Gelände findet es spannend, aber nicht furchterregend. Längst sind Panik und Fluchtinstinkt Zu-

trauen und Überlegung gewichen. Was kann dem Pferd schon passieren, solange sein starkes „Leitpferd" Mensch bei ihm ist!

Ebensoviel Vertrauen, wie Ihr Pferd Ihnen jetzt entgegenbringt, dürfen Sie auch ihm gegenüber haben. Egal, welche Horrorgeschichten Ihnen der Reitlehrer im nächsten Verein oder die Turnierreiterin von nebenan erzählen: Ihr sorgfältig grundausgebildetes Pferd wird keine Anstalten machen, Sie umzubringen, sobald Sie sich jetzt auf seinen Rücken setzen! Erwarten Sie also kein Rodeo, sondern freuen Sie sich auf den großen Tag des ersten Aufsitzens. Auch die letzten Vorbereitungen wie die Auswahl des Sattels und die Gewöhnung an Sattel und Zäumung sollten nicht von Angst, sondern von Vorfreude bestimmt sein.

Gewöhnung an Sattel und Zaum

„Den schönen Sattel willst du auf dein Jungpferd legen? Ist doch viel zu schade,

Ein so vertrauensvolles Pferd wird auch beim
Anreiten keine Probleme bereiten.

was meinst du, wie schnell der kaputt
geht! Nimm doch erst mal meinen alten
Vielseitigkeitssattel. Da hab' ich schon
-zig Pferde mit angeritten. Wenn es sich
mit dem mal hinschmeißt, macht das
nichts!" Diesen freundlichen Tip erhielt
meine Freundin von einer Bekannten aus
dem konventionellen Reitstall, nachdem
sie ihr stolz ihren neuen Sattel vorgeführt
hatte. Die junge Frau ging ganz selbstverständlich davon aus, daß sich ein junges
Pferd gegen Sattel und Reiter wehren
würde, und machte sich keine Sekunde
lang Gedanken über die möglichen Ursa-
chen eines solchen Verhaltens.
Natürlich hatte die Araberstute Gwen ihren zukünftigen Sattel, ein elegantes spa-
nisches Modell mit großer Auflagefläche

Die Qual der Sattelwahl

und bequemer Paßform, längst ohne jegliche Probleme anprobiert. Was sie allerdings zu dem uralten VS-Sattel gesagt hätte, mit dem sich vor ihr schon etliche schwere und leichte Warmblüter, Vollblüter und Araber abfinden mußten, bleibt im dunkeln.

Ähnliche Vorstellungen wie zum Thema „Satteln" finden sich in Reiterkreisen auch bei der Frage nach der richtigen Zäumung für das junge Pferd. So kennen viele Reiter gar keine anderen Zäumungen außer der Trense, gehen bei letzterer aber davon aus, die richtige Reaktion darauf sei dem Pferd angeboren. Wehrt sich das Pferd dann gegen die Hilfengebung, so wird das als Widersetzlichkeit gedeutet, und der Reiter „schlägt zurück", indem er die Trense mit martialischen Hilfszügelkonstruktionen kombiniert.

Mit ein bißchen Überlegung bei der Auswahl der Ausrüstungsgegenstände und einigen wenigen Vorübungen kann man sich dagegen viele Auseinandersetzungen ersparen. So werden schon die ersten Ritte zu positiven Erfahrungen für Reiter und Pferd.

Der richtige Sattel

Die Auswahl des richtigen Sattels zum Anreiten ist ein heikles Thema. Während die einen dabei so rücksichts- oder gedankenlos verfahren wie die oben erwähnte Bereiterin, versteigen sich andere zu endlosen Tests und Überlegungen und gehen letztlich mit so vielen Schuldgefühlen an das erste Aufsatteln, daß ihr Pferd unweigerlich mißtrauisch wird.

Letztlich ist die Auswahl des Sattels für das Jungpferd wieder einmal eine Frage des Gefühls und der Kompromißfähigkeit. Wenn Sie vom ersten Anreiten bis zur Pensionierung des Pferdes einen hundertprozentig sitzenden Sattel anstreben, so müssen Sie sich und Ihr Pferd nicht nur regelmäßig elektronischen Messungen aussetzen, sondern vor allem häufig Ihren Sattel wechseln. Die Sattellage des Pferdes verändert sich nämlich immer wieder, zum Beispiel infolge der körperlichen Entwicklung des Pferdes, des Trainingszustands und sogar der Jahreszeit.

Ihr junges Pferd wird im Laufe der ersten Jahre unter dem Reiter eine ausgeprägtere Sattellage entwickeln. Seine Rückenmuskulatur wird sich mit zunehmendem Training verändern. Vielleicht wird es zwischendurch Winterspeck ansetzen oder infolge einer Krankheit stark abnehmen. Eine Stute verändert sich durch Trächtigkeit, ein altes Pferd entwickelt vielleicht einen Senkrücken … Wenn Sie hier jedesmal mit dem Kauf eines neuen Sattels reagieren, macht Sie das erstens nervös und zweitens arm! Davon abgesehen wird Ihr Pferd dadurch nicht unbedingt glücklicher, denn egal wie gut ausgesucht und passend ein neuer Sattel ist: Er muß eingeritten und eingetragen werden wie neue Schuhe. Ist das aber einmal geschehen, wird sich ein hochwertiger, grundsätzlich zum Pferd passender Sattel auch kleinen Konstitutionsveränderungen anpassen.

Um dem Pferd diese „Sattel-Einreitphase" zu ersparen, tendieren viele Reiter dazu, ein Jungpferd lieber mit einem gebrauchten als mit einem neuen Sattel anzureiten. Dagegen ist nichts einzuwenden, solange der Sattel gut erhalten ist und einigermaßen sitzt. Letzteres wird bei einem Trachtensattel, Westernsattel oder iberischen Sattel eher der Fall sein als bei einem der handelsüblichen Vielseitigkeitssättel. Beim VS-Sattel, Dressur- oder Springsattel fordert die geringe Auflagefläche nämlich eine möglichst optimale Paßform. Wird ein solcher Sattel längere Zeit auf einem bestimmten Pferd benutzt, so paßt er sich dem zwar perfekt an, ist dann aber kaum noch für ein anderes ge-

Der Westernsattel paßt durch seine große Auflagefläche auf viele Pferde.

eignet. Legt man ihn dagegen jahrelang
auf wechselnde Pferde, so nimmt er oft
eine so tonnenhafte Form an, daß er eigentlich auf keines mehr paßt. Sättel mit
größerer Auflagefläche bieten dagegen
auch auf Pferden mit noch unausgeprägter
Sattellage einen annehmbaren Sitz. Wenn
sie dazu noch gut abgepolstert werden,
dürften sie dem Pferd keine Unannehmlichkeiten bereiten.

Falls Sie Ihr Fohlen selbst gezogen haben,
sollten Sie zunächst ausprobieren, ob ihm
nicht der Sattel seiner Mutter paßt.
Schließlich vererbt sich auch die Rückenform.

Manche Pferderassen, so zum Beispiel Isländer, haben von Natur aus eine relativ
homogene Rückenform. Hier passen die
angebotenen Trachtensättel fast immer,
nicht aber die speziellen Modelle ohne
Trachten, die oft von Turnierreitern er-

worben werden. Kaufen Sie also keinen
Sattel aufgrund seines Namens, sondern
schauen Sie auf die Auflagefläche und
auch etwas auf die gesamte Sattelform.
Der Sattel soll schließlich nicht nur für Ihr
Pferd, sondern auch für Sie bequem sein,
und das ist er wahrscheinlich nicht, wenn
die Sitzfläche winzig ist und obendrein
nach hinten abfällt!

Falls Sie einen Sattel gebraucht kaufen
wollen, lohnt es sich auch, sich den Reitstil des Vorbesitzers anzusehen. Während
der „Einreitphase" paßt sich ein hochwertiger Sattel nämlich nicht nur dem Pferderücken, sondern auch dem Reitersitz
an. Wird er zum Beispiel im Stuhlsitz eingeritten, so begünstigt er diesen Sitz auch
später, und Sie können jahrelang gegen
Ihren Sattel anreiten. Ein gut eingeritte-
ner, gebrauchter Sattel kann Ihren eigenen
Sitz dagegen positiv beeinflussen.

Mögliche Alternativen zum gebrauchten
oder neuen Ledersattel sind die modernen
Kunststoffsättel (Wintec o. ä.). Ihr größter
Vorteil liegt in ihrer extremen Leichtig-

keit; die Paßform ist meist besser, als man auf den ersten Blick annimmt. Besonders wenn Sie keinen Western- oder Trachtensattel, sondern einen normalen Vielseitigkeitssattel verwenden möchten, sind neue Kunststoffsättel den meisten Gebrauchtsätteln überlegen.

Ohne elektronische Meßinstrumente können Sie nur ungefähr erkennen, ob ein neuer oder gebrauchter Sattel auf Ihr Pferd paßt oder nicht. Anhaltspunkte liefert vor allem die Frage, ob der Sattel auf dem Pferd ein harmonisches Bild abgibt. Beim Auflegen sollte er wie selbstverständlich in die Sattellage gleiten und dort aufliegen, als sei der Reiter eben abgestiegen. ,,Schwebt" der Sattel dagegen über dem Pferd oder liegt er so ,,platt" auf, daß der Widerrist die gesamte Kammer ausfüllt, so paßt er sicher nicht.

Auch ein gut passender Sattel sollte auf einem jungen Pferd immer sorgfältig abgepolstert werden. Ein dickes Pad gleicht manches aus und ist der ,,edlen" dünnen Baumwollschabracke unbedingt vorzuziehen.

Die meistgebrauchte Zäumung – Trense mit englischem Reithalfter

Welche Zäumung zum Anreiten?

Die meisten Reiter wählen zum Anreiten ihres Pferdes den Trensenzaum, also ein leichtes, ein- oder zweimal gebrochenes Mundstück. Gegen diese Wahl ist nichts einzuwenden, sofern das Pferd sorgfältig auf die Arbeit an der Trense vorbereitet wird. Es gibt nämlich keinen naturgegebenen Reflex, der dem Pferd befiehlt, auf Druck auf Zunge und Maulwinkel mit Anhalten bzw. Abbiegen zu reagieren.

Die übliche Erstreaktion auf ein Annehmen der Trense ist eher das Gegenteil der gewünschten: Das Pferd gibt dem Druck nicht nach, sondern weicht ihm aus, indem es unwillig das Maul öffnet und den Kopf hochnimmt – woraufhin der Reiter oft zu Sperrhalfter und Martingal oder gar

Stoßzügel greift, um ein Nachgeben zu erzwingen. Für das Pferd ist die Trense damit gleich mit negativen Erfahrungen verbunden. Es wird in Zukunft versuchen, sich dem Auftrensen und dem Reiten so oft wie möglich zu entziehen.

Ein verantwortungsvoller Ausbilder trainiert die erwünschten Reaktionen auf die Trense lange vor dem ersten Anreiten. Das Pferd wird dazu auf Trense gezäumt und geführt, wobei die üblichen Stimmkommandos zum Anhalten, Rückwärts- und Seitwärtsgehen mit sanften Trensenhilfen verbunden werden. Die meisten Pferde begreifen die neuen Hilfen auf diese Weise sehr schnell, zumindest, solange sie im Rahmen einfacher Führarbeit gege-

Die richtige Reaktion auf Trensenhilfen muß das Pferd erst lernen.

Oben rechts: Anspielen der Trense links

ben werden. Mit Trensenhilfen von hinten-oben wird ein Freizeitpferd, das nicht an der Doppellonge, sondern nur durch Fahren vom Boden auf das Reiten vorbereitet wird, allerdings erst unter dem Sattel konfrontiert. Es muß sich also in einer neuen Situation mit nur ungefähr bekannten Hilfen auseinandersetzen. Bei sensiblen oder im Denken etwas langsamen Pferden kann das zu Schwierigkeiten führen. Insofern sollten Sie sich überlegen, ob Sie Ihr junges Pferd nicht lieber gebißlos anreiten. Nach einigen Wochen kön-

Die klassische Hackamore ist besonders bei Westernreitern beliebt.

nen Sie es dann immer noch auf Trense umstellen.

Gebißlose Zäumungen nutzen im Gegensatz zur Trense natürliche Reaktionen des Pferdes aus. Zum Anhalten wird hier Druck auf die Pferdenase ausgeübt, worauf das Pferd eher mit Senken des Kopfes und damit Abstoppen reagiert als mit Hochwerfen des Kopfes und Gegenzug. Auch ein seitliches Zupfen wird hier eher als Zeichen zum Abwenden verstanden als der Trensendruck auf die Laden.

Als gebißlose Zäumung kommt als erstes das Stallhalfter in Frage. Das ermöglicht aber, wie Sie schon beim Fahren vom Boden bemerkt haben, nur verhältnismäßig unpräzise Hilfengebung. Alternativen sind der Kappzaum, der später einen fließenden Übergang zur Arbeit an der Trense ermöglicht, das Side-Pull (Lindel) und das Vosal. Westernreiter greifen auch gern zur Bosal oder Klassischen Hackamore, aber der Umgang damit verlangt einige Spezialkenntnisse.

Das Side-Pull oder Lindel ist eine sehr leichte Zäumung, bei der ein festes Seil über der Nase des Pferdes verläuft. Es wirkt präziser und ein wenig schärfer als das Stallhalfter und wird von den meisten Pferden gern angenommen.

Beim Vosal verläuft ein mit Leder leicht abgepolsterter Metallring über der Nase, unter dem Kinn wirkt ein V-förmiges Gelenk, das beim Annehmen der Zäumung leichten Druck auf die Kinnbacken des Pferdes ausübt. Wie beim klassischen Bosal enden beide Zügel unter dem Kinn. Die Lenkung zur Seite erfolgt also nicht so direkt wie beim Lindel.

Welche dieser Zäumungen man vorzieht, ist Geschmackssache. Auch Pferde haben hier sehr unterschiedliche Neigungen. So wird das Vosal zum Beispiel oft lieber angenommen als das Lindel, obwohl es ein wenig schärfer ist und etwas größere Anforderungen an das Verständnis der Zügelhilfen stellt. Möglicherweise empfinden die Pferde seine Wirkung als präziser. Absolut ungeeignet zum Anreiten ist die sogenannte Mechanische Hackamore, bei der die Zügeleinwirkung durch lange Anzüge erheblich verstärkt wird. Diese Zäumung stammt aus dem Rodeobereich und hat auf empfindlichen Pferdenasen nichts zu suchen. Im konventionellen Springsport wird sie oft mißbräuchlich als Zwangsmittel eingesetzt.

Das Side-Pull oder Lindel – eine leichte, angenehme Zäumung

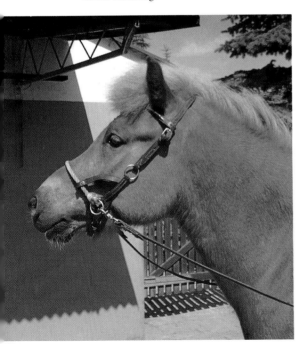

Die Anpassung der Zäumung

Eine Zäumung erlaubt nur dann präzise und pferdefreundliche Einwirkung, wenn Mundstück und/oder Kopfstück dem Pferdekopf optimal angepaßt sind. Bei der Trense ist hier zunächst auf die richtige Breite des Gebißstücks zu achten. Ein zu schmales Gebiß drückt, ein zu breites wirkt unpräzise und verstärkt die ,,Nußknackerwirkung". Diese unangenehm quetschende Einwirkung des Trensengebisses auf die Pferdezunge wird übrigens durch die Verwendung eines doppelt gebrochenen Mundstücks gemildert. Besonders gern werden Modelle mit Kupfermittelstück angenommen.

Das Gebißstück soll nicht zu hoch und nicht zu locker im Pferdemaul liegen. Richtig verschnallt sieht man keine Falte, sondern höchstens einen minimalen Aufzug im Mundwinkel. Achten Sie auch darauf, daß das Gebiß nicht gegen die eventuell vorhandenen Hengsthakenzähne schlägt.

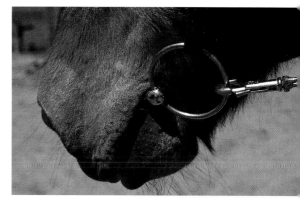

Kein Aufzug im Maulwinkel

Viel Platz fürs Ohrenspiel

Nackenstück und Stirnband dürfen das Ohrenspiel des Pferdes nicht einengen. Falls Ihr Pferd eine besonders breite Stirn hat und kein handelsübliches Kopfstück paßt, so montieren Sie das Stirnband am besten ab. Auf den Kehlriemen können Sie meist auch verzichten.

Sperrhalfter dürfen nicht so tief verschnallt werden, daß sie atembeengend wirken, sie sollen aber auch nicht gegen das Jochbein drücken. Richtig liegen sie etwa vier Finger über dem oberen Nüsternrand. Das ist auch ungefähr die richtige Lage für das Nasenstück der gebißlosen Zäumung, egal ob Kappzaum, Lindel oder Vosal. Etwas höhere Verschnallung schadet hier nichts, tiefere bringt dem Pferd Unannehmlichkeiten. Zwischen Sperrhalfter und Pferdekinn bzw. Lindel und Pferdekinn sollten zwei aufrecht stehende Finger passen. Den gut gepolsterten Kappzaum muß man mitunter etwas enger schnallen, um präzise Einwirkung zu ermöglichen. Beim Vosal liegt das V-Stück locker unter dem Pferdekinn, gerade so fest verschnallt, daß es nicht über den Unterkiefer rutscht, wenn man das Pferd daran führt.

Das erste Satteln und Zäumen

Die Gewöhnung an die Reitzäumung ist bei ruhigen, mit Menschen vertrauten Jungpferden in der Regel kein Problem. Meist dulden sie auch die fast immer notwendigen Korrekturen der Verschnallung des Kopfstücks mit stoischer Ruhe. Die oft empfohlene Einreibung des Mundstücks mit Honig vor dem ersten Auftrensen ist eine klebrige Angelegenheit und in aller Regel unnötig. Wenn Sie Ihrem Pferd die Trense versüßen wollen, genügt es, ein Stück Zucker mit ins Maul zu schieben.

Lassen Sie Ihr Pferd nicht aufgetrenst in der Box oder im Auslauf stehen, damit es sich an das Gefühl der Zäumung gewöhnt. Das birgt keinen Lerneffekt, sondern nur Verletzungsgefahren. Ihr Pferd trägt die Reitzäumung zum Arbeiten, nicht um da-

Interessiert betrachtet Gwen ihren neuen Sattel.

mit frei herumzulaufen. Und da es gern mit Ihnen arbeitet, wird es sie auch mit Freude tragen!

Probleme bei der Sattelgewöhnung ergeben sich meist beim Angurten. Viele Ausbilder ziehen den Sattelgurt zu schnell und zu fest an. Nun sollte das Angurten für ein Freizeitpferd, das die hier geschilderte Ausbildung durchlaufen hat, nichts grundlegend Neues mehr sein. Da es bei der Arbeit im Handpferdegespann gelegentlich geschwitzt hat, haben Sie es sicher an Decke und Deckengurt gewöhnt, und beim Fahren vom Boden oder im Rahmen der ersten Doppellongenübungen dürfte es einen Longiergurt kennengelernt haben. Mit extremen Panikreaktionen ist insofern auch beim ersten Aufsatteln nicht zu rechnen.

Trotzdem gehen Sie natürlich ruhig und überlegt vor. Zeigen Sie dem jungen Pferd zunächst Sattel und Sattelunterlage und streichen Sie es am ganzen Körper mit

Der Sattel gleitet leicht auf Gwens Rücken.   Skepsis beim Angurten (unten)

den Ausrüstungsgegenständen ab. Es ist gut, wenn sich das Pferd für die neuen Dinge interessiert und sich aufmerksam danach umsieht. Nun wuchten Sie nicht gleich Sattel und Pad gemeinsam auf das Pferd, sondern legen zuerst die Decke auf. Danach folgt der Sattel und gleitet langsam in die richtige Lage. Sprechen Sie dabei mit Ihrem Pferd und loben Sie es ausgiebig für seine Ruhe und Geduld. Nachdem Sie angegurtet haben, bewundern Sie wortreich, wie hübsch und erwachsen Ihr Pferd mit dem neuen Sattel aussieht. Das mag Ihnen albern vorkommen, aber Ihrem Pferd wird es gefallen. Es spürt Ihre Befriedigung über die gelungene Aktion und Ihre Freude an seinem neuen Staat. Nehmen Sie Ihr Pferd jetzt auf keinen Fall an die Longe und scheuchen es eine Runde, damit es „abbuckelt". Schließlich gibt

es keinen Grund für Abwehrreaktionen. Der Sattel verursacht weder Schmerzen noch Angst. Statt dessen nehmen Sie Ihr gesatteltes Pferd mit auf einen kleinen Spaziergang. Es soll entdecken, wie sich der Sattel in der Bewegung anfühlt. Lassen Sie es – natürlich im Rahmen mehrerer Arbeitseinheiten – noch einmal alle Stationen der Führarbeit durchlaufen. So führen Sie es zum Beispiel durch Bodenhindernisse, damit es lernt, wie der Sattel sich anfühlt, während es sich biegt. Gewöhnen Sie es an herunterhängende Steigbügel und, falls der Sattel zum Verrutschen neigt, an Vorderzeug und/oder Schweifriemen. Erst danach wird es longiert, damit es den Sattel auch in schnelleren Gangarten akzeptieren lernt.

Die ersten Tage als Reitpferd

An das erste Aufsitzen des Reiters muß das Pferd ebenso vorsichtig herangeführt werden wie an alle anderen Neuerungen im Rahmen seiner Ausbildung. Das gefürchtete Losbuckeln, sobald der Reiter im Sattel sitzt, ist eine vermeidbare Panikreaktion. Sie stellt sich dann ein, wenn das Pferd überraschend mit einem Gewicht und einem Schatten im Rücken konfrontiert wird – dies entspricht nämlich genau der Situation des Wildpferdes, dem ein Raubtier in den Nacken springt!
Nun kennt unser Jungpferd den Schatten des Reiters schon vom Handpferdereiten. Es hat seine Weidegenossen bereits auf vielen Ausritten begleitet und gesehen, daß sie beim Reiten keinen Schaden nehmen. Sollten Sie keine Möglichkeit gefunden haben, Ihr Fohlen im Rahmen der Grundausbildung als Handpferd zu trainieren, so müssen Sie es auf andere Weise an den Anblick seines Ausbilders über ihm gewöhnen. Die einfachste ist, es zum Putzen oder im Rahmen der Führausbil-

Die ersten Schritte unter dem Sattel

dung zwischen zwei Strohballen zu stellen. Es soll ruhig stehenbleiben, während Sie einen davon erklettern. Bei Spaziergängen können Sie über liegende Baumstämme balancieren und das Pferd neben sich herlaufen lassen. Das Pferd muß lernen, daß sein Ausbilder für Sicherheit steht – egal, ob seine Befehle und sein freundlicher Zuspruch von rechts, links, hinten oder oben kommen.

Kurz vor dem Anreiten machen Sie es mit Ihrem Gewicht vertraut, indem Sie sich nach dem Putzen über seinen Rücken lehnen. Starten Sie diese Aktion von einem Strohballen aus, falls Ihr Pferd sehr groß ist. Als nächstes Übung satteln Sie Ihr Pferd und setzen den Fuß zum ersten Mal in den Steigbügel. Wenn das Pferd ruhig stehenbleibt, während Sie ihn leicht belasten, hat es eine Belohnung verdient.

Der Steigbügel wird vorsichtig belastet.

Das erste wirkliche Aufsitzen muß nicht im Rahmen einer langgeplanten Aktion geschehen. Zu intensive gedankliche Beschäftigung mit dieser Premiere könnte dazu führen, daß Sie aufgeregt und ängstlich an die Sache herangehen. Am besten nehmen Sie das Ganze spontan in Angriff, wenn Sie und Ihr Pferd eben eine nette Putz- und Streichelstunde hinter sich haben. Satteln Sie Ihr Pferd dazu wie gewohnt auf und bitten Sie einen Helfer, es kurz festzuhalten. Nun steigen Sie langsam, unter freundlichem Zuspruch auf und gleiten mit ruhiger Selbstverständlichkeit in den Sattel. Der Helfer kann das Pferd jetzt belohnen, und da es im Rahmen der Trensengewöhnung und Führarbeit gelernt haben sollte, den Hals auf leichtes seitliches Zupfen hin zu biegen, wendet es sich auch gern zu Ihnen um und nimmt einen Leckerbissen aus der Reiterhand. Für die erste ,,Reitstunde" hat das Pferd nun genug getan. Steigen Sie ab, lo-

Beim ersten Aufsitzen hält ein Helfer das Pferd.

ben Sie es ausführlich und nehmen Sie es mit auf einen kleinen Spaziergang an der Hand.

Machen Sie nicht den Fehler, Aufsitzen und Losreiten zwangsläufig miteinander zu verbinden, sondern betrachten Sie das Aufsitzen als Vorübung zum Reiten. Die ersten Schritte unter dem Sattel sollte das Pferd erst machen, wenn es mit und ohne Helfer gelassen und ruhig steht, während Sie auf- und absteigen.

Antreten

Zum ersten Antreten geben Sie dem Pferd eine Stimmhilfe und treiben es sanft mit der Gerte an der Flanke. Auf Schenkelhilfen sollten Sie verzichten, denn die weiß Ihr Pferd noch nicht richtig zu deuten. Aber Vorsicht: Für viele Pferde ist das erste Antreten unter dem Reiter ein viel stär-

kerer Einschnitt in den gewohnten Trainingsablauf als das erste Aufsitzen! Ein Gewicht im Rücken zu dulden ist eine Sache, sich darunter zu bewegen eine gänzlich andere.

Aus diesem Grund sollten Sie das erste Anreiten Ihres Pferdes nie ohne einen Helfer angehen. Zwar wird ein gut vorbereitetes Pferd in 99 Prozent aller Fälle keine Angstreaktionen zeigen, sondern sich nach kurzem Nachdenken an die vorbereitenden Lektionen (Treiben mit der Gerte, Fahren vom Boden) erinnern.

Sehr selten finden sich jedoch Ausnahmefälle, die keine Generalisierung vollziehen, sondern den treibenden Hilfen nicht nach vorn, sondern nach oben hin folgen. Sie toben dann zwar nicht direkt, reagieren aber mit Steigen oder Luftsprüngen statt Antreten nach vorn. Weist ein Helfer sie sofort auf ihren Irrtum hin, indem er sie ruhig anführt, so legt sich das innerhalb von Sekunden. Stehen Sie mit einem

Am Anfang nie ohne einen Helfer!   Sehr bald geht es ohne Führung.

solchen Pferd aber allein auf dem Reitplatz, so stecken Sie mitten in einem Dilemma: Entschließen Sie sich, oben zu
bleiben, lassen Sie sich auf ein Rodeo ein.
Sie müssen dann nämlich auf dem explo-
dierenden Pferd verharren, bis es endlich
richtig antritt und Ihnen damit Grund gibt,
es zu loben und zu belohnen. Steigen Sie
ab, ohne eine befriedigende Reaktion auf
Ihre Hilfen erhalten zu haben, so hat Ihr
Pferd im besten Fall ein Mißerfolgserleb-
nis beim ersten Kontakt mit dem Reiter.
Im schlimmsten Fall hat es verinnerlicht,
daß es nur die Hinterhand lüpfen muß, um
sich das lästige Gewicht vom Leibe zu
schaffen. Es wird sich garantiert in einem
sehr unpassenden Augenblick an diese
Lektion erinnern!

Die ersten Hilfen

Viele Pferdeausbilder – vor allem solche,
die langjährigen Unterricht in konventionellen Reitställen absolviert haben – neigen dazu, sich beim ersten Kontakt mit
dem Sattel ihres Jungpferdes vom ver-
ständnisvollen Pferdepsychologen über-
gangslos in einen „Reiter" zu verwan-
deln. Wie selbstverständlich nehmen sie
die Zügel auf, konfrontieren das Pferd mit
Schenkel und Gewichtshilfen und bemerken ihr Fehlverhalten frühestens dann,
wenn es darauf nicht oder gar mit Widerstand reagiert.

Natürlich tun sie das nicht, um ihr Pferd
zu ärgern. Statt dessen greifen hier Auto-
matismen, die nur zu überwinden sind,
wenn man bewußt dagegen angeht. Das
ist nicht einfach, denn das richtige Verhalten im Sattel des Jungpferdes steht oft im
Widerspruch zu dem, was man jahrelang
gelernt hat. So vermittelt konventioneller
Reitunterricht zum Beispiel, der Reiter
könne sich um so sicherer fühlen, je fester
er die Zügel in der Hand hielte. Ihr junges
Pferd hat dagegen beim Fahren vom Bo-

den gelernt, am durchhängenden Zügel
vorwärtszugehen und auf leichtes Zupfen
zu reagieren. Nehmen Sie nun nach dem
ersten Aufsitzen die Zügel auf, so wird es
alarmiert stehenbleiben oder rückwärtsgehen. Reagieren Sie darauf automatisch
mit Schenkeldruck, so verunsichern Sie
es weiter, denn es weiß nicht, was diese
Hilfe bedeutet. In Extremfällen schaukeln
sich dabei unverständliche Hilfen und
daraus folgende falsche Reaktionen zu
Wehrigkeit, Steigen und Buckeln hoch.

Überlegen Sie sich folglich vor jedem
Aufsitzen genau, welche Hilfen Sie gleich
geben wollen und welche konkreten Lektionen Sie üben möchten. Verwenden Sie
zunächst möglichst die gleichen Hilfen,
die das Pferd schon aus der Bodenarbeit
kennt. Das gilt besonders für die treibenden Hilfen mit der Gerte statt mittels
Schenkeldruck.

Bemühen Sie sich am Anfang um einen
möglichst ruhigen Sitz. Das Pferd hat genug damit zu tun, Ihr Gewicht auszubalancieren und fühlt sich darunter noch keineswegs sicher. Es kann auf keinen Fall
logische Schlüsse daraus ziehen, ob Sie
den Schenkel am Gurt oder hinter dem
Gurt plazieren und ob Sie den rechten
oder linken Steigbügel gerade etwas mehr
belasten. Am besten lassen Sie in den ersten ein oder zwei Reitsequenzen einen
Helfer neben Ihrem Pferd hergehen. Er
kann eingreifen, wenn etwas nicht klappt,
und Sie auch auf eventuelle Fehler in der
Hilfengebung hinweisen.

Eine dieser ersten Arbeitssequenzen
könnte dabei etwa so aussehen:

Sie führen Ihr Pferd auf einen begrenzten
Platz, zum Beispiel eine umzäunte Weide,
falls kein Reitplatz zur Verfügung steht.
Sperren Sie die anderen Pferde in diesem
Fall aber unbedingt aus. Ihr Pferd kann
nicht konzentriert auf einer Wiese arbeiten, auf der andere Tiere fressen! Nun

Zwischen Aufsteigen und Anreiten soll eine kurze Pause liegen.

steigen Sie auf und belohnen Ihr Pferd für braves Ruhigstehen mit einem Leckerbissen. Lassen Sie es auf jeden Fall eine Minute ruhig stehen, bevor Sie die Hilfen zum Anreiten geben. Damit beugen Sie späterem Anzackeln beim Aufsteigen vor. Die Hilfen zum Antreten erfolgen bei durchhängendem Zügel. Sie geben das bekannte Stimmkommando und touchieren das Pferd leicht mit der Gerte an der Flanke. Lassen Sie das Pferd nun bis zum Zaun geradeaus gehen. Hier muß es – zum Beispiel nach rechts – abwenden. Dazu zupfen Sie leicht am rechten Zügel, wobei Sie am Anfang durchaus weit ausgreifen dürfen, damit das Pferd Sie leichter ver-

Mit leichter Hand in die Wendung: hier Jean-Claude Dysli mit einem jungen Quarter Horse

steht. Bei dieser Bewegung verlagern Sie unweigerlich etwas mehr Gewicht in den rechten Steigbügel. Die erste Gewichtshilfe ist folglich gegeben, und vielleicht reagiert das Pferd instinktiv darauf, indem es nach rechts abwendet, um wieder unter Ihr Gewicht zu treten. Vielleicht folgt es in diesen ersten Stunden aber auch nur der Zügelhilfe und orientiert sich zusätzlich am mitgehenden Helfer. Wichtig ist, daß es widerspruchslos abbiegt und dafür gelobt wird.

Als nächstes soll das Pferd möglichst gerade an der Bande entlang gehen. Es wird sich am ehesten entspannen, wenn Sie es am langen Zügel gehen lassen. Hat es so eine Runde zurückgelegt, versuchen Sie einen Handwechsel. Wenden Sie das Pferd zum Beispiel aus einer Ecke, wobei Sie wieder die deutliche Zügelhilfe mit der selbstverständlichen Gewichtshilfe verbinden. Im Laufe der nächsten Arbeitssequenzen wird das Pferd lernen, sich auf die Verlagerung Ihres Gewichtes im Sattel zu konzentrieren, und die Bedeutung der Hilfe erkennen. Die Zügelhilfe kann dann dezenter erfolgen. Auch auf der neuen Hand lassen Sie das Pferd eine Runde gehen. Bewegt es sich dabei langsam und stockend, so treiben Sie mit der Gerte. Ein etwas schwankender Gang ist normal. Es muß erst lernen, sich ungezwungen unter Ihrem Gewicht zu bewegen.

Für die erste oder zweite Arbeitseinheit unter dem Sattel hat das Pferd nun genug getan. Halten Sie es an, indem Sie das übliche Stimmkommando mit einem leichten Zügelzupfen verbinden, und setzen Sie sich dabei tief in den Sattel. In aller Regel folgt das Pferd diesem Kommando sofort, denn es steht lieber unter Ihrem Gewicht als vorwärtszugehen. Loben Sie die richtige Reaktion, lassen Sie das Pferd einige Sekunden lang ruhig stehen und steigen Sie dann ab.

Sie haben in diesen ersten fünf Minuten Reiten den Grundstein für eine harmonische Partnerschaft gelegt!

In den nächsten Tagen üben Sie diese grundlegenden Lektionen – Antreten, Abwenden und Anhalten –, überschreiten dabei aber nicht die Reitzeit von fünf bis zehn Minuten. In dieser Zeit ist Ihr Pferd hellwach und konzentriert, es bezieht bekannte Hilfen auf die neue Situation und lernt neue oder ergänzende richtig zu deuten. Dazu trägt es seinen Sattel beschwerdefrei ein und sollte sich auch ohne Muskelkater an das zusätzliche Gewicht im Rücken gewöhnen.

Sobald Sie bemerken, daß Ihr Pferd sich ausbalanciert und Sie trägt, ohne dabei in Schwankungen und Schlangenlinien zu verfallen, beginnen Sie, die Zügel- und Gertenhilfen mit Schenkel- und deutlicheren Gewichtshilfen zu verbinden. Ihr Pferd kann sich jetzt auf die Vorgänge in seinem Rücken konzentrieren und wird sehr schnell lernen, auf leichten Schenkeldruck anzutreten und beim Abbiegen auf Gewichtsverlagerung zu reagieren.

Der erste Ausritt

Sobald Ihr Pferd die oben erwähnten grundlegenden Lektionen beherrscht, spricht nichts dagegen, es zum ersten Mal mit ins Gelände zu nehmen. Idealerweise lassen Sie sich dabei von einem anderen Reiter auf einem gelassenen und sicheren Pferd begleiten. Das ist besonders anzuraten, wenn Straßen zu überqueren sind oder falls Ihr Weg an besagtem roten Sofa im Wald vorbeiführt. Sie brauchen dabei nicht zu befürchten, Ihr Pferd zum Kleber zu erziehen. Tatsächlich ist eher das Gegenteil der Fall: Die ersten Ausritte in Begleitung des anderen Pferdes vermitteln dem Pferd Sicherheit bei seiner neuen Aufgabe. So baut es genügend Selbstbewußtsein auf, um in Zukunft auch allein

Der erste Ausritt allein

mit Ihnen aufzubrechen und den Ausflug zu genießen. Fürchtet sich das Pferd dagegen bei den ersten Ausritten, wird es das Bestreben haben, möglichst schnell zum Stall und zu seinen Weidegefährten zurückzukehren. Die Weichen in Richtung Kleben und Durchgehen sind gestellt!

Lassen Sie sich nicht davon irritieren, wenn der Reitlehrer von nebenan die Hände über dem Kopf zusammenschlägt, weil Sie schon der fünfte oder sechste Ritt auf Ihrem Jungpferd ins Gelände führt! Sie haben Ihr Pferd zwei Jahre lang auf seinen „Job" als Freizeit- und Geländepferd vorbereitet. Nun dürfen Sie die Früchte dieser Anstrengung furchtlos und entspannt genießen. Achten Sie aber auch bei den ersten Ausritten darauf, Ihr Pferd weder konzentrationsmäßig noch körperlich zu

überfordern. Falls 10-Minuten-Ausritte aufgrund mangelnden Geländes in Stallnähe nicht möglich sind, verbinden Sie die Arbeit unter dem Sattel einfach mit einem Spaziergang. Das gibt Ihnen gleich die Gelegenheit, Auf- und Absitzen im Gelände, Anhalten und Wiederanreiten zu üben. Im Laufe der Zeit können Sie dabei die Länge der Reitsequenzen an die wachsende Kondition des Pferdes anpassen.

Trab
Die Hilfen zum Antraben sind denen zum Anreiten sehr ähnlich. Letztlich wird die treibende Hilfe hier nur intensiviert. Trotzdem kommt es vor, daß ein junges Pferd die Aufforderung zum ersten Trab nicht sofort versteht. Ebenso wie es zunächst nicht gern antreten wollte, weil es die Bewegung unter dem ungewohnten Gewicht fürchtete, so hegt es nun vielleicht die Sorge, sich im Trab nicht ausbalancieren zu können. Sie können ihm die

Eine schöne Geländestrecke motiviert zum Antraben.

Entscheidung zum Antraben erleichtern, indem Sie den ersten Trab nicht in der Reitbahn, sondern im Gelände versuchen. Lassen Sie es dazu hinter einem anderen Pferd hergehen und wählen Sie eine einladend gerade Strecke mit weichem Boden. Hier fällt dem Pferd das Ausbalancieren leichter als in der Reitbahn mit ihren ständigen Biegungen, und obendrein motiviert das voraustrabende Pferd.

Ob Sie den ersten Trab aussitzen oder leichttraben, ist Ansichtssache. Während Reitlehrer A erklärt, Aussitzen belaste vermehrt den Rücken des Pferdes, führt B aus, das ständige Auf und Ab beim Leichttraben irritiere es. Letztlich ist das Ganze wieder eine Frage von Können und Gefühl. Falls Sie selbst nicht gern aussitzen,

weil Sie sich von den Trabbewegungen immer noch stark geworfen fühlen, traben Sie besser leicht, als dem jungen Pferd in den Rücken zu fallen. Auch wenn das Pferd sofort sehr frisch antritt, aber noch nicht in Dehnungshaltung geht, sondern mit alarmiert hochgeworfenem Kopf hinter dem Führpferd hereilt, dürfte Leichttraben für Pferd und Reiter angenehmer sein.

Beherrschen Sie dagegen einen flexiblen, sicheren Sitz im Sattel, und trabt Ihr Jungpferd zudem etwas staksig und verhalten an, so erleichtern Sie ihm das Ausbalancieren, indem Sie entspannt und locker sitzen bleiben. Weniger empfehlenswert ist in jedem Fall der leichte Sitz, also das Aufstellen im Steigbügel und „Schweben" über dem Sattel. In dieser Position müssen Sie entweder mit extrem kurzen Steigbügeln reiten, was die allgemeine Hilfengebung und ein entspanntes Reiten im Schritt erschwert, oder Sie begeben sich in einen sehr unsicheren Sitz ohne Halt im Sattel oder in den Bügeln. Sollte Ihr Pferd jetzt doch einen Hopser einlegen, so bringt Sie das mit fast hundertprozentiger Sicherheit aus dem Sattel. Ein so falsch verstandener leichter Sitz fördert zudem eine Überbelastung der Vorhand des Pferdes und trägt damit zu frühem Verschleiß bei.

INWIEFERN GANGPFERDE WIRKLICH „ANDERS" SIND

Falls Ihr Pferd zu den Gangpferden gehört, also neben Schritt, Trab und Galopp noch weitere Gangarten anbietet oder anbieten sollte, müssen Sie nicht gleich die ganze Ausbildung darauf abstimmen. Die wenigen zu beachtenden Dinge werden in den jeweiligen Praxiskapiteln angesprochen. Zum besseren Verständnis hier jedoch die wichtigsten theoretischen Grundlagen.

Ob Ihr Gangpferd nun ein Tölter, Walker oder Foxtrotter ist, erwünscht ist auf jeden Fall eine Viertaktgangart: Alle vier Hufe müssen nacheinander aufsetzen, wozu eine der mittleren Gangarten – Trab oder Paß – „gebrochen" werden muß. Eine solche Brechung ist aber nur dadurch möglich, daß das Pferd zur anderen mittleren Gangart hin tendiert. Im Klartext: Jedes Gangpferd muß die Veranlagung zu Trab und Paß in sich haben, um tölten oder walken zu können.

Nun ist es individuell sehr verschieden, inwieweit beide Gangarten genetisch fixiert sind. Es gibt zum Beispiel Trabtölter, deren rudimentäre Paßveranlagung sich im Freilauf nie manifestiert. Um

Paß, eine laterale Gangart im Zweitakt.
Rechter Vorder- und Hinterhuf fußen gleichzeitig auf, danach linker Vorder- und Hinterhuf.

Trab, diagonale Gangart im Zweitakt.
Rechter Vorder- und linker Hinterhuf fußen gemeinsam auf, danach linker Vorder- und rechter Hinterhuf.

Viertaktgangart Tölt: Der Paß wird „gebrochen". Zwar erkennt man noch bei beiden rechten Hufen die Vorwärtstendenz, aber der hintere ist am Boden, während der vordere noch ausgreift.

den Tölt in ihnen zu wecken, braucht man meist die Künste eines Profis.

Andere Pferde tendieren so stark zum Paß, daß ihnen kaum ein wirklich sauberer Tölt oder Walk zu entlocken ist. Trab zeigen sie auf der Weide praktisch nur im Rahmen des Imponiergehabes.

Optimal für den Freizeitreiter sind Gangpferde, die etwa gleichermaßen trab- wie paßveranlagt sind. Sie sind meist leicht einzutölten und bieten die erwünschte Gangart oft schon von sich aus an. Die sogenannten Naturtölter, die Tölt und möglichst nichts als Tölt anzubieten haben, findet man in Verkaufsanzeigen häufiger als in der Wirklichkeit. Seien Sie skeptisch, wenn Ihnen ein Absetzer als ein solches „Wunderkind" angeboten wird.

Die Ausbildung Ihres jungen Gangpferdes unterscheidet sich eigentlich nur dann von der anderer Pferde, wenn es deutlich Paß und/oder Vierschlaggalopp zeigt. Hier ist es sehr wichtig, den Trab zu fördern, denn nur wenn das Pferd locker und durchgymnastiziert ist, werden Sie es später ohne Zwangsmittel tölten können.

Das gilt übrigens auch und in besonderem Maße für die Gangpferde, die anstelle von Tölt Walk anbieten. Walk ist eine Viertaktgangart, die im Bewegungsablauf genau dem Schritt entspricht. Die Pferde steigern sich hier stufenlos vom Schrittempo über den flotteren *Flat Walk* bis hin zum *Running Walk* im ruhigen Trabtempo. Im Gegensatz zum Tölt, der eine gewisse Körperspannung verlangt, fällt Walk bei völliger Entspannung des Pferdes am schönsten aus.

Klare Anweisungen

Achten Sie beim Antraben und wieder Einfangen des Tempos darauf, klare Anweisungen zu geben und eindeutig zu bestimmen, an welchem Punkt angetrabt und in den Schritt durchpariert wird. Man kann sich hier zum Beispiel an Bäumen am Wegrand orientieren.

Am Anfang wird das punktgenaue Wechseln der Gangarten nicht immer klappen, aber es ist wichtig, Gehorsam und exakte Reaktion auf die Hilfen anzustreben. Bei

BAHN ODER GELÄNDE – WIE WICHTIG IST DRESSUR?

Wenn Sie eine körperliche Arbeit regelmäßig ausführen, so schaffen Sie das am besten, wenn Sie die korrekte Technik dazu erlernen. Unterlassen Sie das, so kommt es auf Dauer zu Muskelverspannungen, Schmerzen und Verschleißerscheinungen des Bewegungsapparates. Dem Pferd geht es hier nicht anders als dem Menschen. Wie schon beim Thema „Longieren" ausgeführt, tragt es den Reiter am ergonomischsten mit „aufgewölbtem" Rücken, also in Dehnungshaltung oder in aufgerichteter Haltung mit gut untertretender Hinterhand. Zudem erleichtert ihm eine kräftige, feste Rückenmuskulatur seine Tragarbeit. Zur Entwicklung und Beibehaltung der

Kleine Dressuraufgaben lassen sich auch in den Ausritt einbauen.

richtigen Haltung und Kräftigung der Rückenmuskulatur trägt – beim Pferd wie beim Menschen – regelmäßige Gymnastik bei. Beim Pferd nennt man das „Gymnastizierung" oder „Dressur".

Nun muß nicht jeder Mensch, der sich aufrecht halten und das alltägliche Heben und Tragen unbeschadet überstehen will, eine Rückenmuskulatur aufbauen wie ein Balletttänzer. Ebenso wenig braucht Ihr Pferd das Training eines S-Dressur-Pferdes, um Sie sonntags durchs Gelände zu tragen. Ein bißchen „Rückenschule" kann jedoch Pferd und Mensch nicht schaden, wobei sich im übrigen beides miteinander verbinden läßt! Regelmäßiges, richtig betriebenes Dressurreiten verbessert Haltung und Rückenmuskulatur.

Das funktioniert allerdings nur, wenn das Pferd nicht durch Hilfszügel und Zwangsmittel in die Idealhaltung hineingezwungen wird, sondern sie gern einnimmt und mit schwingendem Rükken vorwärtsgeht. Ein „zusammengeschraubtes" Pferd läßt den Reiter dagegen fast so schlecht sitzen wie eines, das mit durchgedrücktem Rücken und Giraffenhals arbeitet. Die natürliche Folge sind Rückenschmerzen und Verspannungen bei Reiter und Pferd.

Die Rückenmuskulatur des Pferdes festigt sich in erster Linie durch Biegeübungen. Das Reiten von Volten, Zirkeln und Schlangenlinien macht seinen Körper geschmeidig, hilft ihm, sich loszulassen und damit leicht in die Dehnungshaltung zu finden. Obendrein fördert es seinen Gehorsam und seine Aufmerksamkeit gegenüber Reiterhilfen.

Es ist also keineswegs verlorene Zeit,

wenn Sie sich wenigstens einmal, besser zweimal in der Woche der Bahnarbeit widmen. Dabei müssen Sie nicht unbedingt eine ganze Stunde „im Kreis reiten". In der Regel genügt eine Übungszeit von etwa 20 Minuten, wobei Sie im Schritt beginnen und dann schwerpunktmäßig im Trab arbeiten.

Viele kleine Dressurlektionen lassen sich auch in Ihre Ausritte einbauen. Reiten Sie Volten und Schlangenlinien auf Wiesen, Stoppelfeldern oder auf Parkplätzen im Wald. Wenn Sie Seitengänge beherrschen, lassen Sie Ihr Pferd zwischendurch ein paar Meter im Schulterherein gehen oder halten Sie ab und zu an und richten Sie rückwärts. Lassen Sie Ihr Pferd nie „irgendwie" wenden, sondern üben Sie eine Hinterhandwendung ein. Wenn Sie die richtige Einstellung dazu entwickeln, macht all das viel Spaß und trägt dazu bei, Ausritte interessanter zu gestalten. Für die zusätzliche Mühe wird Ihr Pferd Sie durch bessere Rittigkeit und letztlich ein längeres, beschwerdefreies Leben belohnen!

einem ausschließlich im Gelände gerittenen Pferd ist das die einzige Möglichkeit, eigenmächtiges Anzackeln oder Bummeln zu vermeiden und damit letztlich auch plötzlichem Angaloppieren und Durchgehen vorzubeugen.

Galopp

Galopphilfen sind immer Schenkelhilfen. Es ist unbedingt zu vermeiden, ein Pferd mit Gertenklapsen in den Galopp hineinzutreiben. Insofern sollten Sie auch erst mit der Galopparbeit anfangen, wenn Ihr Pferd die wichtigsten Schenkel- und Gewichtshilfen gelernt hat und damit weiß, worauf es zu achten hat. Es sollte auch bereits so weit trainiert sein, daß es sich in Kurven nicht mehr in Außenstellung ausbalanciert, sondern sich zumindest geringfügig biegt.

In der klassisch-iberischen Reitweise verzichtet man so lange auf den Galopp, bis das Pferd zumindest Schulterherein im Schritt und Trab beherrscht. Bei auch nur entfernt paßveranlagten Pferden wird sogar erst der Travers erarbeitet. Der Erfolg dieser Mühe ist dann ein von Anfang an ruhiger, sauber durchgesprungener Galopp, in dem das Pferd mit Leichtigkeit durch das Dressurviereck kommt. Ohne diese langwierige Vorarbeit wird es dagegen zunächst zu schnellen Galoppaden neigen. Das ist vollständig normal, denn für ein Pferd in freier Wildbahn ist Galopp die Gangart für schnelle Flucht. Langsamen, „versammelten" Galopp sieht man allenfalls im Rahmen des seltenen Imponiergehabes.

Falls Sie Ihr Pferd schwerpunktmäßig im Gelände reiten wollen, werden Sie wahrscheinlich keine Lust haben, die langwierige Dressurarbeit vorzuschalten. Vermutlich reiten Sie die Gangart Galopp auch gern in mittlerem bis schnellem Tempo. Da ideale Galoppstrecken in den meisten Reitgebieten rar sind, beschränkt sich die Gelegenheit zu galoppieren ohnehin meist auf wenige Wege, und hier möchte man verständlicherweise flott vorwärtskommen.

Ist das bei Ihnen der Fall, so sollten Sie die Galoppausbildung gleich ins Gelände verlegen. Es wäre unfair und dazu nicht ganz ungefährlich, das schlecht gymnastizierte Pferd in der Reitbahn oder auf der Weide in den Galopp zu treiben. Unweigerlich würde es zu schnell in die Ecken galoppieren, sich dort in Außenstellung

Nur ein dressurmäßig sorgfältig vorbereitetes Pferd geht auf Anhieb klaren, langsamen Galopp.

unzureichend ausbalancieren und so in Gefahr geraten, auszurutschen und zu fallen. Ein solcher Galopp ist natürlich auch für den Reiter ein zweifelhaftes Vergnügen. Falls Sie also regelmäßige Bahnarbeit mit Ihrem Pferd betreiben, beschränken Sie sich zumindest in den ersten Monaten auf Schritt und Trab.

Beim Galopp im Gelände können Sie zunächst wieder den Herdentrieb nutzen. Bitten Sie erneut einen anderen Reiter, Sie mit seinem ruhigen Pferd zu begleiten und auf einer geeigneten Strecke aus dem Trab anzugaloppieren. Idealerweise geschieht das in einer Kurve. Wenn Sie nun merken, daß Ihr Pferd Anstalten macht, ebenfalls anzuspringen, so geben Sie Galopphilfen – je nach Kurve zum Rechts- oder Linksgalopp. Eventuell können Sie mit der Gerte ein wenig nachhelfen, und auf jeden Fall sollten Sie eine Stimmhilfe für die Gangart einführen.

Es gehört etwas Gefühl dazu, wirklich den optimalen Moment zur Hilfengebung zu erwischen, aber nur wenn Ihnen das gelingt, schaffen Sie es letztlich, Ihr Pferd auf einen Impuls hin anspringen zu lassen und nicht in den Galopp hineinzutreiben. Konzentrieren Sie sich auch darauf, immer aus einem ruhigen Trab anzugaloppieren und das Pferd nicht in die Gangart hineinrennen zu lassen. Vielleicht funktioniert das am Anfang nicht, weil das Pferd noch nicht weiß, was von ihm verlangt wird, aber wenn es die Hilfen erst kennt, sollten Sie verstärkt darauf achten. Gestalten Sie die ersten Galoppaden nicht zu lang. Das Pferd soll weder müde werden, noch sich in rauschhaftes Rennen hineinsteigern. Wieder müssen Sie bestimmen, wann durchpariert wird, und nicht Ihr Pferd!

Bei ausschließlicher Galopparbeit im Gelände wird es Ihrem Pferd immer schwer fallen, Rechts- und Linksgalopp korrekt auseinanderzuhalten. Die überwiegende Mehrzahl der Pferde merkt sich hierbei zwar die Galopphilfe „ein Schenkel am Gurt, einer hinter dem Gurt". Wie das mit der Hand zusammenhängt, auf der galoppiert wird, bleibt ihnen aber meistens unklar. Ob Sie daran arbeiten wollen, ist einmal eine Frage der Wichtigkeit, die Sie der Sache beimessen. Falls Ihr Pferd den Galopp selbständig immer mal wieder wechselt und Sie keine Lust zur Dressurarbeit verspüren, so können Sie es dabei belassen. Galoppiert Ihr Pferd aber ausschließlich auf einer Hand, so sollten Sie ihm korrektes Anspringen beibringen, damit es nicht steif und einseitig wird. Galoppieren Sie zum Beispiel auf Wiesen oder Stoppelfeldern grundsätzlich aus einer Volte heraus an. Hier dürfte Ihr Pferd automatisch richtig anspringen und dabei auf die Dauer lernen, Ihre differenzierten Hilfen zu verstehen. Weigert es sich allerdings, sich auf seiner ungeliebten Hand in die Volte lenken zu lassen, oder folgt es den Hilfen dazu nur in Außenstellung und mit erkennbarem Unwillen, so wird es vermutlich wieder den falschen Galopp wählen. In diesem Fall sollten Sie überlegen, ob nicht doch ein oder zwei wöchentliche Dressurstunden angebracht wären. Ein wehriges, unflexibles Pferd zu reiten ist auf die Dauer kein Vergnügen und kann auch zu Gefahrensituationen führen.

DER TRAUM VOM EIGENEN REITPLATZ

Vielleicht würden Sie die Dressurausbildung Ihres Jungpferdes gern intensivieren, aber die nächste Reithalle ist weit weg oder dauernd besetzt. Die Hallennutzung kostet ein Vermögen, und obendrein betrachten die anderen Reiter Sie von oben herab. Ein eigener Reitplatz mit Sandboden und Drainage ist natürlich erst recht unerschwinglich … Noch immer stehen Freizeitreiter häufig vor der Wahl zwischen guten Reitmöglichkeiten und artgerechter Haltung für die Pferde. Dabei ist quadratmetermäßig oft genug Platz für einen Dressurplatz vorhanden, es mangelt nur am strapazierfähigen Untergrund.

Eine kostengünstige Alternative zum üblichen Sandplatz kann in diesem Fall ein Grasplatz bieten. Zäunen Sie dazu ein 20 x 40 oder 15 x 30 m großes Viereck mit Elektrolitze ab und beachten Sie bei der Nutzung folgende Regeln:

* Der Reitplatz ist keine Weide! Das Gras wird hier nie abgefressen, sondern grundsätzlich geschnitten (geheut). Das erhält eine saubere Narbe und trägt auch zur Arbeitsdisziplin bei. Kein Pferd arbeitet nämlich gern auf der Weide, die es gewöhnlich als Futterplatz nutzt. Falls Ihr Pferd auf dem Reitplatz mistet, sollte der Kot sofort abgesammelt werden.

* Selbstverständlich wird der Strom immer abgestellt, wenn Sie Ihren Platz bereiten! Die meisten Pferde merken sich das sehr schnell und zeigen dann keine Angst vor der Elektrobegrenzung. Falls Ihr Pferd sich trotzdem davor fürchtet, sollten Sie eine Holzeinzäunung ins Auge fassen, obwohl das die Sache natürlich verteuert und auch das

Schneiden und Heuen des Platzes erschwert.

* Wenn der Platz im Winter genutzt werden soll, muß das Gras vor Ende der Wachstumspause mindestens 10, besser 15 cm hoch werden dürfen.

* Nach extremen Regenfällen ist der Reitplatz tabu. Auch Golfplätze werden unter solchen Wetterbedingungen gesperrt. Natürlich schonen Sie den Platz auch vier Wochen vor und einige Zeit nach dem Heuen.

* Bauen Sie Ihr Dressurtraining abwechslungsreich auf und reiten Sie nicht ständig die gleichen Figuren. Oft erkennt man schon am Zustand des Reitplatzes, warum Pferd A und Reiter B nie auf einem Turnier plaziert werden! Abgerundete Ecken und Zirkelspuren zeugen von unsauberer und eintöniger Arbeit. Bei einem gleichmäßig und überlegt genutzen Grasplatz sollte allenfalls der äußere Hufschlag erkennbar sein.

* Falls Sie nicht gerade über natürlichen Sandboden verfügen, nutzen Sie den Platz höchstens mit einem Pferd pro Tag.

Bei Beachtung dieser Hinweise ist der Grasplatz auch bei eher lehmigem Naturboden fast das ganze Jahr hindurch zu nutzen. Der Grasboden mit mittelhohem Bewuchs ist griffig und erlaubt volle Dressurausbildung. Die meisten Pferde ziehen ihn schwerem Sandboden und erst recht schlecht drainierten Sandplätzen vor.

Zügelführung im Gelände

Da es sich bei diesem Buch nicht um eine Reitlehre handelt, habe ich bisher bewußt vermieden, reiterliche Hilfen genau zu erläutern. Wie am Anfang schon gesagt, sollten Sie die Grundzüge der Reiterei beherrschen, bevor Sie die Arbeit mit einem Jungpferd angehen. Das Thema ,,Zügelführung im Gelände" oder besser ,,Reiten am langen Zügel" beschäftigt aber sehr viele Freizeitreiter und verursacht mannigfaltige reiterliche Probleme. Deshalb möchte ich hier kurz darauf eingehen.

Alle in diesem Buch geschilderten Zügelhilfen – vom Griff nach der Führleine über die Longe bis hin zum Reiten – sind leichte Hilfen. Idealerweise soll das Pferd auf ein Zupfen am Zügel, ein Anlegen des Zügels an den Pferdehals, letztlich die

Ein gepflegter Grasplatz erlaubt jede Dressurarbeit.

Andeutung einer Zügelhilfe reagieren. Das kann es natürlich nicht, wenn Sie den Zügel ständig gestrafft halten, wie es in konventionellen Reitställen oft zu sehen ist. Gewöhnt man ein Pferd an Dauerzug im Maul, so stumpft man es ab und muß in der Folge immer kräftiger am Zügel ziehen, um überhaupt bemerkt zu werden. Um das zu vermeiden, tendieren viele Freizeitreiter zum Reiten mit extrem losen Zügeln ohne jeden Kontakt zum Pferdemaul. Oft schlenkern die Zügel dabei unkontrolliert zwischen Pferdekopf und Reiterhand, was ein rasches Eingreifen

Leinen üben im Hals- und Maulbereich dauernd Reize aus, die keinerlei Bedeutung haben und über die das Pferd folglich „hinwegfühlen" lernt. Spricht der Reiter dann auch noch vom „Neck reining" und versucht, das Pferd zu lenken, indem er es mit dem äußeren Zügel in die gewünschte Richtung drückt, so kommen meist unpräzise Wendungen in unwilliger Außenstellung zustande. Schließlich spürt das Pferd während des gesamten Ausrittes „Zügeleinwirkung" im Halsbereich und ist völlig überfordert, wenn es nach halbstündigem unkontrollierten Schlenkern ein Anlegen

Ein so loser, „hingegebener" Zügel ist allenfalls beim Trockenreiten akzeptabel.

bei Zwischenfällen wie Scheuen oder gar Durchgehen völlig unmöglich macht. Gerade solche Vorkommnisse häufen sich jedoch, wenn der Reiter dem Pferd jede klare Führung verweigert.

Gerade das junge Pferd wird unsicher, wenn sein „Leittier" Mensch sich zu passiv verhält, und wird leichter erschrecken und scheuen. Hinzu kommt, daß der Schlenkerzügel das Pferd in gewisser Weise ebenso abstumpft wie der zu kurze Zügel. Die unkontrolliert schlabbernden

als Zügelhilfe erkennen soll. Also muß der Reiter die Einwirkung intensivieren, was meist dazu führt, daß ein Außenzug am Gebiß mit dem Andrücken des Zügels an den Hals verbunden wird. Irgendwann deutet das Pferd diese „Hilfe" wahrscheinlich richtig und biegt in die gewünschte Richtung ab, aber mit schonender Zügelführung oder gar Westernreiten hat das wenig zu tun. Wenn „Neck reining" im Sinne der Westernreitweise richtig funktionieren soll, geht dem einiges an vorbereitender und gymnastizierender Arbeit in der Bahn voraus. Das Pferd orientiert sich dann auch in erster Linie an den Gewichtshilfen des Reiters und benötigt das Zügelanlegen nur noch als zusätzlichen Hinweis.

Korrektes, entspanntes Reiten „am losen Zügel" erfordert einen Mittelweg zwischen Dauerzug und Schlenkerzügel. Das Pferd soll nicht durch ständige Einwirkung auf Spannung gehalten werden, aber es soll wissen, daß sein Reiter da ist, um es zu führen und ihm Sicherheit zu geben. Halten Sie also sanfte Verbindung mit dem Pferdemaul beziehungsweise der Pferdenase. Falls Ihr Zügel mit Karabinerhaken am Gebiß eingehängt ist, sollte er so straff gehalten werden, daß Sie den Karabinerhaken leicht anheben, aber noch keinen Zug am Zügel bewirken. Das gilt auch für das V-Gelenk des Vosals, falls Sie diese Zäumung bevorzugen.

Bei anderen Zäumungen ist die richtige Zügelhaltung optisch nicht so leicht auszumachen, Sie sollten sie aber erspüren. Stellen Sie sich beim Aufnehmen der Zügel vor, Sie planten einen Spaziergang mit einem Kind und nähmen es dazu leicht an die Hand. Sie würden es dabei sicher weder mitzerren noch ihm gänzlich die Führung überlassen – erst recht nicht, wenn der Weg an Straßen und anderen Gefahrenquellen vorbeiginge!

EXTRATIPS FÜR GANGPFERDE

Sollte Ihr Gangpferd ein Viergänger mit starker Trabveranlagung sein, so dürften Sie keine Probleme haben, es nach den obigen Anweisungen in den Grundgangarten anzureiten. Wenn es ein paar Wochen unter dem Sattel ist, beginnen Sie dann die Viergangausbildung mit Hilfe eines/r Gangpferdespezialisten/in. Natürlich treffen Sie Ihre Wahl dabei sorgfältig und gehen nicht zu irgendeinem Bereiter, sondern zu jemandem, der pferdefreundlich und in Ihrem Sinne arbeitet. Erwarten Sie nicht, daß der Trainer Sie und Ihr Pferd innerhalb eines Kurses zum Renntölt oder Running Walk führt, sondern betrachten Sie die Arbeit mit ihm als Ausbildungsbegleitung: Aus jedem Kurs nehmen Sie Tips und „Hausaufgaben" mit, an denen Sie dann selbständig weiter arbeiten.

Das stark paßveranlagte Gangpferd wird Sie vor größere Probleme stellen. Wie auf jede Irritation, so reagiert es auch auf das Reitergewicht zunächst mit Gangwechsel. Sie können also nicht damit rechnen, es problemlos anzutraben, sondern es könnte im Paß antreten oder auf einem Weg dreimal die Gangart wechseln. Ein solches Pferd muß als erstes lernen, seine Gänge auseinanderzuhalten. Das wird um so leichter gehen, je intensiver Sie bereits an der Longe daran gearbeitet haben, es entspannt im Trab vorwärtsgehen zu lassen. In diesem Sinne arbeiten Sie nun auch unter dem Sattel weiter.

Traben Sie das Pferd zunächst auf geraden Strecken und bemühen Sie sich um einen möglichst passiven Sitz mit betont lockerem Zügel. Wenn das Pferd in den Paß wechselt, gehen Sie in den leichten Sitz und versuchen ihm durch sanften Druck auf den Mähnenkamm den Weg nach vorwärts-abwärts zu weisen. Sobald es sich entspannt, wird es wahrscheinlich wieder traben. Klappt das nicht, führen Sie es in den Schritt zurück und traben noch einmal an.

Bei der Ausbildung der Spezialgangarten
braucht man oft die Hilfe eines Spezialisten.

Vielleicht wird es lange dauern, aber mit
viel Geduld wird Ihr „Gangwechsler"
irgendwann lernen, auch in Kurven und
sogar auf einer Kreisbahn den Trab zu
halten. Erst wenn das der Fall ist, ist das
Pferd wirklich reif für eine sanfte Tölt-
ausbildung. Traben Sie es dazu auf einem leicht abwärts führenden Weg an,
setzen Sie sich dann tief in den Sattel
und spielen Sie den Zügel leicht an.
Vielleicht wird Ihr Pferd jetzt sofort in
weichen Tölt wechseln. Falls nicht, versuchen Sie es mit noch leichteren Hilfen
noch einmal.
Sollte es gar nicht klappen, so suchen
Sie auch jetzt wieder die Hilfe eines erfahrenen Gangpferdereiters. Ihre vor-
ausgehende gymnastizierende Arbeit im
Trab wird ihm das Tölttraining auf jeden
Fall erleichtern.

Reiten in der Gruppe

Bisher haben Sie Ihr Pferd entweder allein
oder mit einem vertrauten Weidekamera-
den geritten. Nun entwickelt es aber langsam Kondition und trägt Sie schon eine
halbe Stunde oder länger. Sie haben Trab-
und Galopphilfen eingeführt, und mit
plötzlichem Durchgehen oder anderen
ernsthaften Unbotmäßigkeiten ist nicht
mehr zu rechnen. Verständlich, wenn Sie
das Ergebnis Ihrer Bemühungen vorzei-

gen möchten und die Idee ins Auge fassen, Ihr Jungpferd auf einen Sonntagsausflug mit Freunden mitzunehmen.

Nun gibt es Jungpferde, die sich in ihrer Reaktion auf die Reiterhilfen kaum davon irritieren lassen, ob sie in einer Reitergruppe gehen oder allein geritten werden. Andere dagegen sind zumindest in den ersten Minuten des Ausritts so fasziniert von den fremden Pferden, daß sie die Hälfte alles Gelernten vergessen und nur noch mit hocherhobenem Kopf und gro-

Dann ist das Unglück aber schon geschehen, und Sie können sich darauf verlassen, daß Ihr Pferd in den nächsten fünf Jahren das Image eines verwöhnten und unerzogenen Ungeheuers mit sich herumträgt. Überlegen Sie sich also sehr gut, in welcher Gesellschaft Sie den ersten Ausritt starten!

Die richtige Gruppe

Idealerweise sollten Ihrer Wunschgruppe keine Reitanfänger und keine ängstlichen

Kontakt, aber kein Zug

ßen Augen vorwärtsstolzieren. Manchmal zeigen sie dabei Imponiergänge, was das Image ihres Reiters hebt, aber ebenso oft stürzen sie auch auf die fremden Pferde zu und beginnen Quietsch- und Schnupperorgien. An leichten Zäumungen sind sie davon kaum gewaltlos abzuhalten, und insbesondere wenn man gebißlose Varianten bevorzugt, erntet man hier oft sprechende Blicke der Sorte ,,Habe-ich-doch-immer-gesagt …". Die einzig richtige Reaktion ist hier, abzusteigen und das aufgeregte Pferd zu führen, bis es sich beruhigt hat und wieder klar denken kann.

Reiter angehören. Die mitgehenden Pferde sollten erfahren sein und entspannt mitarbeiten. Am besten sprechen Sie Ihre ,,Wunschbegleiter" gezielt darauf an, daß Sie einen ersten Übungsausritt in fremder Gesellschaft planen, und ob die Gruppe bereit wäre, sich darauf einzulassen.

In einem solchen Fall wird man auf Sie Rücksicht nehmen, indem man Ihnen zum Beispiel die Wahl der Position in der Gruppe überläßt. Man wird Sie nicht gleich verdammen, sollte das junge Pferd einmal überholen oder zurückbleiben, und auf ein einziges Wort von Ihnen anhalten, falls Ihr Pferd außer Kontrolle gerät.

Erfahrene und verständnisvolle Reiter werden auch ein Auskeilen Ihres Pferdes vermeiden helfen, indem sie ausreichende Abstände halten und das junge Pferd genau beobachten. All das schafft große Sicherheit für Sie und Ihr Pferd und hilft Ihnen, entspannt an seinem richtigen Verhalten in der Gruppe zu arbeiten. Auch das will nämlich gelernt sein.

Die Position in der Gruppe

In Freiheit wird die Reihenfolge, in der Pferde sich bewegen, durch die Rangordnung bestimmt. Es ist nicht leicht für ein Pferd zu begreifen, daß all das beim Reiten in der Gruppe aufgehoben ist und nur der Wille des Ranghöheren im Sattel gilt. Vom Pferdestandpunkt aus gesehen ist eine Reitergruppe eine Ansammlung von Kleinstherden, die sich unabhängig voneinander bewegen, ohne gebührenden Abstand zu wahren. In freier Wildbahn kommt eine solche Situation nicht vor. Wenn sich zum Beispiel an der Wasserstelle zwei Pferdegruppen treffen, achten die Leittiere sorgfältig darauf, sie getrennt zu halten. Wir als Reiter verlangen dagegen von unseren Pferden, nah an die Fremden heranzugehen, aber nichts zu tun, um sie kennenzulernen.

Insbesondere das Nebeneinanderreiten ist deshalb für viele Pferde schwierig. Die Gründe dafür wurden schon beim Thema „Handpferdereiten" ausgeführt. Beim Reiten in der fremden Gruppe müssen Sie hier mit Furchtreaktionen und Überholmanövern rechnen. Manche jungen Pferde neigen auch zu „Präventivschlägen" wenn ihnen ein fremdes Tier zu nahe kommt. Sie sollten Ihr Pferd also mit leichter Zügelverbindung reiten und sich bemühen, Abwehrreaktionen vorauszuahnen. Schon Drohgebärden unterbinden

Nicht immer unproblematisch: der erste Ausritt in der Gruppe

Sie, indem Sie die Gerte nachdrücklich zwischen Ihr Pferd und das andere schieben und Ihre Stimme mahnend einsetzen. Am besten üben Sie das Nebeneinanderreiten zuerst mit großen Abständen, die dann immer kleiner werden, je besser Sie Ihr Pferd im Griff haben. Da in der Regel erst dann mit Abwehrreaktionen zu rechnen ist, wenn Ihr Pferd an der Schulter des anderen Pferdes vorbeigeht oder wenn ein anderes Pferd zu seiner Schulter aufschließt, können Sie auch zunächst gezielt

hinter dem Schulterpunkt eines erfahrenen und disziplinierten Pferdes reiten und dann langsam aufschließen.

Falls Ihr Pferd trotzdem einmal schlägt, strafen Sie es möglichst sofort mit einem energischen Gertenklaps. Die Strafe tut allerdings nur dann ihre Wirkung, wenn sie wirklich unmittelbar nach dem Keilen erfolgt. Bringt der Hupfer Sie in Raumnot und müssen Sie sich erst einmal zurecht-

setzen, danach schauen, ob das andere Pferd oder sein Reiter getroffen wurden und sich dafür wortreich entschuldigen, so nutzt ein anschließender Gertenklaps gar nichts. Verzichten Sie also darauf und achten Sie in Zukunft besser auf Vorwarnungen wie Ohrenanlegen, Verspannen der Muskeln und Drehen des Hinterteils in Richtung des anderen Pferdes, damit sich die Sache nicht wiederholt.

Mitunter bevorzugen unerfahrene Pferde ganz bestimmte Positionen in der Gruppe. Hengste oder sehr hengstige Wallache gehen zum Beispiel gern hinten, um alle anderen Pferde und besonders mögliche Rivalen im Blick zu behalten. Ängstliche Pferde zieht es oft nach vorn, damit sie im Zweifelsfall freie Bahn zur Flucht haben. Solchen Vorlieben gilt es gezielt entgegenzuwirken, wobei man mitunter recht energisch werden muß. Das gilt besonders im ersteren Fall. Widersetzt sich das junge Pferd hier der treibenden Einwirkung durch Schenkel und Gerte, so gilt es, in Zukunft gezielt Gehorsamsübungen zu veranstalten. Das Pferd darf sich nicht über Ihre Wünsche hinwegsetzen, um seinen Triebregungen zu folgen! Beim ängstlichen Pferd helfen dagegen vertrauensbildende Maßnahmen. Es muß lernen, daß kein anderes Pferd ihm etwas tun kann, solange sein „Leittier" Mensch bei ihm ist. Reiten Sie es zunächst in kleinen Gruppen mit sehr disziplinierten Pferden und mit großen Abständen zu den Fremden, aber bestehen Sie darauf, daß es auch einmal hinten oder zwischen zwei anderen Pferden geht.

Ausblick:
So könnte es weitergehen

Sie kommen auf Ihre Weide, und Ihr junges Reitpferd schaut Ihnen interessiert entgegen. Vielleicht trabt es auf Sie zu, aber vielleicht wartet es auch, bis Sie sich mit dem Halfter genähert haben. Auf jeden Fall läßt es Sie vertrauensvoll herankommen und steht still, während Sie ihm das Halfter anlegen. Es folgt Ihnen bereitwillig zum Stall und läßt sich putzen und satteln. Nach dem Aufsteigen schaut es sich fragend nach Ihnen um. Vielleicht möchten Sie es ja heute dafür belohnen, daß es gelassen stillgestanden hat, bis Sie aufgestiegen sind und Zügel und Steigbügel geordnet haben. Vergnügt kauend wartet es auf Ihre Hilfe zum Antreten, geht ohne Wiehern und Wehrigkeiten vom Hof und biegt auf einen Waldweg ab.

Ein langer Trab am lockeren Zügel? Gern. Ein rascher Galopp über den Grasweg? Noch lieber!

Aber halt, sind da nicht Fußgänger auf der Galoppstrecke? Ein leichtes Zupfen am Zügel, und Ihr Pferd pariert in den Schritt durch. Es steht still, während ein paar Kinder es streicheln, und geht dann gelassen weiter …

Kaum zu glauben, daß dies Ihr eigenes Fohlen ist, das putzige Saugfohlen, dem Sie damals über die Schwelle zum Auslauf helfen mußten, der staksige Jährling mit Rüpelmanieren, der lebhafte Zweijährige, dem es beim Handpferdereiten nicht schnell genug gehen konnte! In den letzten Jahren haben Sie viel Zeit, viel Arbeit und viele Überlegungen in Ihr junges Pferd gesteckt, oft vielleicht das Kopfschütteln mancher Mitreiter erduldet, wenn bei Ihnen alles länger dauerte als beim Reitlehrer nebenan. Möglicherweise haben Sie sich in manchen Dingen auch wirklich etwas ungeschickt angestellt, aber letztlich gibt das Ergebnis Ihnen recht. Sie haben Ihr verspieltes und etwas verwöhntes Fohlen zu einem willigen, freundlichen Freizeitpferd erzogen, und Sie haben es ohne Hilfe von Zwangsmitteln und ohne Ratschläge von „Hardlinern" geschafft. Darauf können Sie stolz sein – weit mehr als auf jeden Turniersieg mit einem Pferd vom Bereiter!

Trotzdem: In all die Freude mit dem jungen Reitpferd mischt sich oft etwas wehmütige Stimmung. Man hat die Jahre des Lehrens und Lernens zu sehr genossen, um sich jetzt gern mit ihrem Ende abzufinden. Falls Sie ebenso empfinden, soll-

Spaß mit dem jungen Reitpferd

ten Sie überlegen, ob Sie nicht weitermachen wollen. Die erfolgreiche Grundausbildung Ihres Jungpferdes bietet einen guten Einstieg in jede beliebige Reitweise oder andere Beschäftigung mit Pferden. Wenn Sie Lust haben, können Sie sich zum Beispiel dem Westernreiten zuwenden oder auf den Spuren der klassischen Dressur wandeln. Ihr Pferd hat auch so viel Vertrauen zu Ihnen gewonnen, daß es gern gemeinsam mit Ihnen Show-Kunststücke einüben wird. Oder möchten Sie lieber an einem Springkurs teilnehmen und Ihr vollkommenes Freizeitpferd im Herbst mit auf eine Reitjagd nehmen? Ihnen und Ihrem jungen Pferd steht jeder Weg offen. Wägen Sie dabei aber wieder sorgfältig ab, welchem Ausbilder Sie sich anvertrauen und mit welchen Mitteln Sie die gewünschten Erfolge anstreben. Lassen Sie sich nicht von den stolzen Erzählungen Ihrer Bekannten irritieren, deren Jungpferd schon wieder eine Materialprüfung gewonnen hat oder „endlich seinen ersten Renntölt" gegangen ist. Der Umgang und die Arbeit mit Ihrem Pferd ist Ihre Freizeitbeschäftigung. Sie sollte von Gelassenheit und Freude bestimmt sein, nicht von Ehrgeiz und Frustration. Aber das wissen Sie ja längst.

Vor Ihnen steht Ihr geduldig ausgebildetes Freizeitpferd, das beste und wertvollste Pferd der Welt. Sie würden es gegen keinen Turniersieger eintauschen, und Sie werden sein Vertrauen in Ihre liebevolle Führung niemals enttäuschen!

Eine gute Grundausbildung ermöglicht viele weiterführende Übungen.

Praktischer Serviceteil

Jedes Pferd ist etwas Besonderes …

Sicher interessieren Sie sich für Rasse und Eigenschaften der Pferde, die für den Praxisteil dieses Buches Modell standen. Hier eine kurze Vorstellung.

Lagona Grainné
Welsh-Cob-Jährlingsstute. Grainné (ausgesprochen etwa wie „Granja") ist außergewöhnlich intelligent, lernwillig und temperamentvoll. Mitunter schießt sie in ihrem Eifer, alles richtig zu machen, etwas über das Ziel hinaus. Fohlen wie Grainné brauchen liebevolle, aber sehr konsequente Führung und viel Zuwendung, damit sie ihre Intelligenz und Kreativität letztlich für und nicht gegen den Menschen einsetzen.

Merle
Haflinger-Jährlingsstute. Merle ist besonders freundlich und geduldig im Umgang, aber mitunter etwas stur. Wenn sie sich konzentriert, lernt sie schnell und leicht. Oft findet sie es jedoch sicherer, sich an anderen Pferden statt an ihren Menschen zu orientieren. Merle ist ein Pferd, dessen Selbständigkeit und Intelligenz gezielt gefördert werden müssen, damit ihre Neigung zum Kleben nicht zum ernsten Problem wird.

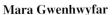

Mara Gwenhwyfar

3jährige Shagya-Araberstute. Gwen ist ein außergewöhnlich menschenbezogenes und liebenswertes Pferd, lernwillig und unproblematisch. Das ist besonders bemerkenswert, da sie durch eine angeborene Behinderung im Bereich der Atmungsorgane schon als Fohlen unangenehme Tierarztbehandlungen über sich ergehen lassen mußte. Erst seit einer Operation im dritten Lebensjahr ist sie beschwerdefrei und auf dem besten Weg, ein wundervolles Reitpferd zu werden.

Gia

Warmblutfohlen. Gia ist das geborene „Schmusepferd", anhänglich, immer freundlich und keineswegs dumm, aber eher ängstlich als wagemutig. Liebevoll ausgebildet würde sie sicher zu einem hervorragenden Freizeitpferd. Ihre Besitzer träumen allerdings von einer Karriere im großen Springsport …

Glaumur vom Rotenberg

7jähriger Islandwallach. Glaumur (ausgesprochen wie „Gloimür") ist sehr vertrauensvoll, aufgeschlossen und angenehm im Umgang. Er ist stark trabveranlagt und bereits ein recht gutes Dressurpferd. Demnächst sollen auch seine deutlich vorhandenen Töltanlagen gefördert werden.

Litla-Birna

22jährige Islandstute. Birna (ausgesprochen etwa wie „Birdna") ist ein ideales Lehrpferd für Grainné, Merle, Gwen und Glaumur. Absolut scheufrei und leichtrittig führt sie den Nachwuchs auch durch kritische Situationen.

Rosi
3jährige Tinker-Stute, Irlandimport. Rosi ist ein sanftes, liebenswertes Pferd, aber in ihrem gewaltigen Körper steckt eine kleine, sehr verletzliche Seele. Rosi wurde als angeritten gekauft, ist unter dem Sattel allerdings so schreckhaft, daß jeder Reitversuch gefährlich ist. Sie braucht sehr viel Korrekturarbeit, um eines Tages ihren guten Anlagen entsprechend arbeiten zu können.

Wie eigenständig kann ich ein Pferd ausbilden?

Allen aufmunternden Büchern zum Trotz – die meisten Freizeitreiter haben doch Zweifel bezüglich ihrer eigenen Qualifikation zum ‚Pferdeflüsterer'. Dieser kleine Test soll Entscheidungshilfen bieten, Mut machen, aber auch Defizite aufzeigen.
Markieren Sie einfach die für Sie zutreffenden Antworten an, zählen Sie die Punkte der einzelnen Testteile zusammen und vergleichen Sie diese mit der Auswertung ab Seite 199.

Teil 1 – Reiterfahrung

Wie lange reiten Sie bereits?

▶ Insgesamt länger als zehn Jahre. _____ 4
▶ Insgesamt länger als fünf Jahre._____ 3
▶ Etliche Jahre, aber mit großen Abständen. _____ 3
▶ Etwa drei Jahre. _____ 2
▶ Etwa ein Jahr, ich würde mich noch als Anfänger bezeichnen._ 1
▶ Eigentlich bin ich Totalanfänger, ich habe höchstens ein bisschen im
   Reitunterricht ‚geschnuppert'. _____ 0

Wie oft reiten Sie?

▶ Mehrmals wöchentlich. _____ 4
▶ Etwa einmal wöchentlich. _____ 3
▶ Etwa einmal im Monat. _____ 2
▶ Eigentlich nur in den Ferien. _____ 1
▶ Sehr unregelmäßig. _____ 0

Welche Pferde reiten Sie?

▶ Wechselnde, auch schon mal junge Pferde. _____ 4
▶ Mehrere verschiedene Pferde. _____ 3
▶ Ich reite wechselnde Schulpferde. _____ 2
▶ Eigentlich nur mein eigenes Pferd (bzw. Reitbeteiligung, Pflegepferd)._ 1
▶ Ganz gelegentlich die immer gleichen Pferde von Bekannten. ____ 0

Welche dieser Aussagen trifft auf Sie zu?

▶ Ich habe Turniererfolge in meiner bevorzugten Reitweise aufzuweisen. ____ 4
▶ Ich besuche regelmäßig Kurse oder Unterricht in meiner bevorzugten Reitweise.___ 3
▶ Ich nehme unregelmäßig Reitunterricht. _____ 2
▶ Ich reite eigentlich nur im Gelände._____ 1

Teil 2 – Ängste und Risikobereitschaft

Jemand bietet Ihnen an, sein Pferd zu reiten. Steigen Sie freudig auf?

▸ Klar, jede neue Erfahrung ist interessant. _____ 4
▸ Ich gucke mir vorher an, wie das Pferd geht und ob es Unarten hat. _____ 3
▸ Nur, wenn ich Reiter und Pferd gut kenne. _____ 2
▸ Wenn, dann allenfalls in der Reitbahn. _____ 1
▸ Wahrscheinlich finde ich eine Ausrede. _____ 0

Hand aufs Herz: Wie oft denken Sie ans Runterfallen?

▸ Eigentlich nie – es sei denn, das Pferd bockt! _____ 4
▸ Bei fremden oder jungen Pferden versuche ich, die Risiken zu minimieren.
  Aber wenn ich erst oben bin, vergesse ich das alles und genieße das Reiten. _____ 3
▸ Immer dann, wenn ich das Pferd nicht gut kenne und nicht weiß, wie es auf
  brenzlige Situationen reagieren wird. _____ 2
▸ Sehr häufig, auch beim Reiten meines eigenen Pferdes (Reitbeteiligungspferdes). __ 1
▸ Eigentlich immer. _____ 0

Sie reiten an einer Weide vorbei und stellen fest, dass jemand eine flatternde Plane über den Zaun gehängt hat. Ihr Pferd guckt skeptisch und tänzelt. Was tun Sie?

▸ Ich treibe das Pferd weiter, da muß es durch. Wahrscheinlich passieren wir
  die Weide schließlich im Galopp. _____ 4
▸ Ich versuche, das Pferd zu beruhigen und reite mehrmals an der Plane vorbei.
  Das Pferd muss sich ja daran gewöhnen. _____ 3
▸ Ich steige ab und führe das Pferd vorbei. _____ 2
▸ Ich drehe um und reite einen anderen Weg. _____ 1

Sie sind auf dem Heimweg und Ihr Pferd nutzt einen einladenden Weg zu einem flotten, von Ihnen nicht gewollten Galopp. Was tun bzw. denken Sie?

▸ Ich nehme das Angebot gern an. Galoppieren macht Spaß und wir kommen
  schneller nach Hause. _____ 4
▸ Ich lasse das Pferd eine Zeitlang gewähren, nehme dann aber die Zügel auf
  und bringe es energisch wieder unter Kontrolle. Galoppieren macht Spaß, aber
  Ordnung muß sein! _____ 3
▸ Ich versuche sofort, das Pferd wieder unter Kontrolle zu bringen. Dann reiten
  wir im Schritt nach Hause. _____ 2
▸ Hilfe, er geht durch! Ich erschrecke und hoffe bloß auf genügend Geistesgegenwart,
  mich an die Hilfen zum Anhalten zu erinnern. Wenn es mir gelingt, das Pferd zu
  stoppen, führe ich es nach Hause. _____ 1
▸ Ich gerate in Panik und denke ans Abspringen. _____ 0

Teil 3 – Allgemeines

Wie werden Sie mit Alltagsstress fertig?

▶ Ich habe es praktisch immer eilig, aber ich genieße mein bewegtes Leben. _____ 4
▶ Ich habe viel Streß, aber versuche, mir Auszeiten zu nehmen. Trotzdem habe ich
oft ein schlechtes Gewissen, weil ich irgendjemandem nicht gerecht werde. _____ 3
▶ Ich habe viel um die Ohren, aber ich kann zwischendurch abschalten. Ich nehme
mir ganz gezielt Zeit für mein Hobby bzw. für Entspannungstechniken. _____ 2
▶ Eigentlich kann ich über Streß nicht klagen. Ich lasse mich nicht hetzen. _____ 1

Sie haben einen Videorekorder gekauft und wollen ihn anschließen.
Laut Bedienungsanweisung ist das ganz einfach, aber in der Praxis geht nichts.
Wie reagieren Sie?

▶ Auf so was war ich vorbereitet. Es klappt doch nie auf Anhieb. Wahrscheinlich
lasse ich es liegen, bis ein Bekannter kommt, der sich damit auskennt. _____ 1
▶ Bestimmt liegt's an mir. Für diese Sachen habe ich gar kein Geschick.
Aber davon lasse ich mich nicht unterkriegen. Ich versuche es so lange, bis es
funktioniert. _____ 2
▶ Ich könnte das Ding an die Wand werfen! Allein die Gebrauchsanweisung ist
eine Unverschämtheit. Aber dann tüftele ich doch so lange herum, bis ich es hin-
bekomme. Wäre ja noch schöner, wenn ich deshalb jemanden fragen müßte! _____ 3
▶ Sowas Dummes! Und dabei wollte ich gleich etwas aufnehmen! Vielleicht sollte
ich doch mal die Gebrauchsanweisung richtig lesen ... Oder ich rufe im Laden an.
Die sollen mir jemanden schicken, der's kann. _____ 4

Sie nehmen an einem Betriebsausflug mit ‚Kreativprogramm' teil.
Zu welcher Betätigung tragen Sie sich ein?

▶ Strandwanderung mit Muschelsuche und Basteln mit Strandgut. _____ 4
▶ Bau eines Buddelschiffs. Mal sehen, ob ich's wirklich in die Flasche kriege!
Außerdem habe ich dann was zur Erinnerung. _____ 3
▶ Einen Wettbewerb ‚Bootsbau' am Strand. Wer das Floß als erster zu Wasser lässt,
hat gewonnen. _____ 2
▶ Passt mir alles nicht. Ich seile mich heimlich ab und unternehme was
ganz anderes. _____ 1

An Ihrem Arbeitsplatz werden Sie gebeten, einen neuen Mitarbeiter einzuweisen.
Leider erweist er sich als ziemlich begriffsstutzig. Wie reagieren Sie?

▶ Ich arbeite in der ersten Zeit sehr eng mit ihm zusammen. Dabei sollte der eigentlich lernen, worauf es ankommt. Und wenn nicht, sitze ich ja auch hinterher noch
neben ihm. _____ 4

▶ Ich erkläre dem Mann seinen Job und ziehe mich dann an meinen eigenen Arbeitsplatz zurück. Natürlich stehe ich weiterhin für Fragen zur Verfügung. Aber wenn er zehn pro Stunde stellt, werde ich nervös! Dann kann ich auch mal heftig werden. __ 2

▶ Ich weise den Mann ein und ziehe mich dann an meinen eigenen Arbeitsplatz zurück. Natürlich stehe ich für Fragen zur Verfügung. Aber wenn er die fünfte pro Stunde stellt, beginne ich doch, an meiner pädagogischen Kompetenz zu zweifeln. Geduldig erkläre ich alles noch einmal. Irgendwann wird er es ja mal raushaben. __ 3

▶ Wer hat mir das bloß eingebrockt? Und wie kann ein Mensch so langsam sein? Nach der dritten dummen Frage bin ich nahe dran, die Geduld zu verlieren. Vielleicht findet sich ja ein Kollege oder eine Kollegin, der/die das besser rüberbringt. __ 1

Auswertung – So geht's!

Die drei Testteile werden gesondert ausgewertet. Dabei ist jeder Punktzahl eine ‚Ampel' zugeordnet, die Ihnen mehr oder weniger grünes Licht gibt, sich ohne Bedenken an die Ausbildung Ihres Jungpferdes zu wagen. Zusätzliches Gelb weist auf eventuelle Schwächen hin, an denen Sie arbeiten sollten – ohne sie überzubewerten! Jeder Reiter und Ausbilder hat Stärken und Schwachpunkte. Je genauer man diese selbst kennt, desto erfolgreicher wird der Umgang mit dem Pferd. Kritisch wird es erst, wenn eine oder gar mehrere rote Ampeln in Ihrer Gesamtwertung auftauchen. Dann sollten Sie sich ernstlich fragen, ob die Ausbildung des Youngsters Sie nicht doch überfordert. Hilfe anzunehmen ist schließlich keine Schande!

Auswertung Teil 1:

1 – 7 Punkte
Sie wissen es selbst: Ihre Reiterfahrung reicht eigentlich nicht aus, um ein junges Pferd sachgerecht zu fördern. Andererseits gibt es aber immer wieder Reitanfänger, die sich trotzdem ein Fohlen zulegen und letztlich allen Unkenrufen zum Trotz erfolgreich ausbilden. Entscheidend ist immer die Bereitschaft zu lernen. Wenn Sie einen guten Trainer finden, der Sie mit regelmäßigen Kursen durch die Arbeit mit Ihrem Jungpferd begleitet, und wenn Sie nebenbei intensiv reiten lernen, ist nichts unmöglich.

8 – 10 Punkte
Ihre Reiterfahrung ist etwas knapp bemessen. Ganz allein sollten Sie sich auf keinen Fall an die Arbeit mit einem jungen Pferd wagen. Mit Hilfe eines guten Trainers kann es allerdings durchaus klappen. Lassen Sie sich nicht entmutigen, aber hüten Sie sich vor zu großer Selbstgefälligkeit. Die Vorstellung „Ich lese ein paar Bücher und dann schneidere ich mir meine eigene Methode" schmeichelt zwar dem Ego. Von sicherem, gutem und rückenschonendem Reitstil ist das Ergebnis aber meist weit entfernt.

11 – 13 Punkte

Dieser Test mißt natürlich nur Reiterfahrung, kein reiterliches Können. Bei Ihrer recht umfassenden Vorerfahrung dürften Sie aber keine Probleme damit haben, sich auch im Sattel eines jungen Pferdes zurecht zu finden. Wenn Sie trotzdem manchmal Zweifel an sich hegen – um so besser! Nehmen Sie während der Aufzuchtzeit auf jeden Fall weiter Reitstunden. Umso schneller und reibungsloser werden Sie dann auch mit dem eigenen Pferd zurecht kommen.

14 – 16 Punkte

Sie sind ein erfahrener Reiter und können sich bedenkenlos an die Ausbildung Ihres Youngsters wagen. Denken Sie aber daran, daß Sie bei einem Jungpferd noch nichts voraussetzen können! Überfallen Sie es auf keinen Fall gleich nach dem Anreiten mit zu komplizierten Hilfen und erwarten Sie nicht zu viel von ihm. Gerade sehr gute und erfahrene Reiter neigen dazu, Jungpferde am Anfang zu überfordern. Wappnen Sie sich deshalb mit Geduld. Wenn die ersten Schritte geschafft sind, wird es umso schneller vorwärts gehen.

Auswertung Teil 2

1 – 7 Punkte

Sie sind ein eher ängstlicher Reiter, und das prädestiniert Sie nicht gerade zum Zureiten junger Pferde. Youngster brauchen eher einen Menschen, der ihnen Sicherheit einflößt. Beschränken Sie sich bei der Arbeit mit dem Jungpferd also besser auf die Vorbereitung zum Reiten, wie Bodenarbeit und Spaziergänge. Das Anreiten selbst überlassen Sie dann einer mutigeren Person. Ideal für Sie wäre die kontinuierliche Zusammenarbeit mit einem Trainer, der immer als Ansprechpartner zur Verfügung steht und letztlich die ‚heiklen Teile' der Ausbildung für Sie übernimmt.

8 – 10 Punkte

Sie sind nicht der mutigste Reiter, gestehen sich das selbst aber ungern ein. Das kann bei der Arbeit mit jungen Pferden zum Problem werden. Sie neigen dazu, die Überwindung von ‚Klippen', wie das erste Aufsitzen oder den ersten Ausritt, immer weiter zu verschieben, finden immer wieder Ausreden, heute doch nicht Spazieren zu gehen oder beschränken sich auf die simpelsten Übungen, um nur ja nichts wagen zu müssen. Dem Pferd können Sie da allerdings nichts vormachen, es bemerkt Ihre Unsicherheit und wird je nach Typ mit vermehrter Schreckhaftigkeit oder Aufmüpfigkeit darauf reagieren. In Ihrem Fall ist es also besser, sich Hilfe zu suchen. Vielleicht muss das nicht unbedingt ein professioneller Trainer sein. Schon ein/e Freund/in mit mehr Mut und Reiterfahrung, der/die Ihnen gelegentlich ‚die Zügel aus der Hand nimmt', kann die entscheidenden Anstöße geben.

11 – 13 Punkte

Sie gehen ungern Risiken ein, aber grundsätzlich sind Sie kein ängstlicher Reiter. Ihre Bedachtsamkeit und Ihre Vorsicht, gepaart mit Sicherheit auf dem Pferd, macht Sie zu einem idealen Ausbilder für junge Pferde. Sie sollten eigentlich keine Schwierigkeiten haben, auch ‚Klippen' wie das erste Aufsitzen oder den ersten Ausritt zu meistern.

14 – 16 Punkte

Sie sind ein sehr mutiger Reiter und insofern prädestiniert dafür, einem jungen Pferd Sicherheit einzuflößen. Allerdings führt Ihre hohe Risikobereitschaft mitunter dazu, den Youngster zu überfordern. Was mit einem erwachsenen Pferd ein Spaß ist, kann beim Nachwuchs Untugenden wie Durchgehen usw. fördern. Zügeln Sie in den ersten Jahren mit dem jungen Pferd also unbedingt Ihren Übermut! Wenn es erst sicher an den Hilfen steht, können Sie noch genug Jagden reiten und Hindernisse springen.

Auswertung Teil 3:

4 – 7 Punkte

Sie sind ein ausgeglichener Mensch mit fast unerschöpflichen Geduldsreserven. Es ist kaum möglich, Sie aus der Ruhe zu bringen. Insofern widmen Sie sich auch Ihrem Jungpferd mit nie erlahmender Freundlichkeit und Sanftmut. Ob eine Aufgabe klappt oder ein Lernziel erreicht wird, ist Ihnen ziemlich egal. Sinnsprüche wie ‚Der Weg ist das Ziel' sind für Sie kein leeres Gerede, sondern Maximen für die Arbeit mit Ihrem Vierbeiner. Sicher haben Sie viel Freude an der Aufzucht Ihres Fohlens. Ob es Ihnen allerdings auch gelingt, ein Reitpferd zu erziehen, ist fraglich. Ihre mangelnde Zielorientierung könnte Ihnen dabei im Wege stehen. Das gilt umso mehr, je geringer Ihre Reiterfahrung und Risikobereitschaft ausgeprägt sind. Lassen Sie sich besser nicht ganz allein auf das ‚Abenteuer Zureiten' ein, sondern organisieren Sie eine Ausbildungsbegleitung bei einem Trainer Ihrer Wahl.

8 – 10 Punkte

Sie sind geduldig, aber trotzdem sehr zielorientiert. Einen einmal eingeschlagenen Weg verfolgen Sie mit großem Ernst, und höchstwahrscheinlich haben Sie sich auch auf die Ausbildung Ihres Fohlens intensiv vorbereitet. Allerdings sind Sie auch sehr selbstkritisch und machen sich größte Sorgen, wenn etwas nicht auf Anhieb klappt. Dann grübeln Sie, suchen verzweifelt nach Antworten und laufen Gefahr, sich im ‚Methodendschungel' zu verzetteln. Es wäre gut, wenn Sie hier einen Ansprechpartner hätten – zumindest einen Freund oder eine Freundin, der/die Erfahrungen mit Jungpferden hat und Sie schnell wieder ‚auf den Teppich' holt. Das gilt besonders, wenn Sie selbst noch nicht über sehr viel Reiterfahrung verfügen.

11 – 13 Punkte

Sie sind wettbewerbsorientiert und ehrgeizig, dabei beharrlich und durchaus selbstsicher. Höchst unwahrscheinlich, dass Sie sich als Anfänger auf das ‚Abenteuer Fohlenaufzucht' eingelassen haben. Eher haben Sie sich den langgehegten Traum nach einem Rassefohlen erfüllt und es schon als Jungpferd erfolgreich auf Schauen vorgestellt. Die weitere Ausbildung werden Sie nun ebenso zielbewußt angehen. Achten Sie nur darauf, über den Ehrgeiz den Spaß an der Sache nicht zu verlieren. Der Umgang mit dem Fohlen soll Freude machen, Disziplin allein ist nicht alles. Verlieren Sie nicht zu schnell die Geduld, wenn nicht alles glatt geht.

14 – 16 Punkte

Sie sind ein Mensch von raschen Entschlüssen. Geduld ist nicht Ihre Stärke, ebensowenig wie langjährige Planung. Für die Arbeit mit einem Jungpferd sind das nicht die idealen Eigenschaften. Es braucht regelmäßige Ansprache und sollte nach einem gewissen ‚Lehrplan' ausgebildet werden. Ihre spontanen Einfälle: „Und heute nehmen wir mal das Jungpferd als Handpferd mit!" überraschen und überfordern das Tier. Dazu werden Sie schnell ungeduldig, wenn ein Lernziel nicht gleich erreicht wird. Nun können Sie natürlich trotzdem ein exzellenter Reiter sein – vielleicht haben Sie z. B. als Jugendlicher im Springsport brilliert. Aber gerade wenn Sie Erfahrung mit Pferden haben, sollten Sie realistisch sein. Sie werden mehr Spaß mit Ihrem Jungpferd haben, wenn Sie die Grundausbildung einem guten Bereiter überlassen.

Wenn Hilfe gebraucht wird ...
Checkliste für die Auswahl des Bereiters

▶ Besonders, wenn Sie selbst noch Anfänger sind und infolgedessen nicht erkennen, wie gut oder schlecht jemand reitet: Fragen Sie nach Qualifikationen schwarz auf weiß!

▶ Es ist nicht wichtig, wie gut der Ausbilder reden kann – wichtig ist, wie er reitet. Lassen Sie sich deshalb von langen Erzählungen nicht einlullen und meiden Sie selbsternannte Experten mit ‚spektakulär neuen Ausbildungsmethoden'.

▶ Beobachten Sie den Bereiter bei der Arbeit mit anderen Jungpferden. Nehmen Sie sich dafür viel Zeit.

▶ Beobachten Sie die Pferde im Stall des Bereiters. Wirken sie zufrieden, kommen sie auf den Ausbilder zu oder laufen sie weg?

▶ Wählen Sie einen Bereiter in Ihrer Nähe, damit Sie Ihr Pferd oft besuchen und seine Fortschritte verfolgen können.

▶ Achten Sie auf die Haltungsbedingungen! Wenn Ihr bisher immer im Offenstall gehaltenes Pferd plötzlich von seinen Freunden getrennt wird und sich in einer Box wiederfindet, wird es trauern. Das ist der Ausbildung nicht förderlich.

▶ Geben Sie dem Bereiter Zeit. Eine solide Grundausbildung dauert mindestens drei Monate.

▶ Lassen Sie sich so weit wie möglich in die Ausbildung mit einbinden. Bei jungen Pferden sollte das kein Problem sein und der Bereiter sollte Ihre Mitarbeit begrüßen. Es kann allerdings sein, dass er sie Ihnen als Reitunterricht bzw. Unterricht in Bodenarbeitsmethoden in Rechnung stellt.

▶ Eine ausführliche Einweisung zum Umgang mit dem jungen Pferd nach erfolgtem Beritt sollte selbstverständlich und im Gesamtpreis inbegriffen sein.

▶ Zuletzt: Haben Sie Mut! Wenn Sie merken, dass Ihr Pferd unglücklich und verstört wirkt, plötzlich vor Ihnen und dem Ausbilder wegläuft, abmagert und ‚trauert', holen Sie es nach Hause! Misstrauen Sie nach einer schlechten Erfahrung aber nicht gleich der gesamten Bereiterzunft. Es gibt mindestens so viele Gute wie Schlechte, und Ihr Pferd verdient den Besten!

Register

Halbfette Seitenzahlen verweisen auf Abbildungen

Zum Weiterlesen

Dr. Alfonso Aguilar / Petra Roth-Leckebusch
Wie Pferde lernen wollen, Bodenarbeit, Erziehung und Reiten, Kosmos 2004
Das Lernverhalten der Pferde kann am besten verstanden und in das tägliche Training einbezogen werden, wenn ihre natürlichen Verhaltensmuster und Urinstinkte berücksichtigt werden. Darauf baut die Bodenarbeit und das Erziehungsprogramm des Tierarztes Dr. Alfonso Aguilar auf, mit der Pferde optimal gefördert werden können.

Kreinberg, Peter
Der Freizeitreiterkurs, Grundausbildung für entspanntes Reiten, Kosmos 2005
Wem Spaß am Reiten und der Umgang mit dem Pferd wichtiger sind als Turniererfolge, der bekommt in diesem Buch die Grundlagen für ein entspanntes und sicheres Reiten geliefert.

Meyners, Eckart
Bewegungsgefühl und Reitersitz, Reitfehler vermeiden – Sitzprobleme lösen, Kosmos 2005
Mit dem Praxisbuch zur Meyners-Methode bekommt jeder Reiter flatternde Schenkel, hohe Absätze und unruhige Hände in den Griff. Das 6-Punkte Kurzprogramm für besseres Reiten und der mobile Stuhl „Balimo" werden erfolgreich auf Lehrgängen eingesetzt.

Penquitt, Claus
Mein Übungsbuch, Lektionen zum gymnastizierenden Reiten, Kosmos 2004
Leichtigkeit, fein abgestimmte Hilfengebung und zufriedene, ausdrucksstarke Pferde zeichnen Claus Penquitts anspruchsvolle Art des Reitens aus. Der Leser findet in diesem Buch über 40 Übungen für das tägliche Dressurtraining.

Puls, Susanne
Der ganz normale Reiterwahnsinn, Kosmos 2004
Sinn und Unsinn der merkwürdigen Sitten und Gebräuche der Pferdeleute werden hier herrlich ironisch und gnadenlos ehrlich dargelegt. Nachdem Sie diesen Ratgeber gelesen haben werden Sie für alle Eventualitäten des Reitalltages gewappnet sein.

KOSMOS

Eleganz, Pep und Präzision

- *"Eine ganz praktische Reitlehre, die besonders jeder Freizeitreiter anwenden und in seinen Alltag einbauen kann."*
  Freizeit im Sattel

Claus Penquitt
Die neue Freizeitreiter-Akademie
300 Seiten,
250 Abbildungen
€/D 39,90
€/A 41,10; sFr 67,–
ISBN 3-440-08052-8

- Claus Penquitts Geheimnis der leichten, eleganten und präzisen Reiterei – jetzt als Übungsbuch

- Über 40 Lektionen – mehr Abwechslung und Erfolg im Training

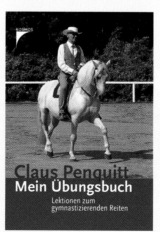

Claus Penquitt
Mein Übungsbuch
126 Seiten,
111 Abbildungen
€/D 24,90
€/A 25,60; sFr 42,–
ISBN 3-440-09522-3

www.kosmos.de